SCHWESTER JOHANNA DATZREITER

Wo der Pfeffer wächst

Missionarin
zwischen Bürgerkrieg
und Ebola

EDITION MISSIO

Be&Be

SCHWESTER JOHANNA DATZREITER

Wo der Pfeffer wächst
Missionarin zwischen Bürgerkrieg und Ebola

Mit einem Vorwort von Pater Karl Wallner
und einem Geleitwort von Edith Mock

Edition Missio

Be&Be-Verlag: Heiligenkreuz 2019

ISBN 978-3-903118-91-1

Das Werk einschließlich aller seiner Teile ist urheberrechtlich geschützt. Jede Verwertung außerhalb der engen Grenzen des Urheberrechtsgesetzes ist ohne Zustimmung des Verlages unzulässig und strafbar. Das gilt insbesondere für die Vervielfältigung, Übersetzung, Mikroverfilmung und die Einspeicherung und Verarbeitung in elektronischen Systemen.

Alle Rechte vorbehalten. Printed in EU 2019.

Bildnachweis: 1, 24, 40, 41: Missio Österreich 2019; 2, 23, 37, 44, 45: Mafa; 3: shutterstock@Khunaoy; 4, 5, 6, 7, 8, 9, 10, 11, 12, 13, 14, 17, 18, 21, 22, 25, 29, 30, 33, 35, 38, 42, 46: Schwester Johanna Datzreiter; 15: Janssens, Felix; 16, 19, 34: picturedesk.com; 20, 26, 27, 28, 31, 32, 36: Missio Schottland 2006; 43: shutterstock@RussieseO.

Edition Missio: www.missio.at (Materialien/Shop)

Layout und Gestaltung: AugstenGrafik, www.augsten.at

Be&Be

© Be&Be-Verlag Heiligenkreuz im Wienerwald
www.bebeverlag.at

Direkter Vertrieb:
Klosterladen Stift Heiligenkreuz
A-2532 Heiligenkreuz im Wienerwald
Tel. +43-2258-8703-400
E-Mail: bestellung@klosterladen-heiligenkreuz.at

Schwester Johanna Datzreiter

Wo der Pfeffer wächst

Missionarin zwischen Bürgerkrieg und Ebola

EDITION MISSIO

Be&Be

Inhaltsverzeichnis

W## Wie es zu dem Buch kam 10
Pater Karl Wallner

W## Willenskraft und Gottvertrauen 16
Edith Mock

W## Wo der Pfeffer wächst 19

1. K## Kapitel Wie alles begann 20
   Du bist gesendet! 22
   Ein „afrikanisches Palaver" 25
   Das Land, wo der Pfeffer wächst 27
   „Wie weit ist es noch?" 29
   Ein Stammessegen 32
   Pavolo, der Leprakranke 36
   „Kookaburra lacht für Tapi" 40
   „Schwester, Du hast noch nicht gebetet" ... 44
   „Das Wasser ist verhext" 46
   „Der weise Narr": Eine kleine liberianische Geschichte zum Nachdenken 49
   Versöhnung und andere afrikanische Tugenden 50

2. K## Kapitel: Zwischen Geisterglauben und Inkulturation 59
   Ein Flötenspieler treibt den bösen Geist aus 59
   Suah, eine aussergewöhnliche Stammesfrau 62

Eine gute Nachricht hat Folgen 70
Hat Gott auch die Schlangen erschaffen? 74
Altbewährte Schlangenmedizin 76
Ein Skorpion besucht die Schule 80
Die Geschichte einer Befreiung 82
Eine Zauberhochzeit 85
Eine Friedenstaube für das Brautpaar 87
Borbor, der Hexenmeister 91

3. KAPITEL: DIE UNRUHIGE ZEIT VON 1980 BIS 1990 .. 95
Die neue Heimat der befreiten Sklaven 95
Der Militärputsch von 1980 und seine Folgen 97
Michael Francis Kpakbala –
der erste einheimische Bischof 100
Eine Deportation und ein Wiedersehen
nach 25 Jahren 104
Das Charisma eines Bischofs 107

4. KAPITEL: FLUCH UND SEGEN EINES BÜRGERKRIEGES .. 111
Die erste Flucht 1989: Weihnachten –
Eine stille Nacht? 111
Fremde unter Fremden in einem fremden Land 116
Geteiltes Leid im Exil 119
Gute Nachrichten – schlechte Nachrichten 123

November 1991: Zurück in der Löwengrube 125
Die Entsendung einer afrikanischen Friedenstruppe .. 128
Ein Oberbefehlshaber so gefährlich wie ein Moskito .. 131
Die zweite Flucht 1992:
Eine Ministerin wird zur Fluchthelferin 137
Zu Weihnachten mit Jesus auf der Flucht 142

5. KAPITEL: KINDERSOLDATEN
ALS SPIELBALL DER MACHT 146
Ein Stück vom „Reich Gottes" unter Kindersoldaten .. 146
Ein Appell an die „Menschlichkeit" 150
Ein „Feind" im Konvent 156
Ein besonderer Ruf 159
Ein Hitch-Hiker wird uns (fast!) zum Verhängnis ... 161
Geschichte von Kone, einer Kindersoldatin 162

6. KAPITEL: MEINE DRITTE FLUCHT 1994 168
Der totale Zusammenbruch 168
Exodus der Diözese Gbarnga 170
Zurück im Flüchtlingsdorf Danané 173
Drama einer Flucht 177
Gottes Wege sind nicht unsere Wege 181
Ein Gemüsegarten fürs Gefängnis 183
Stehlen, um zu überleben 186
Ein Clan aus dem Stamm der Mano
mit tiefen Wurzeln 188
Alte Tradition oder ein Ruf Gottes? 194
Ein Blinder führt einen Blinden nach Hause 199
Wer wird der Sieger sein? 203

Eine neue Chance in einer neuen Welt 207

7. Kapitel: Meine vierte und letzte Flucht
im Jahr 2002 209
   Eine Wanderung durch die „Wüste"
   mit vielen Wundern! 209
   Auf der Durchreise in Guinea 215
   Mit dem Krankentransport nach Ghana 219

8. Kapitel: Das Ende des Bürgerkrieges 2003 –
ein neuer Anfang 224
   Das Ende einer Scheinmacht 224
   Traumatisierte Kindersoldaten ohne Waffen 227
   Ein Feind als Retter 233
   Unruhestifter im Salala-Flüchtlingscamp 236
   Die Pflicht für Katholiken, anderen zu helfen 239
   „Ich habe keine Hände mehr ..." 241
   Eine Ohrfeige für den Bischof 243
   Ehemalige Kindersoldaten bauen an ihrer Zukunft .. 245
   Aug um Aug ... oder die Macht der Vergebung 248
   Das Halleluja im Schlagloch 250
   Eine starke Frau für Liberia 252
   Liberias Frauen und Mütter 258

9. Kapitel: Typhus und Ebola 262
   Die nächste Heimsuchung: Der Typhus 262
   Die Angst vor der Ebola 264
   Ein Notruf von Missio Österreich 267
   Oh God, where are you? 272
   „Ebola-Heilige" in Liberia 278

10. KAPITEL: DIE WELTKIRCHE IST LEBENDIG! 281
　Ein Rosenkranz geht um die Welt 281
　Die erste Afrika-Synode von 1994 287
　Das Gewissen unseres Volkes 290
　Dank für die grosszügige Unterstützung
　aus Österreich 292

ANHANG 1: LIBERIA 1978
IN DER BESCHREIBUNG VON SCHWESTER JOHANNA .. 298
　Aus der allewelt 1978 298

ANHANG 2: EINE GESCHICHTE
IN DER ALLEWELT 1978 307
　Der Kookaburra lacht für Tapi 307

ANHANG 3: DER LEBENSLAUF
VON SCHWESTER JOHANNA DATZREITER 325

ANHANG 4: CHRONOLOGIE
DER POLITISCHEN EREIGNISSE 329

ANHANG 5: DIE FLUCHTROUTEN 332

Schwester Johanna Datzreiter F.M.M. *Abb. 01*

Wie es zu dem Buch kam

Pater Karl Wallner

Schwester Johanna Datzreiter von den „Franziskanerinnen Missionarinnen Mariens" hat sich als Titel gewünscht „Wo der Pfeffer wächst", weil Liberia auch die „Pfefferküste" genannt wird und für die „Pfeffersuppe" berühmt ist. Und weil sie als Missionarin 42 Jahre lang fernab ihrer Heimat gelebt hat. Unbemerkt von der weltlichen wie kirchlichen Öffentlichkeit wirkte die kleine österreichische Ordensfrau dort, „wo der Pfeffer wächst". In dem Buch erzählt sie ihre kleinen und großen Abenteuer, die oft lebensgefährlich waren. Schwester Johanna hat in Afrika Bürgerkriege, Typhus und Ebola überlebt. Und sie hat so vielen Menschen geholfen!

Schwester Johanna Datzreiter ist mit ihren 1,60 Meter Körpergröße körperlich klein. Doch gleich bei meiner ersten Begegnung 2017 war mir klar, dass in dieser kleinen 80-jährigen Ordensfrau ein großes Herz schlägt. Sie war damals gerade aus Afrika zurückgekehrt und suchte den Kontakt mit Missio und den anderen katholischen Hilfsorganisationen, die sie durch Jahrzehnte unterstützt hatten. Und wie spannend waren ihre Erzählungen! „Wissen Sie, Pater Karl, ich habe den Warlord Charles Taylor erlebt; ich bin in den Bürgerkriegen viermal mit Frauen und Kindern durch den Busch geflohen; ich habe Typhus und Ebola überlebt ..."

Es ist ein Privileg meines Amtes als Nationaldirektor der Päpstlichen Missionswerke, dass ich sehr viele spannende Menschen kennenlernen darf: Heldinnen und Helden der Nächstenliebe, Abenteurer der Gnade und sehr viele – ich wage es zu sagen: Heilige! Bei Schwester Johanna war ich besonders fasziniert. So fasste ich mir schon bei der allersten Begegnung ein Herz und sagte geradeheraus: „Liebe Schwester Johanna, ich will von Ihnen ein Buch, damit viele Menschen von Ihren Abenteuern erfahren können." Sie zögerte. „Ist das nicht gegen die Demut?" „Schwester Johanna, mit einem solchen Buch können Sie Werbung machen für die Weltmission. Und Sie können den Kindern helfen, für die Sie Ihr ganzes Leben eingesetzt haben." Der Hinweis, dass sie durch ein Buch ihren Kindern in Liberia weiterhin helfen könnte, hatte Gott sei Dank den Punkt getroffen: „Pater Karl, einverstanden! Ich schreibe ein Buch über meine Zeit in dem Land, wo der Pfeffer wächst! Aber ich bin 80 Jahre und brauche Hilfe."

Nun halten Sie dieses Buch in Händen. Sie werden von den Abenteuern der kleinen österreichischen Missionarin in Afrika berührt werden. Wie dankbar bin ich Schwester Johanna, dass sie sich dieser Mühe unterzogen hat. Dankbar bin ich auch unserer Missio-Mitarbeiterin Marie Czernin, die Schwester Johanna redaktionell und stilistisch unterstützt hat. Ich danke Frau Gabriele Huber, die die handschriftlichen Texte in den Computer getippt hat und Frau Dr. Anneliese Paul, die Korrektur gelesen hat. Da die Zeit wegen des „Außerordentlichen Monats der Weltmission" drängte, mag Unvollkommenes geschehen sein. Das Seiende ist immer besser als das Nichtseiende!

Es ist nicht gegen die Demut, wenn eine Ordensfrau von den Gnadentaten Gottes erzählt, die sich in ihrem Leben so zahlreich und fruchtbar ereignet haben. Im Gegenteil. Schwester Johanna wurde 1975 von Papst Paul VI. als Missionarin nach Liberia an die „Pfefferküste" ausgesandt. 42 Jahre ihres Lebens war sie bei den Kindern, unterrichtete als Lehrerin, stand den Vertriebenen bei, sorgte nach den Bürgerkriegen für die zukunftslosen Kindersoldaten. Wie vielen Hunderten, ja Tausenden Kindern hat sie durch den Schulunterricht geholfen, eine Zukunft zu haben! Wie viele Katechistinnen und Katechisten hat sie ausgebildet! Über 2.000 ehemalige Kindersoldaten waren ihrer Sorge anvertraut. Schwester Johanna hat etwas gegeben, das weder die fairste Politik noch die wirksamste Entwicklungszusammenarbeit geben können: Liebe! Gedeckt durch den Einsatz ihres ganzen Lebens. Aus tiefem Glauben heraus und im Vertrauen auf Jesus hat sie ihr Leben in die Sorge für Menschen, fern ihrer Heimat, investiert. Ist nicht genau das jene Kraft, die wir alle brauchen würden, um die Welt wahrhaftig und nachhaltig zu verändern?!

Schon 1977, zwei Jahre nach ihrer Ankunft in Liberia, hat Schwester Johanna für das Kinderjahrbuch von Missio Österreich eine Geschichte geschrieben: „Der Kookaburra lacht für Tapi." Ich habe sie im Anhang nochmals abgedruckt. Es ist die Erzählung von einem Geschwisterpaar, das nach der Heilung vom Aussatz niemand aufnehmen möchte. Da weist der „Kookaburra" – ein Vogel, der wegen seiner lachenden Geräusche auch „Lachender Hans" genannt wird – den beiden den Weg, und zwar zu der Schule von Schwester Johanna ... Natürlich geht es in dieser reizenden Erzählung darum, Spenden für die

"Kookaburra-Schule" von Schwester Johanna aufzutreiben. Die Erzählung "Der Kookaburra lacht für Tapi" ist somit ein Stück Missionsgeschichte, weil sie beispielhaft zeigt, wie man vor vierzig Jahren die Menschen in Österreich für die Not der Kinder in Afrika sensibilisieren wollte. Wie gut ist es, dass damals tatsächlich eine Mobilisierung an Spenden gelungen ist! Das, was unsere Missionarinnen und Missionare an Veränderungen durch die Unterstützung aus Österreich bewirken konnten, ist substanziell, nachhaltig und großartig!

Im Frühjahr 2019 war ich bei einem befreundeten Priester aus Kenia in Rom. Er stellte mir einen Priesterkollegen aus Liberia vor, der ebenfalls gerade das Lizentiat abgeschlossen hatte, Father Charles Ghono. "Lieber Father Charles, leider kenne ich aus Liberia keinen einzigen Bischof oder Priester – nur Schwester Johanna Datzreiter, die jetzt wieder in Österreich ist!" Die Augen von Father Charles wurden weit: "Sie kennen Schwester Johanna?! Sie war es, die mich im katholischen Glauben unterrichtet hat. Ohne Schwester Johanna wäre ich niemals Priester geworden ..." Diese Episode ist ein Beweis dafür, dass "die Welt klein ist". Und dass die Wirkung von kleinen Schwestern offensichtlich riesengroß ist. Doch darüber lesen Sie dann natürlich mehr in diesem Buch.

2017 konnte es die Oberin von Schwester Johanna nicht länger verantworten, dass diese mit ihren fast 80 Jahren noch länger in Liberia bleibt und hat sie zurückgeholt. Schwester Johanna hat gehorcht und lebt jetzt in ihrer Ordensgemeinschaft der "Franziskanerinnen Missionarinnen Mariens" in Wien. Dieses Buch ist eine Frucht ihres Gehorsams. Schwester Johanna war nicht deshalb in Afrika, weil sie darüber später einmal ein Buch schreiben wollte! Ihr Leben im Land, „wo der Pfeffer wächst", war still und verborgen, kaum jemand in Österreich kannte sie. Es gibt auch kaum Fotos von ihrem jahrzehntelangen Einsatz für Abertausende Menschen in Liberia. Aus heutiger Sicht ist das schade. Auf Dokumentation und mediale Bewerbung hat Schwester Johanna keinen Wert gelegt. Sie hat ihre Arbeit still vor Gott gemacht, ohne Fotos und Filme, ohne Selfies auf Instagram und Facebook.

Papst Franziskus hat uns, „Seinen" Päpstlichen Missionswerken, zum „Außerordentlichen Monat der Weltmission" im Oktober 2019 den Auftrag gegeben, das Wirken der Missionarinnen und Missionare aus unseren Heimatländern bekannter zu machen. Es ist traurig, dass unsere derzeit über 350 aktiven österreichischen Missionarinnen und Missionare so wenig bekannt sind. Zumindest eine Heldin der Nächstenliebe wollen wir auf diese Weise in die Öffentlichkeit bringen. Noch so viele andere gäbe es, die es verdient hätten, dass ihr missionarisches Abenteuerleben öffentlich gemacht wird. Nicht zur Selbstdarstellung, sondern um anderen zu zeigen, was durch die Gnade Gottes möglich ist.

Schwester Johanna lebt jetzt im „heiligen Unruhestand" in Wien! Wo es ihr möglich ist, hilft sie mit. Etwa bei SOLWODI, um afrikanischen Frauen beizustehen, die Opfer von Menschenhandel geworden sind. Die kleine heimgekehrte Missionarin kommt mehrmals in der Woche zu uns in die Nationaldirektion der Päpstlichen Missionswerke im Herzen von Wien. Oft kniet sie allein in unserer Kapelle „Licht der Völker", deren haitianische Bilder sie liebt, zur eucharistischen Anbetung. Oft betet sie dort den Missionsrosenkranz. Besonders glücklich macht es sie, dass diese Kapelle dem heiligen Papst Paul VI. geweiht ist. Er, der von Papst Franziskus heiliggesprochene Missionspapst, war es ja, der Schwester Johanna 1975 im Petersdom bei ihrer Sendungsfeier ein schlichtes Metallkreuz überreichte. Dieses ihr „Missionskreuz" hat sie wie einen Schatz gehütet. Sie hat es in den Kriegen, bei der Flucht und beim Ausbruch der Ebola-Seuche immer bei sich gehabt. Doch als sie 2017 von ihrer Oberin zurückgerufen wurde nach Österreich, da hat sie dieses ihr Missionskreuz in Afrika gelassen. Es wurde von den Gläubigen an einem größeren Holzkreuz angebracht und hängt nun in der schlichten neu gebauten Dorfkirche von Benequellie im Bong County im Norden Liberias. Das Holzkreuz haben die Einwohner zum Dank für die Rettung vor Ebola angefertigt. „Mein Kreuz bleibt in Afrika – damit Jesus weiterarbeitet", hat Schwester Johanna mir gesagt.

Ich hoffe, dass auch durch dieses Buch „Jesus weiterarbeitet". Dass Er uns durch die Abenteuer einer kleinen glaubensstarken Frau, einer österreichischen Missionarin berührt. Ich hoffe, dass Sie wie ich Ehrfurcht empfinden, wenn Sie lesen, welch große Abenteuer jemand erleben – und überleben – kann, wenn er bereit ist, sein Leben bedingungslos in den Dienst dessen zu stellen, der will, dass alle Menschen gerettet werden und von seiner Liebe erfahren (vgl. 1 Tim 2,4).

15. August 2019
Pater Dr. Karl Wallner
Nationaldirektor der Päpstlichen Missionswerke
in Österreich

Willenskraft
und Gottvertrauen

EDITH MOCK

Als Schwester Johanna und ich einander kennenlernten, waren wir beide noch weniger als halb so alt wie jetzt. Sie war als junge Franziskanerin schon in der Mission tätig. Ich unterrichtete seit ein paar Jahren Englisch und Geschichte an einem damals noch reinen Mädchengymnasium in Wien-Döbling.

Gabriele Huber, eine meiner Schülerinnen, war durch Zufall ein Missio-Jahrbuch in die Hände gefallen. Ein Bericht über den Einsatz von Missionarinnen für Waisenkinder von Leprakranken in Liberia beeindruckte sie tief und sollte ihr weiteres Leben nachhaltig beeinflussen. Sie entschloss sich spontan, tätig zu werden, um die Arbeit der bewundernswerten Frauen in der Ferne ein wenig zu erleichtern. Zusammen mit ihren Klassenkolleginnen verkaufte sie an einem Elternsprechtag Bastelarbeiten und Bäckereien und konnte Schwester Johanna, die uns anlässlich eines Heimaturlaubes in der Schule besuchte, mit berechtigtem Stolz einen größeren Geldbetrag überreichen. Damals lernte auch ich sie kennen.

Durch meinen sehr herzlichen Kontakt zu den Schülerinnen dieser Klasse, der auch nach ihrer Matura weiter bestand und sich zu Freundschaft mit einigen von ihnen entwickelte, war es mir auch möglich, das Schicksal von Schwester Johanna und ihren Schützlingen zu verfolgen durch Briefe, Berichte von Kontaktpersonen und persönliche Begegnungen während ihren seltenen Heimaturlauben. Dazu kamen noch die alarmierenden Medienberichte über den Bürgerkrieg in Liberia, schwere Versorgungsprobleme und Krankheiten in epidemischen Ausmaßen bis hin zu Ebola. Wir waren ernstlich besorgt, weil oft monatelang keine Nachricht von Schwester Johanna kam.

Für mich ist es ein Wunder, dass diese zarte Person all die Gefahren, die oft zu einem Kampf um das nackte Überleben wurden, überhaupt durchstehen und die ihr anvertrauten Kinder zusammen mit ihren Mitschwestern beschützen konnte. Wie viel Willensstärke, Pflichtbewusstsein, Durchhaltevermögen, aber auch Genügsamkeit und absolutes Gottvertrauen doch in einer so zerbrechlich wirkenden Frau stecken können!

Aus Altersgründen musste sie im September 2017 in ihre Heimat zurückkehren. Gern tat sie es nicht. Ich meine, sie fühlt sich hier noch nicht wirklich wohl. Sie hat plötzlich Freizeit, die sie nie kannte, aber sie weiß auch diese neu gewonnene Zeit zu nützen: Die Mission ist ihr immer noch ein großes Anliegen. Der Kontakt zu Missio Österreich hilft ihr, weiterhin mit der Weltmission in Verbindung zu bleiben. In Gedanken und im Gebet ist sie immer wieder bei der jungen Kirche in Liberia, die ihr ans Herz gewachsen ist. Es war daher eine großartige Idee von Pater Karl Wallner, dem Nationaldirektor von Missio Österreich, Schwester Johanna zum Erzählen ihrer Geschichte zu motivieren. Einige ihrer Erlebnisse kenne ich schon. Aber nur wenige. Ich bin daher schon sehr neugierig auf ihre Schilderungen in diesem Buch.

Viele von uns haben auch mit und für Kinder und Jugendliche gearbeitet. Aber unter wesentlich günstigeren Umständen. Schwester Johannas Leistung kann daher in großer Dankbarkeit nicht hoch genug geschätzt werden!

22. August 2019
Edith Mock

Wo der Pfeffer wächst

Liberianisches Sprichwort:

*Die Zugvögel nach Afrika lassen sich
von Turbulenzen unterwegs nicht beirren.*

Sie kennen ihr Ziel und verfolgen es bis zu ihrer Rückkehr.

1. Kapitel

Wie alles begann

Als Älteste von neun Geschwistern – ich bin 1938 im niederösterreichischen Frankenfels geboren – musste ich bereits als junges Mädchen oft Verantwortung für meine Geschwister übernehmen, weil unsere Eltern nach dem Zweiten Weltkrieg in der Landwirtschaft schwer arbeiten mussten. Nach dem Krieg zog meine Familie im Jahr 1947 nach Obergrafendorf. Dort waren wir sehr stark in das Leben der Pfarre eingebunden. Es war eine sehr lebendige Pfarre mit vielen pastoralen Aktivitäten, vor allem auch für die jungen Menschen. Meine Berufung zum Ordensleben und den Ruf in die Mission führe ich hauptsächlich auf die katholische Erziehung meiner Eltern, aber auch auf den positiven Einfluss der Pfarre Obergrafendorf zurück, aus welcher acht Priester und drei Ordensberufe hervorgingen.

Nach dem Krieg haben wir Jugendlichen die Missionszeitschrift „Stadt Gottes" der Steyler Missionare und der Heilig-Geist-Missionsschwestern mit großem Interesse gelesen. Der Gedanke an einen Ruf zu diesem Leben beschäftigte mich immer mehr, bis ich mich eines Tages an unseren Kaplan wandte und ihn um Rat bat. Ich wusste, dass eine seiner Schwestern im Kloster war. „Ja, das sind die Franziskanerinnen Missionarinnen Mariens, die F.M.M.s, die auch die ewige Anbetung haben und in die Mission geschickt werden. Du kannst sie ja einmal besuchen und dich selbst bei ihnen erkundigen",

Der ungläubige Thomas auf afrikanisch. In den 1970er-Jahren wollten die christlichen Mafa im Norden Kameruns Bilder von den Szenen des Evangeliums haben, die ihrer eigenen Kultur entsprachen. Es entstanden mithilfe französischer Missionare 63 „MafaBilder" über das Leben Jesu. Diese Bilder waren sehr hilfreich für unsere Katechesen. Erst jetzt konnten die Afrikaner sich ganz dem Evangelium öffnen, weil sie Jesus als einen der Ihren sahen. Die Bilder gibt es im Internet zum Downloaden unter http://diglib.library.vanderbilt.edu/act-search.pl: „Mafa" als Suchbegriff eingeben.

Abb. 02

riet er mir, nachdem ich ihn über die Mission und das Ordensleben ausgefragt hatte.

Am Fronleichnamstag 1955 mischte ich mich in Eichgraben an der Westbahn unter die Gläubigen, die sich rund um das berühmte Missionskloster der Franziskanerinnen Missionarinnen Mariens am Klosterberg eingefunden hatten. Nach dem Segen mit dem Allerheiligsten, bei der letzten Fronleichnamsstation, war mein Entschluss gefasst. Noch bevor ich mit einer der Schwestern überhaupt Kontakt aufgenommen hatte, wusste ich bereits, dass ich zu ihnen gehörte. Meine Eltern und Geschwister waren etwas überrascht über meinen Entschluss, ins Kloster zu gehen, aber sie hinderten mich nicht daran. Und so geschah es, dass sich nach einigen Monaten die Klosterpforte hinter mir schloss. Die lange Vorbereitung auf diesen besonderen Beruf einer Franziskanerin Missionarin Mariens begann!

Du bist gesendet!

Liberianisches Sprichwort:

Die Zugvögel nach Afrika lassen sich
von Turbulenzen unterwegs nicht beirren.
Sie kennen ihr Ziel und verfolgen es bis zu ihrer Rückkehr.

8. Dezember 1974: Nach einer dreijährigen Ordens- und Missionsausbildung verließ ich an diesem denkwürdigen Tag – es war der Festtag der Unbefleckten Empfängnis –

meine Heimat Niederösterreich und reiste mit dem Zug nach Rom. Es war meine erste Reise in ein fremdes Land. Ich war etwas aufgeregt. Wohin wird mich meine Lebensreise wohl führen?, fragte ich mich und schaute neugierig aus dem Fenster. Meine Gedanken wanderten immer weiter in die Ferne, während Olivenhaine, Pinien und Zypressen-Alleen an mir vorbeizogen. Zu diesem Zeitpunkt konnte ich nicht ahnen, dass mich Jesus in ein Land schicken würde, das man überhaupt nicht mit europäischen Zuständen vergleichen kann.

In unserem Mutterhaus in Rom lernte ich Schwestern aus verschiedensten Ländern der Welt kennen. Wir verständigten uns auf Englisch. So konnte ich mich schon innerlich auf ein Leben in einem fernen Land unter fremden Menschen vorbereiten.

Am 1. Jänner 1975 nahmen wir in Rom an der Eröffnung des Heiligen Jahres teil. Papst Paul VI. schlug mit einem Hammer dreimal auf die heilige Pforte des Petersdoms, die seit 25 Jahren verschlossen war. Die Sixtinische Kapelle stimmte ein Te Deum an, während sich langsam das Tor öffnete. Nun konnten Gläubige aus aller Welt ein Jahr lang die heilige Pforte der ehrwürdigen Basilika durchschreiten und einen Sündenablass erlangen. Wir Schwestern wollten natürlich auch diese Gelegenheit nützen. Wir wussten ja noch nicht, was uns in unserem Bestimmungsland erwarten würde. Dafür konnten wir eine Extraportion an Gnade gut gebrauchen.

Am 6. Jänner – am Fest der Erscheinung des Herrn – war es soweit. Wir gingen noch einmal in den Petersdom, um an der Sendungsfeier von 400 Missionarinnen und Missionaren aus aller Welt teilzunehmen. Papst Paul VI. stand dieser liturgischen Feier vor. Es war ein sehr aufregender Moment in meinem Leben. Ich war bereit, mein Leben für Christus hinzugeben und hatte mich für ein Leben in der Mission entschieden, egal in welchem Land der Welt.

„Geht, Ihr seid gesendet!", rief Papst Paul VI. den 400 Ordensfrauen und -männern, die sich auf ein Leben in der Mission vorbereitet hatten, im überfüllten Petersdom zu. Seine Worte waren ein Auftrag an uns. Bis heute hallen sie noch in mir nach.

Vor der Abreise von unserem Mutterhaus in Rom verkündigte uns die Generaloberin den Namen unseres Einsatzlandes: Ich sollte nach Liberia gehen.

Als eine meiner Mitschwestern von meinem Bestimmungsland hörte, äußerte sie sich entsetzt: „Dorthin, wo der Pfeffer wächst, geschickt zu werden, würde ich für mich persönlich als eine Strafe ansehen! Immer schwitzen, der Kampf mit der Malaria, nicht zu erwähnen die vielen Giftschlangen, die dieses schreckliche Klima hervorbringt!" Nicht umsonst hat man die Westküste Afrikas immer als „das Grab des weißen Mannes" bezeichnet. In der Tat haben viele dort vorzeitig ihr Leben verloren, wie die Geschichte der Erstmissionierung Westafrikas zeigt. Doch wir alle, als Franziskanerinnen Missionarinnen Mariens, hatten uns bereit erklärt, überall dorthin zu gehen, wo das Reich Gottes noch nicht bekannt ist, vor allem zu den Ärmsten. Eine Untersuchung in einem Tropeninstitut bestätigte, dass ich für dieses tropische Klima durchaus tauglich war. Und so begann am 6. Jänner 1975 ein fast 43-jähriges Missionsabenteuer an der Pfefferküste Westafrikas: in LIBERIA!

Ein „afrikanisches Palaver"

Liberianisches Sprichwort:

Die Schnecke läuft nie voraus.
Behutsam folgt sie dem rechten Pfad
hinter dem Vorläufer und erreicht oft
vor ihm das Ziel.

Als ich bei meiner Ankunft am 8. Jänner 1975 in Monrovia, der Hauptstadt von Liberia, die Flugzeugtreppe hinunterbalancierte, schlug mir eine atemberaubende Hitze entgegen: Es war ein kompletter Klimawechsel gegenüber den Temperaturen, die ich in Europa gewöhnt war.

In der Eingangshalle des Flughafens von Monrovia wurden wir von einem liberianischen Empfangskomitee herzlich begrüßt. Doch im Gedränge der vielen Passagiere verstand ich trotz meiner Englischkenntnisse kein Wort, obwohl Englisch die offizielle Landessprache von Liberia ist.

Mit den Worten *„Do you speak English?"* trat ich an einen freundlichen Liberianer heran, der mir behilflich sein wollte. „Welcome Sister, ooh, I am here, ooh, for you, ooh ..." Mit großer Geduld steuerte er mich durch das Menschengewirr hin zum Ausgang. Zum ersten Mal erlebte ich dort ein nicht enden wollendes „afrikanisches Palaver". Endlich entdeckte ich eine philippinische Mitschwester, die freudig auf mich zuschwebte und mich mit offenen Armen willkommen hieß. Wieder fragte ich verzweifelt: *„Do you speak English here?"*, da ich im Lärm nichts verstand.

Abb. 03 „Wo der Pfeffer wächst!" Die Küste von Liberia und Sierra Leone galt als „Pepper Coast", „Pfefferküste". Den Pfeffer nannte man auch „Grain of Paradies", „Paradieskörner", weshalb man sie auch „Graincoast", „Kornküste", nannte. Nach Osten hin schlossen sich die Pfefferküste die „Elfenbeinküste", die „Goldküste" und die „Sklavenküste" an. Die Europäer benannten also die gesamte Südküste Afrikas nach den „Produkten", die für sie von Interesse waren.

Langsam lernte ich, dass das Umgangsenglisch, das dort im Alltag gesprochen wird, ein altes Sklavenenglisch ist. Die Liberianer hatten es einst aus den USA in ihre alte Heimat mitgebracht. Liberia wurde nicht nur die Pfefferküste, sondern auch die Sklavenküste genannt.

Dieses in Liberia übliche Umgangsenglisch unterscheidet sich von dem aller anderen englisch-sprechenden Ländern Afrikas. Es hat eine große Rolle gespielt im Einigungsprozess der verschiedenen Stämme während des späteren Bürgerkrieges und wird in Liberia bis zum heutigen Tag gesprochen.

Das Land,
wo der Pfeffer wächst

Liberianisches Sprichwort:

Der Unterschied zwischen einer Schlange und einem Moskito ist:
Die Schlange kann bei dir schlafen, ohne dich zu beißen.
Eine Moskitofliege sucht bevorzugt die Nachtstunden, um sich
Nahrung zu besorgen und somit deiner Gesundheit zu schaden.

Die Freude über meine Ankunft in unserem Provinzhaus in Monrovia war groß. Die Provinzoberin, Schwester Gertrud, eine Kanadierin, und ihre Mitschwestern umarmten mich herzlich. Schon beim ersten gemeinsamen Abendmahl versuchten sie, mich mit dem Lieblingsgericht des liberianischen Volkes vertraut zu machen, nämlich mit Reis und einer Pfeffersuppe. Unter „Suppe" versteht man hier einen Teller Reis, über den Gemüse mit viel Pfeffer „gegossen" wird. Das wird dann zusammen gegessen, und zwar entweder mit den Fingern oder auch mit Besteck – je nach Stammessitte oder Belieben. Anfangs musste ich mich an diese neuen Sitten erst gewöhnen. Aber mit der Zeit war es für mich ganz normal, die Pfeffersuppe mit meinen Fingern zu essen.

Gewöhnen musste ich mich auch erst an die vielen Moskitos, die uns vor allem in der Nacht belästigten. Also fragte ich eine Schwester, ob ich durch den starken Geruch des Pfeffers die lästigen Moskitos in der Nacht fernhalten könnte. Doch sie riet mir, besser ein Moskitonetz über dem Bett als Schutz zu verwenden. Gerne befolgte ich alle Ratschläge der Schwestern, soweit ich sie in dem mir vollkommen neuen Englisch verstehen konnte.

In meiner Unwissenheit gab ich den nächtlichen Blutsaugern viel zu viel Freiraum zwischen meiner Matratze und dem Moskitonetz. Sie hatten sozusagen freien Eintritt, um mein süßes Blut zu verkosten. Man sagt nämlich, das Blut der Weißen sei süßer. Laut Malaria-Forschungen in allen feuchttropischen Ländern gibt es jedoch keinen Unterschied zwischen dem Blut der weißen und der „schwarzen" Bewohner. Die liberianischen Frauen schützen sich vor den Moskitos am besten mit den traditionellen Lapa-Tüchern, die bis zum Boden reichen und um die Mitte befestigt werden.

Allmählich verstand ich, welch wichtige Rolle nicht nur das Lapa-Tuch, sondern auch der selbstgezüchtete Pfeffer sowie der Pfeffervogel, der den Beginn der Regenzeit „einzwitschert", für die Liberianer spielt: Sie gehören zu den Wahrzeichen Liberias, dem Land an der Pfefferküste.

„Wie weit ist es noch?"

Liberianisches Sprichwort:

*Solange der Affe eine Banane am Baum findet,
ist die Trockenzeit noch nicht zu Ende!*

„Ja, wie weit ist es denn noch?" Ungeduldig stellte ich immer wieder diese Frage während der scheinbar endlosen Reise nach Yekepa, meinem ersten Einsatzort.

„Wir müssen das ganze Land durchqueren bis hin zur nordöstlichen Grenze im Nimba County, wo sich die letzte liberianische Missionsstation vor der Brücke zur Elfenbeinküste befindet", antwortete Schwester Gertrud lächelnd.

Unser wackeliger Jeep ratterte langsam auf der holprigen Landstraße von einer Staubwolke zur nächsten. Bereits etwa 20 Kilometer außerhalb der Hauptstadt Monrovia war die einzige Asphaltstraße des Landes zu Ende.

Auf der langen Fahrt konnte ich kein einziges Bananenbündel auf den Bananenstauden entdecken. Die Schimpansen, die von einer Staude zur nächsten hüpften, hatten sie bereits alle genüsslich verzehrt, noch bevor wir eine zur Stärkung ergattern konnten.

An einen Mittagschlaf war aufgrund der vielen Schlaglöcher, die uns immer wieder durchrüttelten, nicht zu denken. Es gab auch keine Klimaanlage, die uns die Hitze vom Leib fernhalten konnte. Weder ein Radio noch Vogelgesang sorgten in dieser Eintönigkeit für Entspannung.

Der sogenannte „*Harmattan*"-Tropenwind, der während der sechsmonatigen Trockenzeit in Liberia weht, war überall zu spüren.

Nach fünf Stunden Autofahrt auf den staubigen Pisten erreichten wir endlich Gbarnga, die Hauptstadt des Bong County, wo unsere Schwestern die einzige Leprastation des Landes leiteten. Diese schreckliche Krankheit war in den 1970er-Jahren in Westafrika noch weit verbreitet. Die Schwestern kümmerten sich hingebungsvoll um die vielen Leprakranken, die man mit den richtigen Medikamenten bereits gut behandeln konnte. Wir legten einen kurzen Zwischenstopp bei ihnen ein.

Nach einer kleinen Stärkung fuhren wir weiter in den Norden. Auf unserem Weg überraschte uns noch ein kurzer Sandsturm, der unsere Ankunft am ersehnten Ziel nochmals verzögerte. Gerade noch rechtzeitig vor dem abrupten Einbruch der tropischen Dunkelheit erreichten wir nach rund neun Stunden unser Reiseziel in Yekepa.

Meine drei neuen Mitschwestern, Schwester Nora aus Irland, Schwester Evelina aus den USA und Schwester Anita aus den Philippinen empfingen uns mit offenen Armen: „Ihr seht ja schon so schwarz wie die Afrikaner aus!", riefen sie fröhlich aus und lachten über den vielen Staub in unseren Gesichtern. Bald versammelten sich vor dem Haus auch die vielen Kinder unserer Schule. Sie klatschten freudig in die Hände und begrüßten uns unter viel Gelächter mit einem Willkommenstanz.

Bei der Haustür erwartete uns bereits ein großes Bananenbündel, eine Schüssel Reis und eine Kalebasse[1] mit Pfefferschoten.

---

[1] Die Liberianer verwenden die Hülle der tropischen Kalebasse-Frucht als Gefäß.

Schwester Johanna: „In Liberia hielt man es für ein schlechtes Zeichen, wenn man Zwillinge bekam. Dieser Aberglaube galt vor allem für den Stamm der Mano. Man gab diese Kinder weg oder ließ sie spurlos mithilfe eines Zauberers im Busch verschwinden. Für diese beiden Zwillinge musste ich eine neue Mutter suchen. So rettet ich ihr Leben. Heute ist dieser Aberglaube gegenüber Zwillingen Gott sei Dank fast vollständig verschwunden." (1980 in Karlah Nimba County)

Abb. 04

Lange noch hörten wir die Kinder vor dem Haus singen und tanzen. *"We see you – ooh ... tomorrow – ooh ..."* Mit diesen Worten wollten sie sich von uns verabschieden. Dabei fiel mir auf, dass in Liberia alles immer viele Male wiederholt wird und jeder Satz mit „ooh" ausklingt.

Am ersten Sonntag nach dem Gottesdienst starrte mich ein Junge an und fragte mich: „Kommst Du nicht aus Indien? Bist Du nicht die Schwester, die vorige Woche angekommen ist?" Wahrscheinlich sah ich bei meiner Ankunft wie jemand von einem anderen Erdteil aus. So „gebräunt" war ich nach der endlos langen Fahrt auf den holprigen Staubpisten.

Ein Stammessegen

Liberianisches Sprichwort:

Verschmähe nicht das Alter eines Mangobaums!
Er ist gebeugt von der Last vieler Früchte, die dir Leben geben.

In meiner neuen Mission beim Stamm der Mano in Yekepa gab es ein Ereignis, das ich wohl nie vergessen werde.

Bei meinem ersten Besuch im Dorf Gblayee, dem Sitz des Stammeshäuptlings der Mano, begleitete mich der Dorf-Katechist namens Saye Gbemse zum Haus des Dorfältesten. Die Familie von Saye war zu dieser Zeit die erste und einzige katholische Familie im Mano-Stamm. Da es in diesem Stamm damals auch noch keinen übergeordneten Katechisten für die ganze Region gab, der in ihrer Sprache das Evangelium verkünden konnte, begleitete mich Saye durch alle Dörfer des Clans.

Ich wurde allen vorgestellt. Dabei fiel mir auf, dass ich kein einziges Wort sprechen durfte. Bei den Liberianern ist es Sitte, dass man nur durch eine Mittelsperson zur Hauptperson gelangt. Es handelt sich um eine Art Stellvertretung für eine andere Person, für die man sich einsetzt.

Mit dem traditionellen Auseinanderbrechen der Cola-Nuss wurde meine An- und Aufnahme in den Clan besiegelt. Nachdem wir das Haus des Häuptlings verlassen hatten, bat mich Saye, auch die älteste Frau im Clan zu besuchen. Wir betraten eine ganz einfache, mit Palmblättern gedeckte Hütte mit einem einzigen Raum. Darin war es sehr dunkel, denn es gab nur ein kleines Fenster. Sobald sich unsere Augen an die Dunkelheit gewöhnt hatten, entdeckten wir auf einer Strohmatte in der Ecke des Raumes eine Gestalt. Erst durch den landesüblichen Gruß „Bâvoh-cômeye bien" wurde sie auf uns aufmerksam. Sie schien sehr alt zu sein, denn ihr schlohweißes Haar, was in Afrika ein Zeichen für sehr hohes Alter ist, leuchtete in der dunklen Ecke auf. Auf unseren Gruß antwortete sie: „Wen darf ich willkommen heißen?" Mein Freund bemühte sich, mich der alten Frau so gut wie möglich vorzustellen, soweit sie es überhaupt mitbekam. Der afrikanischen Tradition entsprechend hörte sie schweigend zu und begann dann leise vor sich hin zu murmeln. Schließlich hob sie den Kopf, befahl uns näherzukommen und sagte: „Ich habe meine Ahnen befragt, ob ich dieser neuen Person aus einem fernen Land vertrauen und sie in unserem Stamm mit einem Segen aufnehmen kann." Trotz der drückenden Hitze im Raum lief es mir kalt über den Rücken, denn ich hatte keine Ahnung, was sie mit uns vorhatte. Ich hatte schon von Hexen und Medizinfrauen gehört, und mir war der Gedanke an diesen speziellen „Segen" nicht geheuer. Ich sah zu meinem Freund. Er nickte mir zu, dass ich dieser Frau ruhig vertrauen könne. So ergab ich mich meinem Schicksal, denn ich konnte ja schwerlich davonlaufen.

Sie neigte ihren Kopf und meinte: „Siehst Du mein weißes Haupt? Es zeugt von vielen Monden, die ich gelebt habe, komm näher und berühre meinen Rücken. Spürst Du die Narben und Rillen?" Ich tat wie mir geheißen und war entsetzt über den Zustand ihres Rückens. Sie erzählte weiter: „Vor langer Zeit gab es hier im Norden einen Grenzkrieg zwischen dem Mano-Stamm in Liberia und dem gleichen Stamm über der Grenze in Guinea. Ich war sehr jung und hübsch, und viele Grenzsoldaten wollten mich haben. Aber ich war stark und konnte mich verteidigen, was mir aber viele Schläge und Narben eingebracht hat. Wir haben den Krieg damals gewonnen. Ich bin stolz auf alle Frauen, die wie ich gekämpft haben. Mano-Frauen sind starke Frauen. Ich bin die Einzige, die noch hier ist, aber ich spüre, dass die Ahnen bald kommen werden, um mich zu holen. Täglich spreche ich mit ihrem Geist."

Dann sagte sie zu mir, dass es ihr eine große Freude bereiten würde, mich zu segnen, da ich gekommen sei, um zu ihrem Stamm zu gehören. Nur ihr als Ältester dieses Clans stehe das Recht zu, mich zu segnen. Falls ich zustimmen würde, solle ich mich vor sie hinknien. Sie legte mir ihre knöchrigen Hände auf die Schultern und begann ein langes Zwiegespräch mit dem Geist ihrer Ahnen. Als sie dieses beendet hatte, spuckte sie in ihre rechte Hand und legte mir diese auf die Stirn mit den Worten: „Du bist die Letzte, die den Segen unseres Stammes von mir erhalten hat!"

„Golaybie", verabschiedete sie sich in der Mano-Sprache. Bevor ich wusste, wie mir geschah, sank sie wieder in sich zusammen und begann abermals zu murmeln, ein Ausdruck ihres Kontaktes mit dem Geist der Ahnen.

Ganz benommen von dem eben Erlebten, traten wir aus der Hütte. Ich wollte natürlich wissen, was Nana[2] da alles gebetet hatte. Saye erklärte mir, dass es auch für ihn ein besonderes Erlebnis war, Zeuge dieser Segnung gewesen zu sein.

Soweit er ihr Gemurmel verstanden hatte, beinhaltete dieser Segen alles Gute für mein zukünftiges Leben im Mano-Stamm: „Du mögest immer genügend Bananen zu essen haben, möge kein böser Geist dein Herz von deinem Gemahl abwenden, deine Kinder mögen dir im Alter eine Stütze sein und sich nicht von der Stammesfamilie trennen. Mögen in der Nacht immer Sterne für dich leuchten, wenn du im Busch vom Weg abkommst, und möge die Sonne auch in der Regenzeit aus deinem Herzen strahlen." Als Nana in ihre rechte Hand spuckte und sie mir diese anschließend auf die Stirn legte, sollte dies den Bund besiegeln. Ich erwiderte spontan, dass ich mir sogar einen Blutstropfen zur Besiegelung erwartet hätte – es ist ja allgemein bekannt, dass in früheren Kulturen ein Pakt mit Blut besiegelt wurde.

Nach diesem besonderen Erlebnis fühlte ich mich wie jemand, der einen alttestamentarischen liturgi-

---

2   Ehrentitel für die älteste Frau im Mano-Stamm.

schen Akt oder eine liturgische Handlung über sich hatte ergehen lassen, um in etwa zum Stamm Levi zu gehören. Es wurde mir klar, dass in allen Kulturen religiöse Riten und Gebräuche ihren Platz hatten; die Frage war nur, was dies für uns Christen zu bedeuten hatte. Mir fiel bei den Afrikanern besonders ihre große Verbundenheit mit dem Geist der Ahnen auf und der Glaube, dass es ein Wiedersehen mit ihnen gibt. Ich dachte spontan an die Gemeinschaft mit den Heiligen im Himmel, die sie uns selbstverständlicher vorlebten als wir Christen.

Pavolo, der Leprakranke

Liberianisches Sprichwort:

Die Vogelmutter beschützt ihre Eier beharrlich im Nest, um sie vor der Schlange zu bewahren.

Eines Tages, als ich mit meinem VW-Käfer, einem Geschenk von MIVA-Österreich, unterwegs war, hielt mich ein etwa 40-jähriger Mann an und bat mich um etwas Nahrung. Ich bemerkte, dass der untere Teil seiner Beine verbunden und er selbst ärmlich gekleidet war. Ich ahnte nichts Gutes und fragte den Mann, wie es ihm denn gehe und wohin er unterwegs sei.

Seine Antwort war frappierend: „Ich suche meine Mutter und komme aus Monrovia, wo mein Sohn mit seiner Familie lebt. Vor zwei Monaten habe ich meine

Schwester Johanna: „Das war mein erstes MIVA-Auto von Österreich. Jede Brücke musste vor der Überfahrt getestet werden. Oft mussten wir die Brücken reparieren. Diese Straße in Upper Nimba führt zur Grenze zwischen Liberia und der Elfenbeinküste." (1977)

Abb. 05

Familie verlassen. Man sagte mir, für meine Krankheit gäbe es keine Medizin in Monrovia. Vielleicht hilft mir ja bei meiner Mutter im Busch ein Medizinmann, wieder gesund zu werden."

Ich reichte Pavolo, dem kranken Mann, eine große Gurke, die ich zuvor am Straßenrand für die Schwestern gekauft hatte. Er verzehrte hastig die Gartenfrucht und rief voll Freude aus: „Ich danke Gott für mein Leben, jetzt geht es mir wieder gut!" Ich versuchte ihn zu überreden, mit mir zu unserer Lepraklinik zu fahren. Dort wollte ich ihn mit Medikamenten versorgen und seine Wunden zum Abheilen bringen. Denn sonst würde er seine Mutter niemals finden, vor allem nicht in dieser schlimmen Regenzeit.

Sobald er in mein Auto gestiegen war, scharten sich auch schon Leute um uns, die mir zuriefen: „Der Mann ist ein Leprakranker, ein Aussätziger, der gehört nicht hierher!" Ohne auf ihre Argumente einzugehen oder Pavolos Zustimmung abzuwarten, fuhr ich los.

Viele Jahre später, im Jahr 2014, waren es die gleichen Leute, die händeringend vor den Häusern um Hilfe schrien, als die Ebola-Epidemie Liberia auszurotten drohte. Gegen diese pestartige Seuche gibt es bis heute keine wirksamen Medikamente, während man Leprakranken Gott sei Dank mittlerweile gut helfen kann.

Während der einstündigen Fahrt zur Lepraklinik erzählte Pavolo, er sei der älteste Sohn einer Großfamilie. Sein Vater war schon früh an einem Schlangenbiss gestorben. Eine Kassawa-schlange, die er beim Schneiden von Sträuchern am Schwanz erwischt hatte, rächte sich, biss ihn in den Oberarm und verursachte so seinen raschen Tod.

Die Mutter brachte die beiden großen Söhne, Pavolo und seinen Bruder Yarkpawolo, zum Onkel nach Monrovia, um ihnen eine gute Schulausbildung zu ermöglichen. Diese beiden sollten später einmal die Verantwortung für ihre restlichen Geschwister übernehmen.

Nach zwei Jahren in unserer Lepraklinik wurde Pavolo als geheilt entlassen und kehrte freudestrahlend zu seiner Familie zurück, um allen das Wunder seiner Genesung mitzuteilen. Seine Familie wies ihn jedoch ab aus Angst, sich mit Lepra anzustecken. Seine Geschwister empfahlen ihm, eine neue Familie zu gründen. Sein Sohn bestellte für ihn ein Taxi, das ihn zurück zu den Schwestern bringen sollte. Durch einen Verwandten erhielt er noch die traurige Nachricht vom Tod seiner Mutter, bevor er Monrovia für immer verließ.

Zurück bei den Schwestern bot er sich an, alle anfallenden Arbeiten zu übernehmen, aus Dankbarkeit für seine Genesung. Er teilte seine Trauer der Verlassenheit und die Abschiebung durch die eigene Familie mit anderen Patienten, die ein ähnliches Schicksal erlitten hatten. In Monrovia hatte er den christlichen Glauben kennengelernt. Er wollte ihn auch mit seinen Freunden in der Lepraklinik teilen. So entstand eine sehr aktive Gebetsgruppe, die für viele dieser armen Leprakranken ein Trost war.

„Kookaburra lacht für Tapi"

Liberianisches Sprichwort:

*Wer vor dem Beginn der Regenzeit zu faul ist,
den Reisvögeln nachzujagen, wird in der
Erntezeit vergeblich nach Reis suchen.*

Bei meinen Besuchen in der Lepraklinik, wo ich mich über Pavolos gesundheitliche Fortschritte erkundigte, sah ich auch die große Not der Kinder von kranken oder bereits genesenen Eltern. Keiner der genesenen Leprakranken durfte in sein ursprüngliches Dorf zurückkehren. So ist es auch heute noch, denn es besteht noch immer eine große Furcht vor Ansteckung durch diese gefährliche Krankheit und die Angst, dadurch den eigenen Stamm auszurotten.

Diese Kinder irrten mit ihren Eltern nach der Entlassung im Busch herum, wo sie sich ein Stückchen Land aneigneten. Sie hatten natürlich keine Chance, eine Schule zu besuchen. Als ich diese ausweglose Situation erkannte, schoss es mir wie ein Blitz durch meinen Kopf: Ich schreibe an Missio Österreich! Ich war mir sicher, dass sich in meiner Heimat einige treue Spender dieser Kinder erbarmen würden.

So entstand das Kinderjahrbuch 1977 von Missio Österreich mit der Titelgeschichte „Kookaburra lacht für Tapi". In diesem Artikel ging es um Tapi, das jüngste Kind einer geheilten Leprosenfamile des Mano-Stammes, und den „lachenden Vogel" namens Kookaburra. Gabriele Huber, eine zwölfjährige Schü-

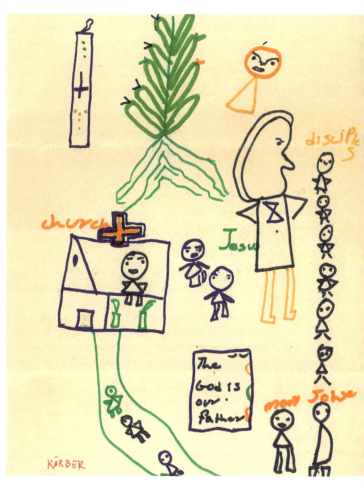

Anna Suapim, ein 6-jähriges Schulmädchen der Kookaburra-Schule, zeichnet Jesus mit seinen Jüngern („disciples"), der die Menschen zu Gott dem Vater in die Kirche führt. Auch einen Christbaum hat Anna gemalt. Die Zeichnung schickte sie als Dank für die bunten Malstifte, die durch die Spenden gekauft wurden, nach Österreich (1978).

Abb. 06

Abb. 07 Kolu Forkpa, ein Mädchen, zeichnete die Menschen, die Jesus folgen und sich dabei die Hände reichen. Sie bringen ihre Gaben zur Kirche. Bibel, Kerze und Kirchengebäude sind wichtig. In der Ecke links oben sieht man einen Baum, von dem aus eine Schlange einen Menschen bedroht. (1978)

lerin der Frauenfachschule Billrothstraße 31 in Wien, las zufällig den Artikel im Missio-Kinderjahrbuch. Der Artikel berührte sie so sehr, dass sie gleich unter ihren Schulfreunden, Lehrern und Bekannten für den Bau unserer Lepraschule zu sammeln begann. Eine der Lehrerinnen von Gabriele, die dieses Projekt von Anfang an unterstützte, war Frau Dr. Edith Mock, die Frau des späteren Außenministers Alois Mock. Sie und viele andere Lehrer und Schüler aus dieser Zeit sind mit mir bis heute befreundet. Gabriele war mit ihrer Sammelaktion äußerst erfolgreich: Noch vor Ende des Jahres übermittelte uns Missio Österreich so viele großzügige Spenden der Schüleraktion, dass wir mit dem Schulbau für diese ärmsten Kinder von Liberia beginnen konnten. Es war auch das erste Zeichen, das wir gegen die Diskriminierung von Leprakranken setzen konnten.

Unsere Kookaburra-Schule für Leprakinder füllte sich bald mit all jenen Kindern, die sonst nie eine Gelegenheit zu einer Schulbildung gehabt hätten. Viel Gutes ist seither in dieser Schule passiert dank der großartigen Unterstützung der Schüler in meiner österreichischen Heimat. Durch ihre Hilfsbereitschaft haben sie unzähligen armen Kindern eine Schulausbildung ermöglicht, sodass die Schule – die einzige dieser Art in ganz Liberia – bis heute noch besteht.

So bewahrheitete sich der Spruch: „Sag' das Gute weiter, dann wird es sich vermehren!"

„Schwester, Du hast noch nicht gebetet"

Liberianisches Sprichwort:

Wenn man einer Grapefruit Zeit zum Reifen in der Sonne gibt, wird man sich an ihrem Wohlgenuss erfreuen.

Als ich während meiner ersten Jahre in Liberia sah, wie Kinder aus den Dorfschulen das Wasser aus Tümpeln tranken, beschloss ich, die Lehrer und älteren Buben über die Gefahren von verseuchtem Wasser aufzuklären und versuchte, sie vom Wert eines eigenen Schulbrunnens zu überzeugen. Sie nahmen meine Idee mit Begeisterung auf und kannten auch einen Brunnengräber in der Gegend.

Gesagt, getan – und so schickten wir die Schulältesten gemeinsam mit dem Direktor zum Dorf-Ältesten von Lugabayee, der das Vorhaben auch bewilligte. Von meinem ersten Missio-Projekt, der Lepraschule, hatte ich noch etwas Geld übrig, um den Brunnengräber bezahlen zu können. Bei 35 Grad Hitze grub er zehn Meter tief in die Erde. Das verdiente Anerkennung und auch eine gerechte Entlohnung. Die anderen Arbeiten sowie das Kochen für die Arbeiter übernahmen die Schule und das Dorf selbst.

Kurz vor dem ersten Spatenstich rief plötzlich einer der Schüler: „Schwester, Du hast noch nicht gebetet!" Das war mir eine Lehre für mein gesamtes weiteres Missionsleben. Wieder wurde mir bewusst: Afrika ist anders, Afrika ist einmalig – bis heute! Wer keine Ehrfurcht vor

Gott hat, soll sich besser von diesem Erdteil fernhalten! Ein Katechist, der mich begleitet hatte, entschuldigte sich in meinem Namen für dieses Versäumnis. Er bat den Ältesten der Anwesenden, im Namen der Ahnen den Segen für das Projekt zu geben, was dieser auch sogleich in seiner Stammessprache tat:

Oh großer Geist unserer Väter,
die dieses Land von Dir erhalten haben,
oh großer Geist, wir danken Dir für unsere Kinder,
die sich um dieses Land kümmern müssen,
wenn wir zu unseren Ahnen gehen werden.
Oh großer Geist,
entferne alle bösen Geister vom Grundwasser,
damit unsere Kinder leben werden.
Oh großer Geist, wir rufen Dich an!

Das Gebet schien kein Ende nehmen zu wollen. Die Liberianer lieben Wiederholungen in Gebeten, im Gesang und auch bei Grabreden.

Ich war so beschämt über das, was ich hier erlebt hatte. Also flüsterte ich dem Katechisten zu, er möge doch auch in unser beider Namen ein Gebet sprechen, denn das würde sicher von uns erwartet werden. Und so geschah es auch.

Am Ende der Zeremonie hatte sich beinahe das gesamte Dorf um uns versammelt. Und so erfolgte der erste Spatenstich, während die Menschen vor Freude sangen und tanzten. Als sie nach zwei Wochen Arbeit endlich reines Trinkwasser aus dem neuen Brunnen schöpfen konnten, war die Freude noch größer, und sie feierten stundenlang. Der Brunnen wurde nach dem Brunnengräber Ali benannt. Es wurden fixe Zeiten festgelegt, zu denen alle Dorfbewohner aus dem Schulbrunnen Wasser holen konnten. Die Klasse der ältesten Schüler wurde mit der Aufsicht des Brunnens beauftragt. So konnten alle Bewohner von Lugabayee am guten Trinkwasser teilhaben.

„Das Wasser ist verhext"

Liberianisches Sprichwort:

*Beklage dich nicht über die Anwesenheit
der kleinen Zimmereidechsen,
sie behüten dich vor der gefürchteten Malaria,
denn sie lieben Moskitos.*

Wie wichtig der Segen für den Bau eines Brunnens ist, lehrte mich auch eine andere Episode. Auf einer meiner Touren mit unserem Katechisten sahen wir eines Tages im Dorf Suortapa einen neu errichteten Dorfbrunnen mit Pumpe und einer schönen Umzäunung. Wir besuchten auch die Schule. Die Kinder tummelten sich vor dem Schulgebäude. Offensichtlich war gerade Pause, denn einige Kinder hatten Bananen in ihren Händen. Neugierig fragten wir sie, ob sie denn auch Wasser aus dem Dorfbrunnen trinken würden. Eigenartigerweise verließen uns die Kinder rasch, nachdem wir ihnen diese Frage gestellt hatten. So winkten wir einen größeren Buben herbei und stellten nochmals unsere Frage. Er schaute sich um und flüsterte uns dann geheimnisvoll zu: „*The big people say, the water is bewitched.*"³

„Ja warum sollte denn das Wasser verhext sein?", fragten wir, doch darauf wusste er keine Antwort und machte sich schnell davon.

Ich konnte nicht verstehen, dass man in dieser Hitze so etwas Kostbares wie Wasser von diesem Brunnen, der sogar über eine Pumpe verfügte, nicht nützen wollte. Da auch unser Katechist das Dorf und seine Bewohner nicht kannte, wanderten wir ein wenig um die Schule herum. Der Unterricht hatte in der Zwischenzeit wieder begonnen. Plötzlich kam ein Lehrer auf uns zu und wollte wissen, ob wir diejenigen seien, die einen Schüler nach dem Dorfbrunnen gefragt hätten.

„Dieser Brunnen", erklärte uns der Lehrer, „wurde vor Jahren von *Quee People*⁴ gebaut. Es hieß, der Dorf-Älteste hätte es erlaubt, aber die Leute im Dorf wussten nichts davon. Niemand hatte vor der Arbeit des Brunnenbaus zu den Ahnen um Schutz und Hilfe gebetet. So hatten die Leute immer Angst vor einem bösen Geist und das Wasser auch nie benutzt."

Der Lehrer erkundigte sich, ob wir im Dorf Lugbayee mit den Kindern den dortigen Brunnen gegraben hätten. Als wir das bejahten, bat er uns, doch auch den hiesigen Kindern zu helfen, denn das schmutzige Wasser aus den Tümpeln war die Ursache vieler Krankheiten, vor allem Wurmerkrankungen, die das Wachstum der Kinder behinderten. Natürlich waren wir bereit, auch hier zu helfen. Allerdings mussten wir das zuerst mit den Dorfbewohnern, speziell mit den Ältesten, besprechen

---

3   Die großen Leute sagen, das Wasser ist verhext.
4   So nennen die Liberianer weiße Entwicklungshelfer.

und deren Zustimmung einholen. Wir schlugen vor, sich auch in Lugbayee nach den dortigen Erfahrungen zu erkundigen, wie zufrieden sie dort mit dem Ali-Schulbrunnen waren.

Wir versprachen, bald wiederzukommen und empfahlen dem Lehrer, sich schon einmal nach einem guten Brunnengräber umzusehen, sollten die Ältesten im Dorf dem Brunnenbau zustimmen.

Als wir nach zwei Wochen wieder nach Suortapa zurückkamen, begrüßten uns die Leute sehr freundlich. Wir bemerkten sofort, dass sich die Stimmung im Dorf positiv verändert hatte. Die Schulkinder, die wegen des Markttages eine längere Pause hatten, liefen uns strahlend entgegen und riefen: „Wann fangen wir mit unserem Brunnenbau an? Old Man Duko weiß, wie man einen Brunnen gräbt." Bis wir die Schule erreichten, wussten wir schon über alles Bescheid, was sich seit unserem letzten Besuch getan hatte.

Wir nahmen den Schulbrunnen gemeinsam mit den Dorfbewohnern in Angriff, denn auch in Suortapa wollten die Menschen sauberes Wasser haben. Der Dorfbrunnen hingegen, der von Entwicklungshelfern ohne Einbeziehung der Dorfgemeinschaft gebaut worden war, blieb für die Leute weiterhin ein Tabu. Mir wurde ganz klar: In Afrika muss man vieles respektieren lernen, was man nicht sofort verstehen und verändern kann.

Übrigens benützten später die Rebellen diesen Dorfbrunnen während des Bürgerkrieges, bis er kaputtging und das Wasser versiegt war. Die Menschen liefen aus Angst vor den Rebellen in die Büsche. Nach dem Krieg entfernte man um des Friedens willen diesen zerstörten Dorfbrunnen.

„Der weise Narr":
Eine kleine liberianische Geschichte zum Nachdenken

Ein Freund trifft gegen Ende der Trockenzeit einen Brunnengräber bei der Arbeit, der sich keuchend und erschöpft aus einem Brunnenschacht befreit, um Luft zu schöpfen und zu neuen Kräften zu kommen.

„Welch ein Narr bist du doch, dich so zu plagen in dieser großen Hitze." Mit dieser ironischen Bemerkung nähert sich der Mann seinem in Schweiß gebadeten Freund. „Ich werde meinen Brunnen erst in der Regenzeit graben, denn dann bin ich viel schneller näher beim Wasser", erklärt dieser in einem überheblichen Ton.

Der am Brunnenrand rastende Brunnengräber antwortet ihm daraufhin: „Dein Brunnen wird zu Beginn der größten Hitze bereits ausgetrocknet sein. Aber meine Mühe wird sich lohnen: Ich werde das ganze Jahr und auch darüber hinaus Wasser schöpfen können, denn meine Quelle ist tief!"

Versöhnung und andere afrikanische Tugenden

Liberianisches Sprichwort:

*Eine Guavafrucht schmeckt nur, wenn sie süß ist,
sie braucht Zeit zum Reifen und viel Sonnenschein!*

Am ersten Adventsonntag war die Dorfkirche von Bona bis zum letzten Platz gefüllt. Der Dorf-Katechist hielt den Wortgottesdienst, weil es im ganzen Nimba County nur zwei irische Missionare gab. Als der Moment kam, wo das Evangelium verkündet wurde, trat ein Mann ein, gekleidet wie ein Ziegen- oder Schafhirte dieser Gegend. Er trug einen großen Stock in seiner Rechten, mit dem er hart auf den Boden aufschlug und rief dabei laut: „Wacht auf! Bereitet den Weg des Herrn! The Lord is coming!" Manche unter den Gläubigen, die nach einer langen Wegstrecke bis zur Kirche und wegen der Hitze eingenickt waren, hoben plötzlich die Köpfe und lauschten aufmerksam. Immer wieder drang die mahnende Botschaft durch den Kirchenraum. Plötzlich hob ein Bub seine Hand und wagte zu fragen: „Bist Du der *Towncryer*?[5] Kommt der Häuptling uns besuchen?"

Die Antwort ließ wieder alle aufhorchen: „Ja, ich bin ein Towncryer, ich heiße Johannes der Täufer. Ich bereite euch für den Geburtstag des höchsten Häuptlings vor: Es ist Jesus Christus, unser Erlöser."

---

[5] Als *Towncryer*, wörtlich „Stadtrufer", bezeichnet man in Liberia jemanden, der eine wichtige Person ankündigt.

„Müssen wir für Jesus auch die Straße rein machen, denn dann können wir nicht in die Schule gehen? Ich gehe aber sehr gerne zur Schule!"

Daraufhin erläuterte der als Johannes der Täufer verkleidete Katechist den Gläubigen geduldig das Sonntagsevangelium in ihrem Stammesdialekt.

Dabei fiel mir auf, wie wichtig der Aspekt der Versöhnung für den Zusammenhalt einer afrikanischen Dorfgemeinschaft ist. Vor dem Empfang eines Häuptlings darf es keinen „Kriminellen" im Haus des Dorfrichters geben. Alle Vergehen müssen vor dem hohen Besuch des Häuptlings bereinigt werden, indem sich die Menschen miteinander versöhnen. Nur schwere Delinquenten kommen ins Staatsgefängnis.

Auch unsere zehn Gebote, wie wir sie kennen, haben einen hohen Stellenwert im afrikanischen Kontext: Zum Beispiel gehören alle Güter der gesamten Großfamilie. Deshalb kann nicht vom Stehlen die Rede sein, wenn ich in den Garten meines Onkels gehe und dort Mangos pflücke, ohne zu fragen. Ebenso gehören die Guavafrüchte, die im Garten der Ordensschwestern neben dem Schulgebäude wachsen, nicht nur den Schwestern. Außerdem haben Kinder immer Hunger, so sind die Obstbäume im Garten der Schwestern eine Notlösung gegen den Hunger – solange das Wachstum des Gartens keinen Schaden erleidet.

Es gibt jedoch auch Grenzen, die nicht überschritten werden dürfen. Eine gestohlene Ziege hat einen großen Wert. Es muss also dem Urteilsspruch des Dorfrichters überlassen werden, welche Strafe der Dieb einer Ziege erhält. Das zieht oft ein stundenlanges Palaver unter der Mitwirkung der gesamten Dorfgemeinschaft nach

Abb. 08   Schwester Johanna: „Das war der erste Weihnachtsbasar in Wien-Döbling zugunsten unserer Kookaburra-Schule. Im Bild ist Gabi Huber mit der roten Jacke. Sie ist auch heute noch – 40 Jahre danach – mit Missio in Verbindung. Ich bin den vielen Menschen in Österreich dankbar, die uns sosehr geholfen haben." (1978)

sich. Sogar die Babys auf dem Rücken ihrer Mütter sind mit dabei. Auch die Verantwortung eines jeden Einzelnen für das Wohl des Stammes hat einen hohen Stellenwert. Dadurch wird die Gewissensbildung im Stamm geschärft.

Zur kollektiven Verantwortung der Afrikaner gehören auch die Gesetze und die Anerkennung der Autorität des Häuptlings. Es herrscht ein Bewusstsein, dass der einzelne Afrikaner ohne Zugehörigkeit zu einem Stamm keine Zukunft, keine Chance zum Überleben hat. Deshalb werden auch die Gesetze des Stammes als Gesetz Gottes angesehen, denn sie gehen ihrer Ansicht nach zurück auf Abraham, den Urvater eines großen Stammes.

Für den Katechisten bleibt es eine ständige Herausforderung, dieses abrahamitische Gottesgesetz seinem Volksstamm in einer Weise zu vermitteln, dass bei ihren eigenen Stammes-Gesetzen die praktizierte Nächstenliebe und Barmherzigkeit nicht zu kurz kommen. Es handelt sich dabei, theologisch gesehen, um einen Prozess der Inkulturation: Wir Missionare und Katechisten müssen dazu beitragen, dass in der afrikanischen Kultur ein Übergang vom Alten Testament – also von der teils noch archaisch geprägten Stammeskultur – hin zum Neuen Testament – also einer Kultur, die von der christlichen Nächstenliebe geprägt ist – ermöglicht wird.

Die religiöse, grundlegende Spontanität der Afrikaner, die positive Einstellung zu Gott, den sie einfach überall spüren und dem sie begegnen, hat mich von Anfang an beeindruckt. Der große Gemeinschaftsgeist wie auch die Verbundenheit mit dem Geist der Ahnen ließ mich auch vieles neu verstehen. Im Laufe der Zeit lernte ich, dass der Urkontext des Afrikaners in der Bibel zu finden ist, beginnend beim Alten Testament.

Diese frohe Botschaft soll wie der süße Saft der Guavafrucht von allen Menschen verkostet werden können. Die Guava ist eine der kleinsten, aber beliebtesten Früchte der Liberianer. Kinder können sich richtig ins Zeug legen, wenn es darum geht, auch noch die letzte Frucht vom Baum zu pflücken.

1978 startete die erste zweijährige Ausbildung von einheimischen Katechisten in Liberia. Und ein Jahr später begannen wir schon mit der Ausbildung in Nimba County. Die Katechisten, die für eine ganze Region zuständig sind, halfen uns wiederum bei der Aus- und Weiterbildung von Dorf-Katechisten. Seither sind ungefähr 365 Katechisten in Liberia tätig, davon sind mehr als die Hälfte Frauen. Die Katechisten sind für die Priester und Missionare in Liberia eine große Unterstützung, weil sie die einheimische Bevölkerung in ihrer Sprache auf die Sakramente, wie zum Beispiel auf die Taufe, vorbereiten.

Uns Missionaren wurde in Liberia immer mehr bewusst, wie wichtig und notwendig es ist, den aus dem Volk herauswachsenden Gottesboten eine gute katechetische Ausbildung zu gewährleisten. Wir sahen die große Gelegenheit für einen Neubeginn der Evangelisierung darin, das Positive ihrer Kultur aufzugreifen, um es in den Dienst des Evangeliums zu stellen, andererseits jedoch das Negative durch das Evangelium zu überwinden.

So begann die Heilsgeschichte mit der indigenen Bevölkerung Liberias. Dabei kam uns die Übersetzung der Bibel in die diversen Stammessprachen zu Hilfe, um den Liberianern den christlichen Glauben besser erklären zu können. Bei der Ausbildung der Katechisten half uns später ganz besonders noch die „*African Bible*".[6] Diese speziell für die afrikanische Pastoral entwickelte „Afrikanische Bibel" war damals nur in Ghana bei den Steyler Missionaren erhältlich. Da unsere Provinzoberin aus Ghana stammte, brachte sie uns dieses kostbare Buch immer wieder nach Liberia mit.

Diese Bibel wurde von einer internationalen Bibelkommission herausgegeben, der unter anderem unser jetziger Erzbischof und Kardinal Christoph Schönborn und der aus Guinea stammende Erzbischof und Kardinal Robert Sarah und andere Theologen und Missionare, die in Afrika tätig waren, angehörten. Der Druck dieser Bibel wurde zum Großteil von der österreichischen Dreikönigsaktion finanziert. Ich hatte das große Glück, gemeinsam mit einer Mitschwester 1981 ein Jahr lang in Ghana bei dem berühmten westafrikanischen Theologen und Erzbischof Peter Kwasi Sarpong von Kumasi Anthropologie studieren zu dürfen. Neben meinen praktischen Erfahrungen, die ich bereits in Liberia sammeln konnte, lernte ich nun noch viel Neues über die reiche afrikanische Kultur. Später schickten wir auch die bereits in Liberia ausgebildeten Katechisten nach Sierra Leone, wo alle zwei Jahre ein Fortbildungskurs in Anthropologie im Pastoralzentrum von Kenema angeboten wurde, bei dem auch Erzbischof Sarpong Vorträge hielt.

---

6   Bei der „*African Bible*" handelt es sich um eine Bibelübersetzung, die anthropologische Kommentare im Kontext der afrikanischen Kultur den Texten des Alten und Neuen Testaments gegenüberstellt. Dadurch wird die Heilsbotschaft der Bibel den Afrikanern besser verständlich.

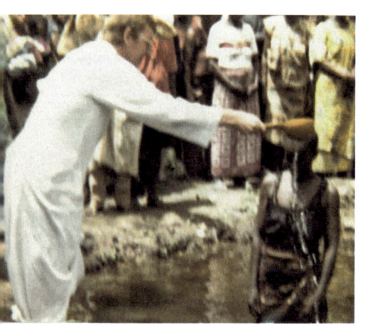

Abb. 09   Schwester Johanna: „Father Sean O'Brian, ein irischer SMA-Missionar, hielt in dem Dorf Kinnon zum ersten Mal die Taufe im Fluss. Das war für die Inkulturation sehr wichtig, weil die Bevölkerung dort früher Naturgötter und Flußgeister verehrt hat." (um 1986)

In Liberia entstanden allmählich erste kleine Gebetsgruppen, sogenannte Kleine Christliche Gemeinschaften, englisch: „Small Christian Communities" oder „SCGs"[7], die bis heute eine wichtige Zelle des Gebets, der Einheit und der Versöhnung im afrikanischen Dorfgefüge bilden. In den Jahren der ersten Unruhen waren diese Gebetsgruppen von großer Bedeutung: Sie waren für viele ein Zeichen der Hoffnung und stärkten den Glauben ihrer Mitmenschen, die in Bedrängnis waren.

Die Gläubigen der SCGs versammelten sich regelmäßig zum Gebet und zum Bibel-Teilen in ihren Häusern. Darüber hinaus unterstützten sie sich auch im täglichen Leben und engagierten sich für soziale Gerechtigkeit. Schon bald entsprangen diesen ersten Gebetsgruppen talentierte Gruppenleiter, die wir später zu Dorfkatechisten ausgebildet haben. Sie halfen uns bei der Evangelisierung des Landes, indem sie die nächste Generation in den Stammessprachen auf die Taufe und die anderen Sakramente vorbereitete. Die SCGs gaben den Menschen gerade auch während der schweren Zeit der politischen Instabilität und des darauffolgenden Bürgerkrieges Halt und förderten ein fruchtbares menschliches Zusammenleben. Langsam begann der gute Samen zu wachsen.

Noch vor dem Zusammenbruch des Landes durch den Bürgerkrieg hatten wir auf diese Weise das Vertrauen der einheimischen Bevölkerung gewonnen. Wir

---

7   Die Idee der „Small Christian Communities" (SCGs) entstand in den 1940er-Jahren in Südafrika, als dort noch das Apartheid-System existierte und ein großer Priestermangel herrschte. Einer der Initiatoren der SCGs war Bischof Fritz Lobinger. In Liberia wurde dieses pastorale Modell von der Kirche in den 1980er-Jahren übernommen, als die politischen Unruhen begannen.

konnten uns auf ihre afrikanische Kultur einlassen und sie dadurch besser verstehen lernen. Mit der Zeit entstand eine starke Verbindung zwischen uns Missionaren und den Einheimischen. Wir fühlten uns von ihnen akzeptiert und wie in einer Großfamilie aufgenommen. Dadurch waren wir besser vorbereitet auf all das, was noch in den kommenden Jahren auf uns und auf die Bevölkerung zukommen sollte.

2. Kapitel

Zwischen Geisterglauben und Inkulturation

EIN FLÖTENSPIELER TREIBT DEN BÖSEN GEIST AUS

Liberianisches Sprichwort:

*Wenn du in der Nacht das Spiel der Flöte im Busch hörst,
dann weißt du ein Dorf-Ältester gestorben ist.*

In Liberia konnte man gut beobachten, wie in Zeiten von dramatischen Vorkommnissen alte tabuisierte Traditionen eines Ahnenkults und Geisterglaubens unter der Bevölkerung wieder populär wurden, obwohl die meisten bereits Christen waren.

Manche der einfachen Menschen auf dem Land meinten, die sich anbahnenden Unruhen im Lande hätten mit der Vernachlässigung von alten, tabuisierten Bräuchen, wie unter anderem dem Verbot des Verzehrs von Schaffleisch, zu tun. Unter den Gios erzählt man sich nämlich, ihr Stamm sei vor Jahrhunderten durch eine nicht näher bekannte Epidemie beinahe ausgestorben. Auch der Stammeshäuptling starb daran noch im jungen Alter. Während dieser großen Bedrängnis habe man dem Gott des Lebens das beste Schaf geopfert, die kostbarste Opfergabe des Stammes, und somit der Gottheit versprochen, in der Zukunft auf den Verzehr von Schaffleisch zu verzichten, sollte dieses Opfer das Ende der Epidemie herbeiführen.

Ich bin überzeugt von dieser Geschichte, denn tatsächlich überlebten die Gios die Epidemie, und aus Dankbarkeit verzichten sie im Prinzip bis heute auf den Verzehr von Schaffleisch. Schafe dürfen zwar gezüchtet und verkauft werden, jedoch werden vom Stamm selbst nur Ziegen gegessen. Die jüngere Generation hingegen hat sich nicht mehr so streng daran gehalten. Aber während des Bürgerkrieges wurde dieser alte Brauch wiederbelebt.

So war auch der Toten- und Ahnenkult unter der Bevölkerung noch immer weit verbreitet. Bei einem unserer Dorfbesuche beklagten sich die älteren Menschen, wie sehr doch die alten Traditionen ihres Totenkultes missachtet werden: „Unseren Verstorbenen wird keine Ruhe des Geistes gewährt, da man ihnen weder Reis noch Bananen gönnt." Es war nämlich Sitte, dass man nach dem Tod dem Verstorbenen Reis und Früchte auf dem Weg hin zum Grab mitgab. Der Grund hierfür bestand darin, dass sich der Geist des Toten nicht rächen sollte wegen der Unbarmherzigkeit der Dorfbewohner. Die Furcht vor dem Geist der Toten war enorm. Ich wurde selbst zur Zeugin von endlos langen Beschwörungen und Beschwichtigungsreden vor der Grablegung.

Bei der Beerdigung eines bereits getauften Mannes verweigerten die Dorfbewohner die Freigabe des Toten, bevor nicht das uralte Ritual – das Blut eines weißen

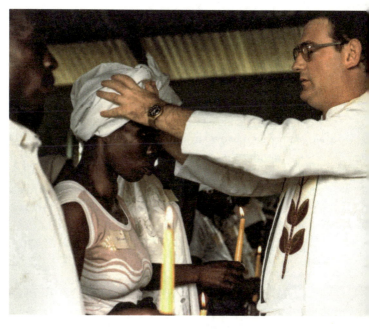

Die erste Taufe und Firmung in Gbleyee im Nimba County. (um 1983)   *Abb. 10*

Huhnes fließen zu lassen – stattgefunden hatte. Nur dann könne der Tote in seinem Grab Frieden finden und würde sich nicht an den Dorfbewohnern rächen.

Eine große Rolle spielten auch die Flötenspieler bei dem Stamm der Gio und der Mano. Nach dem Ableben eines Zors[8] stürmte eine Schar von stark geschminkten Bambusflötenspielern heran, um den Toten in den Busch zu bringen, wo während der ganzen Nacht das Flötenspiel und unheimliche Geräusche zu hören waren. So vertrieb man den bösen Geist des Verstorbenen in den Busch. Die Zors waren stets gefürchtet wegen heimlich verübter Missetaten, die jedoch nie an die Öffentlichkeit gelangen durften.

Suah, eine aussergewöhnliche Stammesfrau

Liberianisches Sprichwort:

Verübe kein Unrecht in deinem Leben,
dann werden die Ahnen dir immer zu deinem Recht verhelfen.

Suah, die vierte Frau des reichen Häuptlings des Yarmen-Clans im Stamm der Mano im Upper Nimba County, wurde von den Dorfbewohnern respektiert und geachtet, von den drei Nebenfrauen des Häuptlings jedoch beneidet.

---

8   Mitglied einer Oberschicht im Stamm.

Durch die jahrelange liebevolle Pflege ihres Vaters hatte sich Suah im Dorf einen guten Namen gemacht. So war es auch nicht verwunderlich, dass der Häuptling ihr einen Heiratsantrag machte, den sie vorerst jedoch abwies. Als Grund gab sie an, dass sie noch hohe Schulden für die Medizin und Behandlung ihres kranken Vaters hatte, und mit dieser Last keine so wichtige Lebensentscheidung treffen wollte. Der Häuptling entgegnete jedoch lachend, dass er seiner Lieblingsfrau wesentlich mehr schenken würde als die Geldsumme, die sie dem Medizinmann schuldete. Er bat sie, sich keine Sorgen über die Schulden zu machen. Da sie keinen Ausweg aus dieser Situation wusste, willigte sie schließlich ein.

Sie bemühte sich, mit dem Lebensrhythmus und den Gewohnheiten einer polygamen Ehe zurechtzukommen. In dieser Großfamilie gab es bereits vier Kinder, alles Mädchen. Die erste und älteste Ehefrau vertraute Suah an, dass sie leider nie ein Kind geboren hatte, sich aber meistens um die vier Mädchen der beiden jüngeren Nebenfrauen kümmerte, da diese auf der großen Farm mitarbeiteten. Sie hatte auch zwei Söhne gehabt, jedoch war einer an Masern, der andere an Kinderlähmung gestorben.

Suah war bewusst, dass der Grund für ihre Heirat mit dem Häuptling darin lag, ihm einen Stammhalter zu schenken und somit den Fortbestand des Clans zu gewährleisten. Zur Zufriedenheit aller schenkte sie tatsächlich drei Söhnen das Leben, allerdings war ihr dadurch auch die Abneigung der Nebenfrauen gewiss, was auch verständlich war. Suah litt sehr unter dieser Situation, dass sie für die anderen Frauen – ohne es zu wollen – zu einem Problem geworden war.

Da der Gatte ihr nichts abschlagen konnte, nutzte sie seine Gunst, um sich so viel wie möglich im Dorf nützlich zu machen. Durch die Betreuung ihres Vaters hatte sie Erfahrung in der Krankenpflege, und half auf diese Weise auch den Dorfbewohnern. Zu diesen Hausbesuchen nahm sie des Öfteren auch ihre heranwachsenden Söhne mit.

Als ich einmal gemeinsam mit dem Katechisten das Dorf für den Sonntagsgottesdienst besuchte, fand ich sie unter den Gläubigen. Mein Erstaunen war groß, als sie sich vor der Lesung erhob und mit einem Buch nach vorne trat, um die Schriftlesung in der Manosprache vorzunehmen. Es geschah zum ersten Mal in diesem Stamm, dass eine Frau dazu in der Lage war. Sie hatte es von ihrem Vater, der ein eifriger Methodist war, gelernt und auch das Buch von ihm geerbt. Ich war überglücklich, solch eine Frau gefunden zu haben und verwarf alle Bedenken des Gemeindeleiters, der die Ansicht hatte, als vierte Frau eines Mannes könne sie aufgrund der Polygamie nie getauft werden. Ich stellte ihm die Frage: „Waren nicht alle eure Großväter noch polygam? Waren deine Vorfahren nicht auch noch polygam? Hat Gott den Polygamisten Abraham durch den Glauben nicht zum Stammesvater von uns allen gemacht?"

Daraufhin bat der Dorfleiter Suah, auch das Evangelium in der Stammessprache zu lesen, denn so würden die Leute es besser verstehen. Er erzählte mir außerdem, dass Suah auch Kinder zur Kirche brachte, die wunderschön singen konnten. „Jeden Sonntag kommen mehr Leute, die sich für unsere Kirche interessieren. Aber sie kann niemals unserer Kirche angehören, und ich kann da nicht mehr mitmachen", jammerte er. Ich antwortete ihm, dass wir Bischof Sekey informieren und um Rat fragen sollten. Die Antwort des Bischofs war verblüffend: „Ich wünsche mir, dass alle Getauften in meiner Diözese so viel Eifer zeigen würden wie diese Ungetaufte, an der sich alle ein Beispiel nehmen können." Somit stand die Kirchentüre allen offen!

Suah wollte ihre eigenen Söhne und auch die Töchter der Nebenfrauen zur Schule schicken. Ihr Mann erlaubte vorerst nur den Söhnen den Schulbesuch mit dem Argument, dass Mädchen für die Arbeit notwendiger wären. Suah bestand jedoch darauf, den Mädchen die gleiche Ausbildung zukommen zu lassen, sonst würde sie auch den Buben den Schulbesuch untersagen. Mit ihrer Durchsetzungskraft erreichte sie das Ziel: sowohl die Buben als auch die Mädchen erhielten eine Schulbildung, mussten aber auch bei der Arbeit auf den Feldern mithelfen. Das erleichterte auch das Leben der Nebenfrauen. Sie waren Suah sehr dankbar, und so verbesserte sich auch das Verhältnis in der Großfamilie wesentlich.

Viele bewunderten Suahs Engagement für die Kirche, obwohl ihr bewusst war, dass sie nicht getauft werden konnte. Sie wollte jedoch ihre Situation, für die sie sich selbst entschieden hatte, mit einer Geduld und Stärke durchtragen, wie man sie oft an afrikanischen Frauen bewundern kann. Sie zeigte auch großen Mut, wenn es darum ging, ein Tabu zu brechen, um ein Leben zu retten. Das zeigt die folgende Geschichte:

Ein getaufter Mann, der verstarb, nachdem er die Sterbesakramente empfangen hatte, sollte am darauffolgenden Tag beerdigt werden. Seine Frau war sehr besorgt, dass die Flötenspieler – einem alten Brauch entsprechend – den Leichnam in der Nacht in den Busch bringen würden, um die bösen Geister aus ihm

„herauszuflöten". Die Frau war arm, und sie konnte die Flötenspieler nicht bezahlen – üblicherweise wurden von den Angehörigen zwei Schafe, fünf Hühner und auch Geld nach Rückgabe des Toten gefordert.

Der Frau war auch bewusst, dass sie noch Schlimmeres zu erwarten hatte, sollte sie den Flötenspielern keine „Belohnung" geben können. Dann würde ein Medizinmann oder eine Medizinfrau zu Hilfe gerufen werden, die sie erpressen sollten. In ihrer Not wandte sich die Frau des Toten an Suah, die sogleich den Dorfleiter und die Gemeinde zusammenrief, um den Fall zu besprechen. Einer der Anwesenden merkte an, dass Suah doch die Möglichkeit hätte, die Flötenspieler zu entlohnen, damit wäre der armen Frau geholfen. Doch Suah wurde wütend und verlangte, dass sich kein Flötenspieler dem Toten nähern und auch kein Lösegeld für den toten Mann bezahlt werden dürfe. „Ich als Heidin und nicht Getaufte muss euch erinnern, dass keine bösen Geister Macht über unseren verstorbenen Bruder haben! Deshalb werde ich hier in unserer Kirche über ihn wachen, auch wenn mir niemand zur Seite stehen wird."

Als ich am nächsten Morgen mit dem Priester zur Beerdigung eintraf, fanden wir alles wunderbar für die Messfeier vorbereitet. Die Kirche war gefüllt mit Gläubigen, aber auch Ungläubigen, wie wir später erfahren sollten. Es herrschte großer Friede im ganzen Dorf. Nach der Messfeier erhob sich die Frau des Toten und alle erwarteten das traditionelle Geschrei und Totengeheul. Stattdessen aber rief die Frau allen zu: „Ich verdanke meine Rettung und die Rettung meines verstorbenen Mannes alleine Frau Suah, die heute Nacht großen Mut bewiesen hat!" Da der Priester zum Aufbruch drängte, flüsterte mir der Gemeindeleiter zu, er werde mir später über die Geschehnisse berichten.

Vor der Rückkehr in unsere Station kam der Gemeindeleiter zu mir und platzte ganz verschämt damit heraus, wie sehr er Suah Unrecht getan hatte mit seiner oberflächlichen Einschätzung, weil sie nicht getauft war. Er erzählte, dass am Abend zuvor sechs von ihnen, die Männer mit Buschmessern bewaffnet, sich eingefunden hatten, um gemeinsam mit Suah beim Sarg des Toten Wache zu halten. Man betete und sang, bis um Mitternacht die ersten geheimnisvollen Flötenlaute zu hören waren. Langsam waren alle aus der Kirche verschwunden, auch die mit Buschmessern bewaffneten Männer waren aus Angst nicht mehr zu sehen. Der Gemeindeleiter drängte Suah mitzugehen, da sie gegen die Macht dieser Flötengeister nichts ausrichten könne. Sollte sie Widerstand leisten, könnte auch sie getötet werden. Suah ließ sich jedoch nicht überreden oder ablenken. Sie hielt mit ihren Armen den Sarg umfasst und begann zu singen. Auch der Leiter der christlichen Gemeinschaft ließ sie so alleine zurück. Alle überließen Suah feige ihrem Schicksal, das sie selbst gewählt hatte, und spotteten über sie, um ihr eigenes Gewissen zu beruhigen.

Als die drei Flötenspieler – für ihren „Auftritt" sind sie immer geisterhaft weiß geschminkt oder bemalt und sehr furchterregend – am frühen Morgen ungeschminkt und erkennbar beim Haus des Verstorbenen erschienen, um ihren Lohn zu fordern, wurden sie von den mit Buschmessern bewaffneten Männern überrascht und gefangen genommen. Sogleich war auch der Dorfrichter zur Stelle und befragte sie, was denn in der Nacht mit dem Toten geschehen sei. Doch sie fanden aus Scham

Abb. 11 Schwester Johanna: „Suah, in der Mitte, ist eine der starken Frauen des Mano-Stammes. Sie hat schon vor ihrer Taufe die Zauberer (Flötenspieler) im Dorf Gbleyee, die die Menschen mit ihrem Aberglauben terrorisierten, vertrieben. Und zwar für immer. Nach ihrer Taufe wurde Suah zur ersten Dorfkatechistin von Gbleyee." (um 1985 im Nimba County)

keine Antwort. Der Richter drohte ihnen mit Gefängnis. Also gestanden sie, dass sie aus Angst nicht zur Kirche gegangen waren, wo der Tote aufgebahrt war, da sie von dort einen himmlischen Gesang gehört hatten, der sie in Furcht und Staunen versetzt hatte. Sie wussten, dass der Verstorbene zu Lebzeiten nichts Böses getan hatte und zu allen immer gut und großzügig gewesen war. Daher nahmen sie an, dass sein Geist schon im Himmel sei und von dort auch die Gesänge stammten.

„Ihr Bösewichte!", schimpfte sie der Richter. „Als Strafe werdet Ihr der Frau des Toten zwei Schafe und das von euch geforderte Geld heute noch übergeben!" Von diesem Moment an mussten alle, welche die Zauberflöten für einen Toten wünschten, sie in einem anderen Dorf suchen. Suah hatte dafür gesorgt, dass ihr Dorf von dieser Angst befreit wurde.

Nach dreizehn Jahren geduldiger Pflichterfüllung und Hoffnung auf das Sakrament der Taufe von Suah, starb ihr Mann, der Häuptling, im Jahr 1989. Einer seiner Verwandten trat die Nachfolge an, da Suahs Söhne noch zu jung waren. Suah war froh, dass sie nun alle frei waren, ihr eigenes Leben zu gestalten. Einer ihrer Söhne wurde Schulleiter in einem anderen großen Dorf.

Zu Ostern 1999 sollte der große Tag der Taufe für Suah zusammen mit fünf anderen Kandidaten und Kandidatinnen stattfinden. Die Feier wurde an jenem Platz bei der Wasserstelle abgehalten, wo schon die Ahnen über viele Jahrhunderte die Götter der Natur, besonders aber das Wasser, verehrt hatten.

Suahs drei Söhne, die schon früher getauft worden waren, assistierten als Messdiener bei der großen Freudenfeier ihrer Mutter. Als Taufkerzen für alle Kandidaten wurden getrocknete Bambusstöcke verwendet, die dann am Osterfeuer entzündet wurden. Mit diesen brennenden Osterfackeln bewegte sich die Taufprozession unter Trommelwirbel, Tanz und Gesang zur Dorfkirche, wo die österliche Auferstehungsmesse stattfand. Im Namen des Bischofs dankte der Missionar Suah, die schon vor ihrer Taufe Mutter des Mano-Stammes genannt wurde, für ihre Beharrlichkeit und ihr mutiges Zeugnis eines Glaubens, der nachahmenswert ist.

Suah wurde die erste Katechistin des Mano-Stammes. Es ist auch bemerkenswert, dass in diesem Stamm und auch im benachbarten Gio-Stamm die meisten weiblichen Dorfkatechistinnen zu finden sind. Sie helfen der Kirche zu wachsen, an den Wurzeln, die in diesen Stämmen stark zu sein scheinen. Während des Bürgerkrieges, der besonders arg im Norden wütete, unterstützten sich die vielen christlichen Dorfgemeinschaften gegenseitig, sie fanden Hilfe in ihrer Bedrängnis und ermutigten sich, nicht aufzugeben.

EINE GUTE NACHRICHT HAT FOLGEN

Liberianisches Sprichwort:

Der Reisvogel rühmt sich nicht wegen seines schönen Gefieders, sondern wegen seiner Stimme im Chor!

Als im Dorf Kinnon die Kirche fertiggestellt wurde, lud man auch die Bewohner der umliegenden Dörfer zum Segnungsfest ein. Zögernd kamen einige aus dem Nachbarort Bonih, und sie baten uns, doch auch zu ihnen zu kommen. Uns war allerdings bekannt, dass es in diesem Dorf früher einmal ein Problem mit Mitgliedern einer anderen Kirche gegeben hatte, die daraufhin verjagt worden sind.

Auch die Leute in Kinnon ermutigten uns, für ihre Nachbarn in Bonih doch das Gleiche zu tun und auch dort eine Kirche zu bauen. Viele Gläubige aus Bonih nahmen an den kirchlichen Festen in Kinnon teil. So kam es, dass zwei angesehene Frauen von Kinnon uns eines Tages nach Bonih begleiteten, um für das Projekt der Kirche beim Dorfältesten Fürbitte einzulegen.

Wir erwiesen dem Dorfältesten unseren Respekt. Die Frauen aus Kinnon stellten mich dem Dorf-Katechisten vor. Der Dorfälteste meinte, er habe viel Gutes über die katholische Kirche gehört, aber er habe eine ganz entscheidende Frage an uns, die er zuvor noch beantwortet haben wolle: Wenn wir für die Dorfbewohner von Bonih einen neuen Ort der Gottesverehrung errichten, wie jener in Kinnon, dann würde er uns willkommen heißen. Hätten wir aber dasselbe vor wie die frühere Kirche, eine fundamentalistische Sekte, die Feuer am alten Ort der Gottesverehrung gelegt hatte und somit den Zorn der Ahnen hervorrief, dann seien wir hier nicht willkommen!

Der Dorfälteste berichtete uns, dass seit jener Zeit viel Unheil im Dorf passiert sei. Es seien Krankheiten ausgebrochen, außerdem habe Unfrieden und vor allem auch große Furcht geherrscht. „Könnt Ihr uns helfen, die bösen Geister aus dem Dorf zu vertreiben?" Wir zeigten Verständnis für diese heikle Situation.

Isaak Paye, der erste Katechisten-Anwärter von Nimba County, forderte mich auf zu sprechen, er würde alles gut übersetzen. Aber zuerst luden wir alle ein zu einem gemeinsamen Gebet zu unserem großen Gott. Ich beteuerte, dass es uns sehr leid täte, was sie erfahren hatten. Wir versprachen, für das Dorf, dessen Ort des Gebetes so unwürdig durch Feuer zerstört worden war, ein neues Haus Gottes zu errichten, wo alle Bewohner den Frieden finden würden. Die beiden Frauen, die wir als Zeuginnen mitgebracht hatten, bestätigten, dass wir es ernst meinten. Sie erzählten, in ihrem Ort Kinnon habe ein böser Geist einen Mann ganz in Beschlag genommen, sodass er jemanden im Ort ermordete. Doch dann habe man eine Katholikin dieser Untat beschuldigt. Die beiden Frauen bezeugten jedoch, dass dieser Mann schuldig war. Daraufhin wurde er dem Dorfrichter übergeben. Die Unschuld der Katholikin war somit bewiesen, und der Friede im Dorf wurde wiederhergestellt.

Ich erinnere mich noch gut daran, als ich Erzbischof Michael Francis zur Kircheneinweihung nach Bonih brachte und eine grüne Schlange vor dem Dorf unseren Weg kreuzte: „Siehst du, Schwester, jetzt verschwindet die Schlange, da wir das Paradies in dieses Dorf bringen!", sagte er stolz, und die Einweihung der Dorfkirche wurde für alle ein großes Freudenfest!

Liberianische Frauen bei der traditionellen Arbeit: Sie flechten Körbe aus getrockneten Palmfasern. Das schlauchförmige Gebilde links oben ist ein Vogelnest. (um 1978)

Abb. 12

Hat Gott auch die Schlangen erschaffen?

Liberianisches Sprichwort:

Eine Schlange ist nicht gefährlicher als ein Elefant, es kommt auf die Art der Herausforderung an.

Gemeinsam mit Isaak, dem Katechisten-Anwärter, war ich unterwegs zu einer Versammlung einer „Kleinen Christlichen Gemeinschaft" in Bonah. Wegen des dichten Dschungels mussten wir einen anderen Weg nehmen und ein Dorf passieren. Dort war alles still. Doch plötzlich horchte Isaak auf und legte seinen Finger auf den Mund, um mir anzudeuten, ich solle auf keinen Fall einen Laut von mir geben. Ohne zu sprechen, deutete er in eine bestimmte Richtung. Ich folgte seinem Blick, und zu meinem Schreck sah ich, wie ein friedlich schlafendes Baby neben einer eingerollten grünen Giftschlange auf einer Matte lag. Die Schlange schien ebenfalls zu schlafen.

Da der Katechist ahnte, dass ich aus Schreck schreien würde, zog er mich schnell weg, und rasch verließen wir den Ort. Später erklärte er mir, dass sich viele einen Schlangenbiss selbst „suchen", weil sie die Tiere und ihre Schlangennatur nicht respektieren würden. Ich betrachtete ihn ganz verwundert, als er mich weiter über die Schlange instruierte: „Diese grüne Mamba ist wahrscheinlich der Vater einer größeren Schlangenfamilie, und das Nest ist irgendwo ganz in der Nähe.

Solange niemand dieses Nest zerstört, wird die Mamba auch dieses Kind nicht anrühren, vielmehr wird sie es beschützen, wie sie auch ihre Schlangenkinder vor potentiellen Feinden, wie Raubvögeln und anderen Schlangen, beschützt."

Und er hatte recht: Wir beobachteten, dass die grüne Mamba lautlos verschwand, als die Mutter des Kindes zurückkam.

Bei einem anderen Besuch entdeckte ich einen alten Mann, der über ein kleines schlafendes Kind wachte. Plötzlich ließ sich nahezu elegant eine lange, grüne Bananenschlange vom Baum herunter, schlängelte über den Körper des Kindes hinweg, ohne dieses aufzuwecken und verschwand anschließend wieder im Busch. Ich starrte erschrocken in die Richtung des Kindes, um zu begreifen, was da vor sich gegangen war. Als wir den alten Mann grüßten, beteuerte er, er habe weder etwas gehört noch gesehen. So ganz nebenbei bemerkte er, dass die Schlange vermutlich einen Frosch gesucht hatte. Aber Kinder – nein, die fressen sie nicht!

Und ich kann auch bezeugen, dass mich einmal eine schwarze Mamba vor einem schweren Unglück bewahrt hat. Beim Besuch einer Familie ahnte ich nicht, dass sie einen großen und bissigen Hund hatten, der nicht an der Leine war. Wie ein Löwe kam er auf mich zugestürzt. Ich schrie, um die Familie auf mich aufmerksam zu machen. Gleichzeitig duckte ich mich in der Hoffnung, dass der Hund über mich hinwegspringen würde, was auch tatsächlich geschah. Doch zähnefletschend stürmte er abermals auf mich zu. Da geschahen plötzlich zwei Dinge: Eine Mamba schoss aus dem Gebüsch hervor und spritzte ihr Gift in die Augen des Hundes. Gleichzeitig rief die Frau des Hauses nach dem Hund, der ihr halbblind und winselnd entgegentaumelte. Ich selbst rettete mich mit blutigen Knien ins Haus, wo sich die Frau für diesen Vorfall entschuldigte. Ich riet ihr, dem Hund sofort die Augen mit Milchwasser auszuwaschen, denn so würde das Schlangengift keinen allzu großen Schaden anrichten. Erst danach versorgten wir auch meine blutigen Knie.

Anschließend erzählte mir die Frau den Grund, warum sie den Hund am Nachmittag frei laufen ließ. Sie wollte mit ihm die Schlangen, die gerne in der Nachmittagshitze auf der Mauer schliefen, vertreiben, denn sie hatte Angst, dass eine Schlange im Haus nach Wasser suchen würde. An diesem Tag war ich dem „treuen Wächter" in die Quere gekommen und wurde schließlich von einer Mamba vor dem Angreifer beschützt!

Altbewährte Schlangenmedizin

Liberianisches Sprichwort:

Je lauter ein Frosch quakt, desto näher ist die Schlange und desto schneller fängt sie ihre Lieblingsbeute.

Und noch etwas Positives über Schlangen lernte ich in Afrika: Als wir nach dem Exil in der Elfenbeinküste während des Bürgerkrieges Ende 1990 wieder nach Liberia zurückkehrten, brachten wir von dort etwas sehr Kostbares mit: einen kleinen schwarzen Stein, mit dem man angeblich Schlangenbisse rasch heilen kann. Von französischen Missionaren, den Weißen Vätern, die wir in der Elfenbeinküste kennengelernt hatten, wurden wir in das Geheimnis des schwarzen Schlangensteins eingeweiht. Man konnte diese Steine dort auch erwerben.

Man erzählte uns, dass dieser Medizinstein aus speziellen Wurzeln besteht, die es anscheinend nur in Westafrika gibt. Diese werden getrocknet, gerieben und mit gemahlenen Kuhknochen vermischt, dann zu kleinen Steinen geformt und im Ofen gebrannt. Diese Steine sollen die Kraft haben, Gift aus dem Körper zu saugen.

Sollte jemand von einem giftigen Tier gebissen werden, muss die Wunde etwas aufgeschnitten werden, um das Blut zum Fließen zu bringen. Anschließend wird der Stein mit der rauen Seite an die verletzte Körperstelle angeklebt. Nach fünf bis sechs Stunden löst sich der Stein von selber, wenn das Gift dem Körper vollkommen entzogen wurde. Nach dieser Behandlung kocht man den Stein etwa zwei Stunden in Milchwasser, um den Stein zu entgiften. Danach ist er wieder einsatzbereit.

Es ist eigentlich ein Wunder, dass kaum einer der Missionare und auch ich während meiner langen Zeit in Liberia nicht durch eine Schlange angegriffen wurde, obwohl dieses heißfeuchte Klima sehr viele verschiedene Arten von Schlangen hervorbringt. Es ist auch niemand an einem Schlangenbiss gestorben, der mit diesem schwarzen Schlangenstein behandelt wurde. Hilfreich ist auch die von afrikanischen Medizinmännern hergestellte „Schlangenmedizin" aus Kräutern zur

Reinigung von Blut zu verwenden, wenn keine anderen Medikamente vorhanden sind.

Anhand einiger Beispiele will ich den Nutzen und Segen dieses Steins, vor allem in diesem feuchttropischen Klima, veranschaulichen:

Eine Frau war auf dem Weg in ein Dorf, wo am Abend der Dorf-Katechist eine Unterweisung zur Taufvorbereitung abhielt. Am Weg dorthin wurde sie im Schlamm von einer Schlange gebissen. Das Bein schwoll ganz schnell an, und alle hörten das Jammern der Frau. Zum Glück wurde der Katechist durch das Geschrei der Leute auf das Unglück aufmerksam und hatte auch den Schlangenstein sowie ein kleines Messer dabei. Mit Entsetzen sahen die Leute bei der „Operation" zu. Das Bein war bereits sehr stark angeschwollen. Man holte auch den örtlichen Medizinmann, der für Schlangenmedizin zuständig war, zu Hilfe. So ganz traute man dem schwarzen Stein dann doch nicht! Gemeinsam mit dem Dorfdoktor blieb der Katechist die ganze Nacht bei der Frau, um sie zu beobachten. Sie war besorgt um ihre Kinder. Wer würde sich um sie kümmern, wenn sie diesen Schlangenbiss nicht überleben würde? Nach langem Stöhnen wurde sie ruhiger und schlief endlich ein. Auch die Schwellung am Bein verschwand allmählich, sehr zur Freude aller Anwesenden. Trotzdem bat der Katechist den Medizinmann, zusätzlich auch seine eigene Kräutermedizin anzuwenden, um den Heilungsvorgang zu beschleunigen und den Körper der Frau zu stärken. Als der Medizinmann sah, wie der Schlangenstein von der Bisswunde abfiel und sie verheilt war, glaubte er wahrlich an ein Wunder!

Überall im Dorf wurde vor Freude getanzt und gesungen. Anschließend begleiteten sie die genesene Frau mit Trommeln auf ihrem Weg ins nächste Dorf.

Ein weiteres Beispiel einer Lebensrettung mit dem schwarzen Schlangenstein ist mir noch gut in Erinnerung. Zu diesem Fall muss ich allerdings eine Erklärung vorausschicken:

Afrikanische Frauen gehen zu ihrem Feld immer hintereinander oder einzeln, da die Straße nur aus einem schmalen Buschpfad besteht, rundherum ist der Dschungel, und da wäre es sonst viel zu gefährlich. Die Mutter trägt das Kind im Lapa-Tuch auf dem Rücken und den Korb auf dem Kopf. Oft ist sie bereits mit dem nächsten Kind schwanger, und trägt ihren dicken Bauch vor sich her. Deshalb sieht sie auch nicht viel vom Pfad oder wohin sie tritt. Es kann vorkommen, dass jemand, der alleine auf solch schmalen Pfaden geht, von einer Schlange überrascht wird.

Bei einem unserer Dorfbesuche haben wir so einen Fall erlebt. Plötzlich hörten wir ein lautes Kindergeschrei: „Eine Schlange, eine Schlange, meine Mutter ist tot." Die Frau war vor Schmerz und Schrecken ohnmächtig geworden. Als wir am Ort des Geschehens eintrafen, sahen wir das schreiende Baby am Rücken der Mutter, der Korb mit den Cassavaknollen[9] war ins umliegende Gestrüpp gefallen.

Wir untersuchten sofort den Fuß der armen Frau und hatten zum Glück auch den Schlangenstein mit dabei. Die Schlange war schon längst verschwunden, sie hatte sich ja nur gegen den Fußtritt der Frau gewehrt.

---

9   Maniokwurzel

Der Biss befand sich auf der linken Seite der Fußsohle und die Schwellung nahm rasch zu, aber wir konnten der vor Schmerzen wimmernden Frau mit unserem Schlangenstein umgehend helfen. Glücklicherweise eilten auch andere Dorfbewohner herbei. So konnten wir mit deren Hilfe unsere Patientin mittels einer improvisierten Tragbahre in Form einer Hängematte nach Hause bringen. Die erschöpfte Frau schlief rasch ein. Dank des Schlangensteins begann der Heilungsprozess, und so endete diese dramatische Geschichte zum Glück doch noch positiv!

Ein Skorpion besucht die Schule

Liberianisches Sprichwort:

Der einzige Feind, den die Schlange fürchtet, ist der Skorpion.

Eines Tages während des Unterrichts wollte ein Schüler in unserer Schule in Gbleyee im Nimba County ein Buch aus der Schultischlade nehmen, wurde aber vom giftigen Stachel eines Skorpions erwischt. Der Schüler hatte nun das giftige Tier an der Hand und wollte es natürlich abschütteln. Geistesgegenwärtig schnappte sich ein Mitschüler das Buschmesser, das wir in der Schulklasse immer parat hatten, und hackte das an seiner Hand hängende Biest so gut wie möglich ab. Zum Glück fiel dadurch auch gleich der Schwanz mit dem giftigen Stachel des Skorpions ab, und die Wunde begann zu bluten. Das war sehr gut so, und ich holte gleich den sogenannten Schlangenstein, um so das arme Kind zu retten.

An diesem Tag versuchten die Lehrer vergeblich, einen normalen Unterricht abzuhalten, aber die Konzentration der Kinder war dahin. Schlangen waren für sie etwas ganz Alltägliches, auch in der Schule, aber Skorpione waren sie nicht gewöhnt. Ich tröstete die Kinder damit, dass dieser Skorpion vielleicht eine Schlange in der Schule gerochen oder auch gehört hatte und sich deshalb in die Schultischlade verkrochen hatte.

Während des Religionsunterrichts erinnerten sich einige Schüler, dass sich einmal eine lange Wasserschlange auf dem Gebälk des Klassenzimmers über unseren Köpfen kunstvoll hinweggeschlängelt hatte. Aber sie hielten still, denn sie wussten, dass sich die Schlange auch nur durch einen kleinen Angstschrei auf uns herabgelassen hätte. Da hätte auch mein schwarzer Schlangenstein nicht geholfen! Alle waren froh, dass die Sache schlussendlich gut ausgegangen war.

Eines Tages fragten mich die Kinder: „Schwester, warum hat Gott Schlangen und Skorpione erschaffen?" Bevor ich darauf noch antworten konnte, platzte ein ganz Gescheiter heraus: „Weil Gott viel mehr Ideen hat als du! Schlangen können böse Tiere fressen, wenn sie Babys stehlen wollen; ein Skorpion tötet Schlangen, bevor sie ins Haus kommen können!" So haben also auch alle Tiere in Gottes Universum ihre besondere Aufgabe!

Die Geschichte einer Befreiung

Liberianisches Sprichwort:

*Eher findet ein Blinder sein Ziel ohne Laterne
als ein Sehender mit Laterne, wenn die
Flamme von einem Tornado ausgelöscht wird.*

Pepe, der Leiter einer SCG, einer „Kleinen Christlichen Gemeinschaft" im Dorf Baila, war bekannt für seine Geradlinigkeit und seinen ausgeprägten Gerechtigkeitssinn. Sogar die Kindersoldaten, von denen viele in dem großen Dorf umhermarschierten, salutierten, wenn sie Pepe trafen. Einige warfen ihm jedoch vor, er sei immer am Herumschnüffeln. Dabei brachte er während der Zeit des Bürgerkrieges, als sich gewissenlose Menschen auf Kosten Wehrloser durch Charles Taylors Kriegsmaschinerie einen Vorteil für sich selbst erhofften, so manches Unrecht in der Dorfgemeinde ans Tageslicht. Da kam die Zeit, als Pepes Glaubens- und Gewissensüberzeugung auf den Prüfstein gestellt werden sollte!

Pepe wurde zur Schulabschluss-Feier des Sohnes eines einflussreichen Stammeshäuptlings eingeladen, um ein Eröffnungsgebet zu sprechen. Auch eine Schar von Kindersoldaten, die ihre Gewehre hoch in die Luft schwangen, war da. Sie tranken Palmwein und Zuckerrohrsaft, es wurde laut getrommelt und wild getanzt.

Plötzlich verfiel der gefeierte junge Mann in wilde Zuckungen. Er schüttelte sich und gab nach wenigen Sekunden keinen Laut mehr von sich. Spontan sprang Pepe herbei, um Hilfe zu leisten, während alle anderen mit dem Häuptling schleunigst die Feier verließen. Die Soldaten zerrten Pepe zum Oberbefehlshaber und erklärten ihn für schuldig am plötzlichen Tod dieses jungen Mannes. Dieser übergab ihn vorläufig dem Dorfrichter, einem weisen alten Mann, der Pepe hinter Schloss und Riegel halten sollte. Alle wussten jedoch, dass Pepe unschuldig war. Aber sie fürchteten sich, ihn zu verteidigen.

Niemand trat als Zeuge bei Pepes Gerichtsverhandlung vor, weil jedem bewusst war, dass er nur als Sündenbock für den Mord herhalten sollte: Der intelligente Sohn des Häuptlings, der erfolgreich seine Schule abgeschlossen hatte, musste aus dem Weg geschafft werden. Er hätte sonst die dunklen Vorhaben seines Vaters, die er mit seinem zweiten Sohn geplant hatte, durchschaut. Nur durch seine Beseitigung konnte der Vater seine eigene Position als Häuptling gegenüber dem neuen Rebellenführer Charles Taylor stärken.

Pepes Haus wurde niedergebrannt. Seine Frau flüchtete mit den Kindern zu ihrer Schwester. Er selbst blieb im Dorf und verrichtete nach dem Absitzen der Strafe weiterhin seinen Dienst an der Gemeinde. Er spürte jedoch, dass die Sache noch nicht zu Ende war. Es war ihm bewusst, dass auch er aus dem Weg geschafft werden sollte. Bald darauf wurde er sehr krank. Er konnte kaum noch gehen und auch seiner Arbeit nicht mehr richtig nachkommen. Die Leute rieten ihm, doch seiner Frau zu folgen und das Dorf zu verlassen. Doch gemeinsam mit dem Dorfrichter wollte er dem Mord am Sohn des Häuptlings auf den Grund gehen, auch wenn es ihn sein eigenes Leben kosten würde.

Eines Tages fanden wir ihn ganz krank und elend in einer Kammer des Hauses vom Dorfrichter, aber er sagte: „Ich danke Gott für mein Leben! Es muss doch einen Sinn haben, dass ich es nicht verloren habe."

Wir versorgten Pepe mit Entgiftungsmedikamenten, wodurch es ihm zumindest möglich war, nach einem Jahr wieder dem Wortgottesdienst am Sonntag vorzustehen. Mit der Bibel in der Hand beteuerte er, er habe nichts mit dem Mord zu tun gehabt, denn die Familie des Häuptlings war ihm überhaupt nicht bekannt gewesen. Alle Anwesenden waren von seiner Unschuld überzeugt, aber dennoch blieb die Furcht im Dorf.

Der weise Dorfrichter entdeckte schließlich jenen Medizinmann, der zugab, dass er aus Gehorsam zur Obrigkeit für den Häuptling eine spezielle „Medizin" zubereitet hatte. Damit vergiftete der Häuptling seinen eigenen Sohn. Der Medizinmann verschwand aus der Gegend und wurde nie wieder gesehen. Langsam drang die ganze Wahrheit bis zum Häuptling durch. Der wies die Schuld von sich und beschuldigte wiederum den Dorfrichter, doch der Arme verstarb in der Nacht zum Ostersonntag. Schließlich machte sich auch der korrupte Häuptling aus dem Staub und flüchtete in die Elfenbeinküste. So blieb am Schluss Pepe als Sieger in Baila zurück!

Eine Zauberhochzeit

Liberianisches Sprichwort:

Wenn sich die Medizinfrau am Abend ins Dorf schleicht, gibt es bald eine Hochzeit.

Es begab sich, dass ein junger Mann ein bestimmtes Mädchen zur Frau nehmen wollte. Weil sie aber von einem anderen Stamm kam, waren die Eltern gegen diese Verbindung. Da das Mädchen die Tochter des Dorfältesten war und der junge Mann Eigentum besaß, hoffte er, dass er es mithilfe einer Medizinfrau schaffen würde, seinen Willen durchzusetzen. In der Nacht suchte er die Medizinfrau auf und klagte ihr sein Leid. Sie war überaus erfreut, ihm helfen zu dürfen und trug ihm auf: „Komm in drei Tagen wieder, bis dahin wird alles zu deinem Vorteil geschehen sein."

Bald darauf machte sich die Medizinfrau zum Haus des Mädchens auf, entriss ihr mittels einer List ein Kopfhaar und kehrte damit in ihre Hexenküche zurück, wo sie Vorbereitungen traf, das Haar in einem sogenannten Hexenbrei zu kochen.

Wie befohlen, erschien nach drei Tagen der junge Mann mit dem Lohn für die Medizinfrau. Sie übergab ihm das herrlich duftende, verzauberte Haar des besagten Mädchens. Und schon bald darauf fand im Dorf eine Hochzeit statt, über die sich am meisten die Medizinfrau freute. Sie allein wusste, warum diese lieblich duftende Braut so viel Aufsehen erregte. Sie versprach auch – sollte das Paar jemals in Schwierigkeiten kommen –, jederzeit

Abb. 13   Schwester Johanna: „Eine liberianische Freundschaftskette soll die Verbindung zwischen Österreich und Liberia ausdrücken: Diese Kette wurde aus einem einzigen Stück Holz geschnitzt. Damit wollten die Väter jener Kinder der Kookaburra-Schule, die von Lepra geheilt worden waren, ihre Dankbarkeit ausdrücken. Das Foto stammt von meinem ersten Heimaturlaub." (1978)

gerne wieder behilflich zu sein. Natürlich diente alles auch ihrem eigenen Vorteil.

So besitzt so ein „Hexentopf" für viele noch immer eine große Anziehungskraft, oftmals auch nur aus ganz niedrigen, heimtückischen Gründen.

Eine Friedenstaube für das Brautpaar

Liberianisches Sprichwort:

Nicht das Band vieler Lapa-Tücher
bindet das Brautpaar zusammen,
sondern das Band der Großfamilien.

Simone und Nyan, ein Paar mittleren Alters, das ich auf das Sakrament der Ehe vorbereiten durfte, hatte nur ein Problem: die traditionelle Aussteuer, die vom Stamm vorgeschrieben wurde, um eine Ehe eingehen zu können. Diese Mitgift, die eine junge Frau in die Familie ihres Mannes mitbringen muss, besteht aus einer Kuh oder zehn Lapa-Tüchern und zwei Säcken Reis. Doch das war für die ärmere Bevölkerung oft nicht erschwinglich.

In manchen Stämmen Liberias gelten jedoch die Kinder erst nach dem Tod des Stammvaters als großjährig. Deshalb verlassen viele junge Paare die Stammesbindungen ihrer Eltern und leben in anderen Dörfern mit ihren Kindern. Die Eltern sind darüber natürlich nicht sehr glücklich.

Wir stellten uns natürlich die Frage, wie die Kirche auf diese Situation reagieren sollte. Sollte sie als Gesetzeslehrerin auftreten und die Tradition der Eltern verteidigen oder Heilsbringerin sein für die nächste Generation?

Wir richteten uns ganz nach dem Motto: Das Gute behalte und entwickle es weiter. Was nicht mehr gebraucht wird, das lass hinter dir. Dieses Motto setzte auch Abraham in seinem Leben um: Gott hat Abraham gerufen, so wie er war und an jenem Ort Ur in Mesopotamien, wo er mit seiner Familie lebte. Daraufhin verlässt Abraham seine Familie und zieht in ein neues Land, das ihm von Gott verheißen wird. Dank seines Gehorsams hat ihn Gott in eine neue Zukunft geführt.

Abraham ist als der „Urvater eines großen Stammes" ein beliebtes Vorbild für afrikanische Stämme. Man kann in seiner Geschichte gut einhaken für die Evangelisation. Die katholische Kirche erkennt auch den großen Wert einer traditionellen Heirat mit ihren alten Bräuchen an, wo sich die Mitglieder zweier Großfamilien verantwortlich fühlen für das Wohlergehen dieser neuen Verbindung. Die Kirche geht aber auch einen Schritt weiter und macht verständlich, dass eine Mitgift, die für viele oft unerschwinglich ist, kein Hindernis sein soll, um eine christliche Ehe einzugehen.

Nach Rücksprache mit dem Bischof unserer Diözese wurde die Sakramentspendung für Simone und Nyan auf ein bestimmtes Datum festgesetzt. Die Zeremonie fand an der alten Wasserstelle statt, wo sich ein großer Stein befand, der den Ahnen als Platz der Gottesverehrung gedient hatte. Es war die erste Messfeier an diesem altehrwürdigen Ort, somit also ein Übergang vom Alten Testament zum Neuen.

Um eine Ehe nach christlicher Tradition eingehen zu können, wurden Simone und Nyan im selben Zuge an derselben Wasserstelle vorher noch getauft und gefirmt. Schließlich rief der Katechist das Paar zu sich und fragte sie in der Sprache der Mano, ob sie bereit seien, eine Ehe nach christlichen Prinzipien einzugehen. Der Missionar fungierte als Zeuge, wie die Stola über die Hände der beiden gebreitet wurde. Der Katechist hielt eine Kalebasse mit Wasser. Darin befanden sich zwei Cola-Nüsse. Die Brautleute nahmen jeweils eine dieser Nüsse in die Hand, während der Katechist ihnen nacheinander die vorgegebenen Fragen stellte. „Seid ihr bereit?" Sie beantworteten diese mit großer Ernsthaftigkeit und hielten dabei die Cola-Nüsse in ihren Händen. Nach diesem Bekenntnis reichten sie einander die Cola-Nüsse, sie teilten diese und fütterten sich gegenseitig damit als Zeichen ihrer Vereinigung. Die Cola-Nüsse dienten auch anstelle von Eheringen. Die übrigen Cola-Stücke verteilten sie unter den Anwesenden, denn das Teilen gehört zu einer guten Gemeinschaft. In der Zwischenzeit näherte sich die älteste Tochter, tanzend und zwei Lapa-Tücher auf dem Kopf balancierend, dem Brautpaar und überreichte ihnen das Brautgeschenk. Dies geschah unter viel Applaus und Trommelmusik.

Einer der Söhne tanzte mit einer Schale Reis in der Runde und streute gemäß der Tradition etwas Reis unter die Menge. Er setzte den restlichen Reis in einer großen Schale unter spontanen Freudenausbrüchen, begleitet von Trommeln und Tänzen, vor dem Brautpaar ab.

Schließlich kam Papah, der jüngste Sohn der Familie, mit einem weißen Huhn, das aus vollem Hals gackerte und wild um sich schlug, dazu. Das weiße Huhn gilt als ein Zeichen des Friedens. Es wird gemeinsam mit der Cola-Nuss und dem Reis bei allen festlichen Gelegenheiten benutzt und dient zum Wohle aller Stammesmitglieder, die neue Bindungen eingehen und in einer neuen Familie aufgenommen werden.

Papah zeigte dem Brautpaar stolz sein Huhn und sagte: „So, das ist für euch zum Essen. Ihr werdet sicher schon hungrig sein." Dann warf er das Huhn in die Höhe, sodass es wie eine weiße Friedenstaube über das neu vermählte Ehepaar flog. Unter großem Wirbel wurde das Tier wieder eingefangen und für das Brautpaar zubereitet.

Während das Ehepaar nun auch zum ersten Mal an einer Eucharistiefeier teilnahm, wurde im Dorf bereits eine Agape vorbereitet: Für die Ehrengäste Simone und Nyan stand das weiße Huhn mit Reis und der traditionellen Pfeffersuppe auf dem Speiseplan. Die mitfeiernden Gäste bekamen hingegen, was auch immer vorhanden war. Papah wich nicht von der Seite seiner Eltern, denn er war der Überzeugung, dass er sich für die „schwere" Aufgabe mit dem Hochzeitshuhn etwas verdient hätte. Er wäre mit einem Knochen schon zufrieden gewesen, und alle anderen hätten ihn darum beneidet. Also gab ihm das Brautpaar einen Knochen von ihrem Huhn – welch ein Genuss war das für Papah! Er ließ den Knochen nicht mehr aus und tanzte damit sogar bis zum Ende des Festes. Hier wurde mir bewusst, wie dankbar die Menschen in Afrika für etwas Nahrhaftes sind. Denn für einen Hühnerknochen ist man in Liberia bereit, einen Hahnenkampf auszutragen.

Borbor, der Hexenmeister

Liberianisches Sprichwort:

Der Geist eines toten Medizinmannes ist gefährlicher als der Biss einer Cassava-Schlange.

Eines Tages erreichte ich gemeinsam mit dem Katechisten den Checkpoint des Dorfes Gblayee. Wir grüßten die „kleinen" Soldaten höflich, bemerkten aber, dass diese drei sehr aufgeregt wirkten und uns kaum zu bemerken schienen.

Ich fragte sie in liberianischer Umgangssprache: „How the morning?" Sie platzten sogleich damit heraus, dass ein Medizinmann im Dorf gestorben war und sie Angst vor seinem bösen Geist hatten: „Schwester, kannst du uns helfen?" Ich versprach ihnen, mein Möglichstes zu tun.

Je näher wir dem Dorf kamen, desto mehr Menschen sahen wir schweigend auf uns zukommen. Da es sich um das Dorf unserer ersten Täuflinge handelte, waren wir den Bewohnern dort wohlbekannt. Als wir das Haus des Dorf-Ältesten erreichten, rief er uns ganz verzweifelt entgegen: „Es ist etwas Schlimmes passiert! Borbor, der Medizinmann, ist heute Morgen tot am Rande des Dorfes im Maniokfeld gefunden worden. Er hatte jemandem Medizin gebracht. Es ist ein schlimmes Zeichen, wenn ein Medizinmann im Dorf stirbt. Es heißt, er hat dort viele Anhänger. Wir haben Angst, denn in den letzten Jahren sind hier schreckliche Dinge passiert." Die Leute standen wie erstarrt um uns herum, alle wussten, wovon der Dorf-Älteste sprach. Alle hatten den Juju-Mann gut gekannt und viele hatten mit ihm in Notsituationen einen besonderen Pakt geschlossen.

Wie sich herausstellte, hatte Borbor am Vorabend, nachdem er seinem „Patienten" die Medizin übergeben hatte, noch ausgiebig gefeiert. Das wurde auch von einigen Dorfbewohnern bestätigt, die den Lärm gehört hatten.

Als wir gemeinsam mit dem Dorf-Ältesten das Haus betraten, wo die nächtliche Party stattgefunden hatte, fanden wir es leer. Überall roch es nach Zuckerrohrschnaps und Flaschen lagen im Raum. Die Leute nahmen an, dass Borbor in der Nacht völlig betrunken ins Maniokfeld gestolpert und dort gestürzt war. Offensichtlich starb er, während er seinen Rausch ausschlief, an einem Schlangenbiss.

Niemand hatte ihn schreien gehört, niemand wollte dem Toten nahekommen, um die Todesursache – den Schlangenbiss – festzustellen, und niemand wagte, seine Beerdigung vorzubereiten. Händeringend flehten mich die Frauen an, dem Toten nur ja nicht zu nahe zu kommen, denn sein Geist würde mich töten, da er ein böser Mann gewesen war. Der Katechist erklärte den aufgeregten Dorfbewohnern, dass nur ein böser Mensch sich vor einem bösen Geist fürchten müsse.

Da in den Tropen die Verwesung eines toten Körpers sehr rasch einsetzt, war allen bewusst, dass Borbor schnellstmöglich beerdigt werden musste. Einige Freiwillige fanden sich bereit, unter der Anleitung des Dorf-Ältesten an einem Platz weit außerhalb des Dorfes ein Grab auszuheben. Aus Angst fand sich jedoch niemand, der den Toten auf eine Buschbahre legen würde, also packte der Katechist gemeinsam mit dem Dorf-Ältesten an und rollte den Leichnam auf die Bahre. Der Dorf-Älteste hatte auch mich gebeten, anwesend zu sein, denn er hatte schreckliche Angst.

So wurde Borbor, der berühmte Hexenmeister, vom Katechisten, einer Missionsschwester und dem Dorf-Ältesten, dessen Anwesenheit Pflicht war, zur letzten Ruhe geleitet. Erst nachdem das Grab wieder zugeschaufelt war, wagten es ein paar Neugierige, näherzukommen, um zu sehen, ob wir überhaupt noch am Leben waren.

Dieses Ereignis war für uns der Beginn einer Serie von Katechesen, durch die wir die Bevölkerung über gute und böse Geister sowie über die Gefahr der Auslieferung an den JuJu-Mann aufklärten.

Der Juju-Mann beschwört böse Geister. Das ist bis heute ein problematischer Aspekt der afrikanischen Stammeskultur. In Afrika ist das Verantwortungsgefühl für die Gemeinschaft viel stärker ausgeprägt als in Europa. Dass ein Stamm zusammenhält, ist eine Sache des Überlebens. Es ist die einzige Versicherung für das Leben. Wenn eine Person zur Bedrohung wird für die Harmonie der Großfamilie oder des Stammes, dann geht einer zum Juju-Mann, um herauszufinden, wer der Grund dieses Problems im Stamm ist. Das Übel muss aus der Dorfgemeinschaft vertrieben werden. Dazu benützt man sehr oft den Juju-Mann oder auch den Medizinmann.

Der Juju-Mann findet durch Geisterbeschwörungen heraus, wer der Ursprung des Übels ist. Der Medizinmann hingegen stellt eine giftige „Zaubermedizin" her, die den Tod des vermeintlichen Übeltäters sehr rasch herbeiführt. Ich selbst habe in Liberia öfters erlebt, wie jemand an den Folgen einer solchen medizinischen Vergiftung mit großen Schmerzen und meistens ziemlich rasch gestorben ist.

Wenn jemand eine Person aus dem Weg schaffen will, geht er entweder zum Juju-Mann, um Hilfe durch Beschwörung zu suchen, oder zum Medizinmann, der die besagte Person durch Giftmedizin schnell beseitigen kann. Wer sich auf den Juju-Mann oder Medizinmann einlässt, gerät dadurch in eine große Abhängigkeit. Durch die „medizinischen" Zaubersprüche tritt diese Person in Kontakt mit einer Geisterwelt, von der man so schnell nicht mehr loskommt.

In einem Dorf herrscht eine große Angst, wenn man hört, dass jemand durch einen Juju-Mann oder einen Medizinmann auf mysteriöse Weise gestorben ist. Oft wenden sich die Menschen dann aus Furcht vor bösen Geistern an die Kirche. Eine der ersten Fragen, die ich mir während meiner Missionszeit in Liberia stellte, war, wie sich die Kirche gegenüber diesem Phänomen eines weitverbreiteten Geisterglaubens verhalten soll. Immer wieder durfte ich den positiven Einfluss der Kirche auf die Menschen in Liberia erfahren, wenn es darum ging, diese Furcht durch die frohe Botschaft des Evangeliums zu überwinden.

3. Kapitel

Die unruhige Zeit von 1980 bis 1990

DIE NEUE HEIMAT DER BEFREITEN SKLAVEN

Liberianisches Sprichwort:

Der Bauer, der vor der großen Regenzeit Reissamen sät,
aber die Farm nicht vor den Reisvögeln schützt,
wird vergebens auf eine gute Reisernte warten!

Die Liberianer hatten Grund, stolz auf die Geschichte ihres Landes – der ältesten Republik Afrikas mit amerikanischen Wurzeln – zu sein. Das Land an der Westküste Afrikas war ein Teil der sogenannten „Sklavenküste", von wo aus seit dem 16. Jahrhundert afrikanische Sklaven nach Amerika geschifft wurden, um dort auf den Plantagen der Weißen zu arbeiten. Doch als die Sklaverei im Jahr 1846 in den USA abgeschafft wurde, schickte die amerikanische Regierung die bestausgebildeten ehemaligen Sklaven an die Westküste Afrikas zurück, allerdings nicht ganz ohne eigene Interessen: Sie sollten dort den ersten amerikanischen Stützpunkt in Afrika zugunsten der Vereinigten Staaten aufbauen.

1847 gründeten die freigelassenen Sklaven Liberia, das „Land der Freiheit", wie der Name schon sagt. In diesem ersten unabhängigen Staat von Afrika bildeten die ehemaligen Sklaven aus den USA die Oberschicht. Diese sogenannten Ameriko-Liberianer hatten aufgrund ihrer Vergangenheit eine hellere Hautfarbe als die einheimische Bevölkerung, die sich bis heute aus zwanzig verschiedenen Stämmen zusammensetzt. Die Ameriko-Liberianer pflegten auch weiterhin einen engen Kontakt mit den USA. Mehr als hundert Jahre lang prägten sie und die *True Whig*-Partei die Politik Liberias. Das Land galt lange Zeit als Hort der Stabilität. Doch die Amerikaner bemächtigten sich mithilfe der politischen Elite Liberias aller Bodenschätze im Land. Die politischen Clans profitierten von den wirtschaftlichen Einkünften, während die einheimischen Stämme in großer Armut blieben. Einige Clans regierten das Land, ohne die verschiedenen Stämme miteinzubeziehen. Mit der Zeit nahm die Korruption in der Politik immer mehr zu, sodass es Ende der 1970er-Jahre zum Aufstand der einheimischen Stämme und schließlich auch zum Putsch von 1980 kam.

Der Militärputsch von 1980 und seine Folgen

Liberianisches Sprichwort:

*Eine Kobra verträgt keinen Angriff,
sie wird sich tödlich rächen.*

Der 12. April 1980 wurde zum großen Wendepunkt in der Geschichte Liberias: Es war die Nacht des blutigen Militärputsches von Samuel Doe, bei dem Präsident William Tolbert und sechs Minister der Regierung erschossen wurden. Der junge „Held" vom Stamm der Krahn ließ sich als neuer Staatschef der Republik Liberia feiern. Nach seinem blutigen Putsch besetzte Doe alle Schlüsselstellungen mit Stammesangehörigen der Krahn und legte damit die Zündschnur an einen ethnischen Konflikt, dessen Explosion Liberias Staatsgefüge weitgehend zerstören sollte. Nun war die Stunde des Aufstandes der unterdrückten Stämme gekommen, die während der Regierungszeit von William Tolbert stark benachteiligt waren. Auch für die Kirche war die Stunde gekommen, sich auf diese neue politische Situation einzustellen und darauf angemessen zu antworten.

Kurz nach dem Ausbruch der ersten Unruhen in Liberia erreichten mich gut gemeinte, wohlwollende, aber auch sehr besorgte Briefe von Familienangehörigen und Freunden aus der Heimat: „Johanna, bitte komm jetzt nach Hause, was man in den Medien sieht und hört, ist ja schauderhaft! Fünf Jahre in Afrika sind genug! Deine

Generaloberin kann doch dein Leben nicht so aufs Spiel setzen!" Und in dieser Tonart ging es weiter ...

Natürlich war auch ich in dieser unsicheren Situation beunruhigt. Wir wussten nicht, wie es in Liberia weitergehen sollte mit dem neuen Machthaber, der sich immer mehr als Diktator entpuppte. Mit der Zeit verließen fast alle internationalen Hilfsorganisationen, aber auch ausländische Missionare, das Land. Auch ich verspürte mehrmals die Versuchung, nach Österreich zurückzukehren. Ich rang mit dem Herrn und betete um die rechte Entscheidung. Und dann war es mir klar: „Genauso wie man sich in einer christlichen Ehe die Treue verspricht, in guten wie auch in schlechten Tagen, bis zum Tod, so habe auch ich als Missionarin dem Herrn die Treue zu Seiner Kirche versprochen, um in guten wie in schlechten Tagen das Schicksal der Armen zu teilen."

Wir alle spürten, dass nun die Stunde unserer Mission gekommen war: Wir konnten jetzt noch konkreter Zeugnis geben für ein Leben nach dem Evangelium.

Wir Katholiken zählten in Liberia zur kleinen Minderheit. Die Pastoren der anderen protestantischen Kirchen verließen nach und nach mit ihren Familien das Land, um ihren Kindern mehr Sicherheit und eine gute Schulbildung zukommen zu lassen.

Von den ersten aus Liberia stammenden drei einheimischen Priestern wurde 1981 Michael Francis Kpakala zum Bischof beziehungsweise zum Erzbischof von Monrovia geweiht. Er war der erste einheimische liberianische Bischof der katholischen Kirche in Liberia. Das Priesterseminar in Monrovia musste geschlossen werden, da es während der ungewissen politischen Lage nahezu unmöglich war, Lehrpersonal aus dem Ausland zu bekommen.

Am Hochfest der Unbefleckten Empfängnis 1984 weiht der erste eingeborene Bischof, Michael Francis Kpakbala, die erste Dorfkirche im Nimba County. (1984)

Abb. 14

Es gab damals auch noch kein Pastoralzentrum für die Ausbildung von Gemeinschaftsleitern und Katechisten.

Michael Francis Kpakbala – der erste einheimische Bischof

Liberianisches Sprichwort:

Verächtlich betrachtet der Pfau den Paradiesvogel und meint:
„Niemand kommt mir an Schönheit und Pracht gleich!"
Darauf antwortet der Paradiesvogel:
„Es mag sein, dass du mich an Macht und Größe übertriffst.
Du bist aber viel zu aufgeblasen, als dass du dich in die Lüfte
retten kannst, wenn Gefahr droht!"

Michael Francis Kpakbala wurde im Jahr 1937 als dreijähriger Halbwaise in unserem Internat in Monrovia aufgenommen. Die irischen Missionare übernahmen ab seinem sechsten Lebensjahr die Verantwortung für ihn. Er besuchte die Schule auf einer Missionsstation außerhalb Monrovias.

Charakterlich zeichnete er sich schon früh aus durch sein Durchhaltevermögen in schwierigen Situationen und seinen Mut, wenn es darum ging, andere zu verteidigen. Er ließ sich erst als Jugendlicher in der katholischen Kirche taufen, denn er hinterfragte alles. Niemand dachte, dass er sich für das Priestertum eignen würde. Zur Überraschung aller bat er aber doch eines Tages um Aufnahme ins Priesterseminar. Ausschlaggebend dafür war, dass ein von Francis sehr geschätzter Missionar Liberia zu seinem großen Bedauern krankheitsbedingt verlassen musste. Dieser scheidende Missionar äußerte sich Francis gegenüber, dass es nun an der Zeit wäre, die Verantwortung für die lokale Kirche selbst in die Hand zu nehmen und Glaubensboten auszubilden. Zu dieser Zeit – in den 1930er-Jahren – erlagen viele Missionare den gefährlichen Tropenkrankheiten, und die Sorge galt der Nachfolge. Erst 1938 verabreichten meine F.M.M.-Mitschwestern in Liberia erstmals Malariamedizin.

Immer wieder berichtete der spätere Erzbischof Michael Francis Kpakbala sehr humorvoll über seinen Abschiedsbesuch beim damaligen letzten Erzbischof von Monrovia, einem hünenhaften Iren, bevor er ins Seminar nach Nigeria reiste, wo er zum Priester ausgebildet wurde. Der damalige Erzbischof musterte Michael Francis zweifelnd von oben bis unten mit den Worten: *„You small boy, I hope you will make it!"*[10] Francis Michael, dem hünenhaften Erzbischof wie David dem Goliath gegenüberstehend, antwortete: *„I will make it!"*[11] und verließ selbstbewusst den Bischofssitz. Zu diesem Zeitpunkt ahnte er noch nicht, dass er tatsächlich einmal sein Nachfolger werden sollte! Es konnte damals auch niemand damit rechnen, dass während des Militärputsches 1980 das Herz dieses selbstbewussten, starken Iren versagen und er sterben würde. So geschah es, dass Michael Francis Kpakbala der erste einheimische Bischof Liberias und der spätere Erzbischof Monrovias werden sollte. Es gab damals nur eine Diözese, nämlich die Erzdiözese in Monrovia, die von ausländischen

---

10 Du kleiner Bub, ich hoffe, du wirst es schaffen.
11 Ich werde es schaffen.

Abb. 15   Erzbischof Michael Francis Kpakbala (1936–2013). Michael Francis Kpakbala (oder auch Kpakala) wurde 1963 geboren; er empfing als erster einheimischer Liberianer die Bischofsweihe und wurde 1981 Erzbischof von Monrovia. Mithilfe des von ihm gegründeten „Catholic Justice and Peace Council" verteidigte er unerschrocken die Menschenrechte gegen den Warlord und späteren Präsidenten Charles Taylor. Als Protest gegen Übergriffe ließ er 1996 kurzfristig alle katholischen Schulen und Einrichtungen schließen. 2004 erlitt er einen Schlaganfall und war bis zu seinem Tod am 19. Mai 2013 in Monrovia an den Rollstuhl gefesselt. Er galt als die Stimme der Freiheit und der Menschenrechte in Liberia. Am Ende seines Lebens erhielt er zahlreiche Auszeichnungen.

Missionaren und einem einzigen afrikanischen Priester verwaltet wurde.

Der Beginn seiner Tätigkeit für die große Erzdiözese Monrovia war vom blutigen Militärputsch von 1980 überschattet, bei dem Präsident William Tolbert ermordet wurde, infolgedessen der Rebellenführer Samuel Doe sich zum selbsternannten Staatschef erklärte. Die immer mehr um sich greifende Korruption während Tolberts Regierungszeit war der Vorwand für den Putsch von 1980. Doe erklärte, er werde gegen die Korruption in Liberia vorgehen. Aber schon bald entpuppte er sich als ein noch korrupterer Potentat, der seinen Vorgänger auch an Brutalität übertraf. Er eliminierte alle seine Gegner, die es wagten, ihn zu kritisieren, und warf sie ins Gefängnis. Dort wurden sie auf brutalste Weise gefoltert und getötet. Liberia sank durch den Militärputsch immer mehr ins Chaos. Der junge, unerfahrene Staatschef Samuel Doe hatte keinerlei Erfahrung im Regieren eines Landes. Sein Hauptaugenmerk richtete er auf die Förderung seines eigenen Krahn-Stammes, des kleinsten Stammes von Liberia, was verständlicherweise die Eifersucht der anderen Stämme im Land hervorrief. Es gab auch ständige Konfrontationen zwischen Doe und dem Erzbischof, der dem Staatschef die vielen Ungerechtigkeiten, Gräueltaten an der Bevölkerung und die Deportationen all jener, die es wagten, die Wahrheit über die Missstände in Liberia auszusprechen, vorhielt. Der Erzbischof wurde jedoch nicht gehört. Seine Stimme stieß bei dem Staatschef auf taube Ohren.

Eine Deportation und ein Wiedersehen nach 25 Jahren

Nach dem Militärputsch von 1980 gab es immer wieder Deportationen, hauptsächlich von ausländischen Missionaren. Von einer dieser Geschichten, die ich mit eigenen Augen und Ohren erlebt habe, möchte ich hier berichten:

Im Dorf Baila galt es, eine Tauffeier vorzubereiten, zu der ich mich an einem Dienstagmorgen auf den Weg machte. Es waren viele Leute im Dorf, da dort der wichtigste Markttag in der Region war. Wir waren mit der Familie des Täuflings verabredet. Unsere Zusammenkunft fand nach Marktschluss in der Dorfkirche statt. Gemeinsam mit einer kleinen Gruppe erreichten wir gerade die Kirche, als lauter Autolärm und ein Hupen zu hören war. Alle horchten auf und harrten der Dinge, die da kommen sollten. Plötzlich bogen drei voll besetzte Militärautos um die Ecke und rollten durch das Dorf. Im ersten Auto befand sich die „Staatspolizei", also reguläre Polizisten. Im zweiten Wagen konnte man an den braunen Uniformen unschwer den Grenzwachschutz erkennen. Die Insassen des letzten und größten Jeeps bestanden eindeutig aus der staatlichen Miliz von Doe, die zum Schutz des Präsidenten im Einsatz war. Sie schossen unter wildem Geschrei in die Luft. Alle Leute wichen erschrocken zurück, um schnell zu verschwinden. Auch wir sahen zu, dass wir unser Ziel, die Kirche, so schnell wie möglich erreichten.

Als wieder Ruhe eingekehrt war, fragten wir uns alle, wen die Deportation denn dieses Mal getroffen hatte, denn jeder wusste, was diese Maskerade zu bedeuten hatte. Einer in unserer Gruppe wusste zu berichten, dass man laut Radio Liberia abermals einen katholischen Priester loswerden wollte. Aber zu diesem Zeitpunkt wussten wir noch keinen Namen. Erst später erfuhr ich, dass Pater Serafino, ein italienischer Consolata-Missionar, der in der Pfarre am Flughafen von Monrovia eingesetzt war, wegen einer „feindlichen Musikkassette" das Land verlassen musste.

In Wahrheit war zwei Tage zuvor Pater Serafinos Auto verschwunden. Im Wagen hatte er eine Musikkassette mit italienischen Liedern zurückgelassen. Um jedoch den Autodiebstahl zu verschleiern, wurde rund um diese Musikkassette, deren Lieder ohnedies niemand verstand, eine große Geschichte erfunden: Angeblich stellte diese Musikkassette eine Bedrohung für den Staatschef dar. So endete ein banaler Autodiebstahl mit der Deportation eines Missionars.

Viele Jahre nach diesem Vorfall, in den Nachkriegsjahren um 2010, erzählte unser neuer, junger Bischof Anthony Borwah von der Diözese Gbarnga, dass er Pater Serafino eingeladen habe, um mit ihm in seiner Diözese Gbarnga einige Tage zu verbringen.

„Pater Serafino", rief ich ganz erstaunt, „ist er etwa in Liberia?" Bischof Anthony Borwah berichtete uns, dass der uns bekannte Pater Serafino nach der Deportation durch Präsident Doe im Jahr 1981 nach Kenia in eine entlegene Missionsstation versetzt wurde. Obwohl er dort sehr glücklich war, ging ihm das Schicksal Liberias nicht aus dem Kopf, und er kehrte im Jahr 2001, drei Jahre vor Kriegsende, nach Monrovia zurück.

Wir im Norden mussten damals bereits zum dritten Mal ins Exil, weil es im Nimba County vermehrt zu Gruppenvergewaltigungen kam, denen viele, vor allem auch ältere Frauen, zum Opfer fielen. Wir wussten daher nicht, was im Süden des Landes vor sich ging. So hatten wir bis dahin auch nichts von Pater Serafinos Rückkehr gehört.

Bischof Borwah berichtete weiter, dass er selbst im Jahr 2001 in Rom sein Studium beendet hatte. Pater Serafino suchte zu dieser Zeit die Familie von Anthony Borwah in der Flughafenpfarre auf und versprach, sie bestmöglichst zu beschützen. Dies war für den angehenden Bischof während seiner Zeit im fernen Rom eine große Beruhigung. Bald aber bekam er die Nachricht von heftigen Kämpfen rund um den Flughafen von Monrovia, und es war viel zu gefährlich, nach Liberia zurückzukehren. Ein Verwandter benachrichtigte Borwah in Rom, sie hätten alle flüchten müssen. Ihr Verbleib war ungewiss und auch, ob er sie bei seiner Rückkehr überhaupt noch lebend antreffen würde.

Borwah kehrte noch vor dem Kriegsende nach Monrovia zurück und suchte mit großem Bangen nach seiner Familie. Als er die Flughafenpfarre erreichte, konnte ihm niemand über den Verbleib seiner Angehörigen Auskunft geben. Kaum jemand von ihnen befand sich noch in seiner alten Heimat.

Nach längerem Nachforschen fand er schließlich in der südlichen Hafenstadt Buchanan seine Eltern und eine seiner Nichten. Pater Serafino hatte sich in der dortigen Pfarre von Buchanan gemeinsam mit den Consolata-Missionsschwestern der Familie des Bischofs angenommen. „Es ist ein Wunder, dass wir uns wiedersehen", riefen die Eltern, „wir haben es diesem Priester zu verdanken, dass man uns nicht wie viele andere abgeschlachtet hat, nur weil wir aus dem Lofa County kommen!"

DAS CHARISMA EINES BISCHOFS

Liberianisches Sprichwort:

Wenn der Tornado das Dach vom Haus fegt, müssen die Bewohner fliehen.

Die Jahre zwischen 1980 und 1990 waren geprägt von ständiger Unsicherheit und Furcht. Der Militärführer Doe war nicht fähig, das von ethnischen Konflikten geteilte Land zu einen und in die Zukunft zu führen. Erneute Putschversuche führten zu großer Instabilität und Furcht.

In der katholischen Kirche erhob sich zu dieser Zeit eine charismatische Gestalt in der Person von Michael Francis Kpakbala, dem Erzbischof von Monrovia.

Als Präsident Doe anfing, aktiv gegen Missionspriester vorzugehen, die sich für Wahrheit und Gerechtigkeit einsetzten, wurde uns bald klar, in welche Richtung dies alles gehen würde. Wir ließen uns jedoch nicht einschüchtern und fuhren damit fort, den Menschen die

Augen über die Geschehnisse zu öffnen und mit ihnen gemeinsam durch dick und dünn zu gehen.

Wir nahmen Kontakt mit den Dorfältesten und Stammeshäuptlingen auf, um die großen Spannungen auszugleichen, die zwischen den einzelnen Stämmen immer mehr offensichtlicher wurden.

Im Umgang mit dem jungen Staatschef erlebte Erzbischof Michael Francis viele demütigende Situationen, oft musste er stundenlang auf eine notwendige Unterredung mit Doe warten. Einmal wurde der Erzbischof erst nach einer siebenstündigen Wartezeit zum Präsidenten vorgelassen, der sich jedoch nicht entschuldigte, sondern meinte, dass das Präsidentenamt eben seine ganze Zeit beanspruchen würde.

Erzbischof Michael Francis sah ihn lange schweigend an und erwiderte: „Mein Sohn, in unserer afrikanischen Kultur respektiert man immer noch die Ältesten der Stämme. Dies sollte auch von einem neuen Präsidenten, einem Sohn des Krahn-Stammes, erwartet werden dürfen! Seit sieben Stunden warte ich hier auf den ‚Häuptling des Landes'. Ich hätte dem ‚Häuptling der Kirche' zumindest eine Kalebasse Wasser angeboten!"

Der Präsident wusste genau, dass dies eine unverzeihliche Unterlassung war, die er aber ganz bewusst geschehen ließ. Er gab dem Erzbischof unmissverständlich zu verstehen, dass er jetzt das Land regiere und somit das Sagen habe! Er wollte damit auch den amerikanischen Machthabern zeigen, wem dieses Land nun tatsächlich gehörte.

Der Erzbischof ließ sich nicht einschüchtern, sondern forderte den jungen Präsidenten immer wieder heraus. Er gab ihm klar zu verstehen, dass es angebracht wäre, die Weisheit der Stammesältesten zu respektieren. Aber leider hörte Samuel Doe nicht auf die eindringlichen Mahnungen des Erzbischofs, mit denen er ihn aufforderte, einen gewaltlosen Weg in eine bessere Zukunft des Landes zu beschreiten. Die Scheinmacht von Präsident Doe bezahlten unzählige Menschen mit ihrem Leben. Alle zwei Jahre ereignete sich ein Coup, der das Land immer mehr destabilisierte, bis Doe nach zehnjähriger Herrschaft am 9. September 1990 von einem anderen Stamm umgebracht wurde.

In diesem allgemeinen Chaos begann Charles Taylor vom Norden her das Land zu erobern, und es begann ein Bürgerkrieg, der Liberia in den Abgrund stürzte. Kein Stein blieb mehr auf dem anderen!

Abb. 16 Charles Taylor unternahm 1989 einen bewaffneten Aufstand und stürzte das Land bis 1997 in einen blutigen Bürgerkrieg. Er war einer der brutalsten und grausamsten „Warlords" Afrikas. Taylor rekrutierte Kinder für seine Rebellenarmee, mit der er versuchte, die Kontrolle über die Rohstoffe Liberias zu gewinnen. Über 200.000 Menschen wurden getötet, 1 Million mussten fliehen. Von 1997 bis 2003 war Taylor Staatspräsident von Liberia. 2006 wurde er verhaftet und 2012 durch einen Sondergerichtshof in Den Haag wegen Verbrechen gegen die Menschlichkeit zu 50 Jahren Haft verurteilt, die er in einem Gefängnis in England verbüßt. Charles Taylor diente als Vorlage für den Film von Andre Baptiste „Lord of War – Händler des Todes" von 2005.

4. Kapitel

Fluch und Segen eines Bürgerkrieges

Die erste Flucht 1989: Weihnachten – eine stille Nacht?

Liberianisches Sprichwort:

*Für eine Schildkröte ist es ratsamer,
einen Fluss auf der Hängebrücke zu überqueren,
als im Wasser von den Zähnen eines Krokodils
zermalmt zu werden.*

Während in allen Kirchen des Landes das aus Österreich stammende Lied „Stille Nacht", auf Englisch *„Silent Night",* zu hören war, ahnten nur wenige, dass zur gleichen Zeit an der nordöstlichen Grenze zur Elfenbeinküste im dichten Dschungel eine ganze Armee von bewaffneten Kindersoldaten unter ihrem Anführer Charles Taylor einen Überfall auf das Land plante und alsbald in die Tat umsetzte.

Bald war das nächtliche Näherkommen der Armee bis zu unserer nördlichsten Missionsstation im Nimba County zu hören. Schon bald tauchten die ersten „Soldaten" aus dem Busch auf: Es waren halbwüchsige, ungepflegte Buben mit roten Stirnbändern und Gewehren, die sie aufgeregt schreiend in der Luft herumschwangen.

Eine Gruppe von diesen Kindersoldaten näherte sich unserem Haus. Einer von ihnen ging voraus. Es war wohl ihr Anführer, was sich an seinem Maschinengewehr schnell erkennen ließ. Alle anderen sahen eher aus wie Zwerge mit Spielzeuggewehren.

Wir vier Schwestern reichten einander fest die Hände. Wir waren bereit, alles anzunehmen, was da kommen würde. Eine dieser Zwerggestalten trat vor, stellte den Anführer als General Zezee vor und teilte uns mit, dass wir nun auf dessen Anweisungen hören müssten. General Zezee, unserer Schätzung nach ein etwa 17-jähriger Jugendlicher, befahl uns, ihm unser Auto zu bringen, denn er habe von Charles Taylor den Befehl erhalten, uns zu dessen Camp zu bringen.

Eine unserer Krankenschwestern von der Klinik verfrachtete uns mit ein paar unserer Habseligkeiten und Reisepässen in den Krankenwagen. General Zezee, mit seinem Maschinengewehr bewaffnet, sprang als Beifahrer ins Auto und schrie: „Los, los an die Grenze zum Kutorpoglayee-Checkpoint." Mit Erleichterung stellten wir fest, dass es zur Grenze an die Elfenbeinküste ging, da der genannte Ort die letzte Außenstation unserer Pfarre im Gebiet des Gio-Stammes war.

Schwester Johanna mit der Familie eines Katechisten im Dorf Bonnik nach dem Wortgottesdienst an einem Sonntag im Mai 1989. Die Katechisten sind von enormer Bedeutung für die Kirche Afrikas! (Mai 1989)

Abb. 17

Während unserer Fahrt berichtete General Zezee, dass er in Zarlaye[12] in die Volksschule gegangen war. Da jedoch sein Vater während eines Tornados bei Arbeiten im Busch ums Leben gekommen war, musste er als Ältester in der Familie den Vater ersetzen. „Papi Taylor" – so wurde Charles Taylor von den Kindersoldaten genannt – hatte allen im Gio-Stamm eine freie und gute Schulbildung versprochen, jedoch unter der Bedingung, für ihn zu kämpfen und das Land von Samuel Does Herrschaft zu befreien. Es würde dann in der Zukunft von einem besseren Präsidenten regiert, womit er natürlich sich selbst meinte.

Bei diesen Erzählungen schauderte es uns bei der Vorstellung, was noch so alles auf uns und Liberia zukommen sollte!

Auf unserer Fahrt trafen wir auf eine Frau, die Bananen zum Verkauf auf ihrem Kopf balancierte. General Zezee hielt sie an und befahl ihr, einige dieser Bananen abzugeben, natürlich ohne Bezahlung! Aus Beschämung und Mitgefühl für diese arme Frau beteuerten wir, dass wir keinen Hunger verspürten, was auch tatsächlich der Wahrheit entsprach. General Zezee ließ sich jedoch nicht beirren und nahm der Frau alle ihre Bananen weg, um sie

---

12 In Zarlaye im Nimba County befindet sich auch die älteste katholische Missionsstation bei dem Volk der Gio. Die erste Familie des Gio-Stamms, die sich taufen ließ, war die von Thomas Quiwonkpa, der später zum Gegenspieler von Samuel Doe wurde. General Quiwonkpa organisierte 1985 zwei Putschversuche gegen Doe, die beide missglückten. Quiwonkpa wurde auf seiner Flucht gefasst, mehrfach brutal gefoltert und am 12. November 1985 exekutiert. Seine Tat diente Doe letztlich als Vorwand, um massiv gegen Regimegegner und Minderheiten vorgehen zu können. Die Rache des Diktators richtete sich vor allem gegen das Volk der Gio, was mit ein Auslöser für den Liberianischen Bürgerkrieg war.

selbst zu verzehren. Ängstlich übergab die Frau ihm die Bananen und verschwand anschließend rasch im Busch.

Nach etwa zweieinhalb Stunden auf holprigen Wegen hatten wir endlich den Kutorpoglayee-Checkpoint unweit der Grenze erreicht, danach ging es allerdings noch eine weitere Dreiviertelstunde tief in den Busch hinein. Plötzlich tauchte vor uns ein provisorisches Kriegslager auf, und wir trauten unseren Augen nicht, als ein gut aussehender, erwachsener Soldat, begleitet von einigen größeren Buben mit Maschinengewehren, auf uns zukam. Wie wir später erfuhren, handelte es sich um den Oberbefehlshaber von Charles Taylor.

Einer seiner Begleiter trat vor und sprach zu uns: „Ihr befindet euch hier im Basislager unseres Führers Charles Taylor von der neuen Befreiungsfront für Liberia. Er hat eine wichtige Botschaft an euch!" Eine meiner Mitschwestern dachte, dass jetzt ihre letzte Stunde geschlagen habe und flüsterte: „O Jesus, verzeih uns unsere Sünden!"

Erstaunt vernahmen wir die Anweisung von Charles Taylors Oberbefehlshaber, dass auf Befehl des Präsidenten der Elfenbeinküste, Félix Houphouël-Boigny, alle Missionare in Sicherheit gebracht werden sollten. Andernfalls würde er in Konflikt mit dem Vatikan kommen. Man versprach uns, dass man uns am nächsten Morgen sicher zur Brücke geleiten würde, stellte jedoch die Bedingung, dass wir nichts davon erzählen durften, was wir erlebt und gesehen hatten.

Man brachte uns zu einem Nachtlager und gab uns Bananen zu essen sowie Wasser zu trinken. Der Raum, in dem wir uns befanden, wurde von außen verriegelt und auch bewacht. Es war drückend heiß, und die

Moskitos sorgten für eine schlaflose Nacht. So beteten, besser gesagt seufzten wir den Rosenkranz durch diese endlos scheinenden Stunden. Gott sei Dank wurden wir in keinster Weise von den Soldaten belästigt, obwohl wir eine junge afrikanische Schwester bei uns hatten. Es war uns allerdings sehr wohl bewusst, dass wir einer auf Kampf gedrillten Kindertruppe ausgeliefert waren, die alles für Charles Taylor, ihren „Papi", tun würden.

Am nächsten Vormittag erreichten wir – wie man uns versprochen hatte – nach nur einer Stunde Fahrt endlich die Verbindungsbrücke zur Elfenbeinküste.

Fremde unter Fremden in einem fremden Land

Liberianisches Sprichwort:

Auch ein Blinder braucht eine Laterne im Busch, um von den anderen gesehen zu werden.

Bei der Ankunft in der Elfenbeinküste wurden wir in der Zollstation von den Grenzbeamten herzlich begrüßt: „Ihr seid die ersten Flüchtlinge der katholischen Kirche!" Einige von uns versuchten ihre Französischkenntnisse aus der Noviziatszeit wieder in Erinnerung zu rufen, denn in der „Côte d'Ivoire", der Elfenbeinküste, ist Französisch die offizielle Landessprache. Für Liberianer führt das oft zu einem Verständigungsproblem.

Der Zöllner empfahl uns, weiter nach Man, einer größeren Stadt im Nordwesten, zu fahren und uns beim Bischof der Diözese vorzustellen, was wir auch taten. Bischof Bernard Agré empfing uns sehr herzlich und bewirtete uns gastfreundlich – Gott sei Dank, denn mittlerweile waren wir ziemlich ausgetrocknet und hungrig.

Kaum im Nachbarland angekommen, erfuhren wir staunend die Hintergründe für unsere geheimnisvolle Ausreise. Bischof Agré, der spätere Erzbischof von Abidjan, gab uns zu verstehen, dass die Elfenbeinküste, besser gesagt der katholische Präsident des Landes, bedauerlicherweise stark in die Geschehnisse von Liberia involviert sei. Präsident Doe hatte die Beziehungen zwischen den beiden Ländern aufgrund des Coup von 1980 abgebrochen. Nun unterbreitete Charles Taylor Präsident Félix Houphouël-Boigny einen Vorschlag: Er benötigte die Erlaubnis für den Transport des Kriegsmaterials vom Hafen bis in den Norden der Elfenbeinküste, von wo aus er Liberia angreifen wollte. Er versprach Präsident Houphouël-Boigny, dass innerhalb von drei Monaten alles wieder in bester Ordnung sei, Der Freundschaft der beiden Länder würde somit nichts mehr im Wege stehen. Der 84-jährige Präsident ließ sich zu den Zugeständnissen überreden und hieß auch alle Flüchtlinge aus dem Norden Liberias willkommen. Der Ort Danané sollte als Grenz- und Zufluchtsort dienen.

Weiters erfuhren wir, dass sich Charles Taylor 1984 mit fast einer Million Dollar in die USA abgesetzt hatte, um eine Offensive gegen Doe vorzubereiten. Er war während der Regierung von Sameul Doe der Leiter der Procure des liberianischen Außenhandels und hatte somit Zugriff auf öffentliche Gelder. In den USA wurde er inhaftiert, konnte aber kurz danach im Jahr 1985 aus dem Gefängnis in Boston fliehen und die USA verlassen. Daraufhin ließ er sich und seine Rebellen beim Mossad in Israel und in Libyen bei Diktator Gaddafi ausbilden. In den USA fand er unter der großen liberianischen Bevölkerung willige Unterstützer, die voll Sorge die Geschehnisse während der Regierungszeit von Samuel Doe in ihrer alten Heimat mitverfolgten, wie unter anderem auch Ellen Johnson Sirleaf, die spätere Friedensnobelpreisträgerin und erste Präsidentin eines afrikanischen Staates.

Erst nach dem Bürgerkrieg wurde bekannt, dass Taylor bereits während der 1980er Jahre als Spion für den CIA tätig war. US-Regierungsbeamte sollen ihm auch bei der Flucht aus dem amerikanischen Gefängnis behilflich gewesen sein. Die von Charles Taylor geplante Gegenrevolution in Liberia wurde von den USA unterstützt, da man hoffte, mit seiner Hilfe das befreite Land Liberia wieder für die USA zurückzugewinnen. Doch Charles Taylor durchschaute die Absichten der Amerikaner. Er wollte – wie er später vor dem Internationalen Gerichtshof in Den Haag selbst einmal sagte – „dieses amerikanische Spiel nicht mitspielen", sondern als einziger *Commander in Chief*[13] das Land von Präsident Doe befreien, zugunsten Liberias und der Elfenbeinküste.

Bischof Agré empfahl uns, die Verantwortlichen unseres Ordens in Rom über die Geschehnisse zu benachrichtigen und erlaubte uns, vorübergehend im nahe gelegenen Pastoralzentrum Quartier zu nehmen.

---

13   Oberbefehlshaber

Im Laufe der nächsten paar Wochen gesellten sich immer mehr Freunde aus anderen Missionsstationen zu uns. Es war ihnen genauso wie uns ergangen. Uns allen war bewusst, dass es nun mit Liberia in eine ungewisse Zukunft gehen sollte.

Geteiltes Leid im Exil

Liberianisches Sprichwort:

Heftige Tornados sind die Vorzeichen einer großen Regenzeit.

Einige Tage nach unserer Ankunft gelang es unserer Provinzoberin, Schwester Louise, von Ghana aus bei uns einzutreffen. Nach Beratungen mit der Provinzoberin wurde einstimmig entschieden, dass wir nach Danané, zum Auffanglager der vielen Flüchtlinge aus Liberia, gehen würden, um diesen armen Menschen unsere Hilfe anzubieten.

Es wurde uns mitgeteilt, dass täglich Leute vor den Rebellen in den Dschungel und über die Grenze in die Elfenbeinküste flüchteten. So kam es, dass wir Franziskanerinnen Missionarinnen Mariens im Jänner 1990 das erste Haus für Flüchtlinge in der Elfenbeinküste errichteten. Es war ein geräumiges, halbfertiges Lehmziegelgebäude, das uns vom Dorf zur Verfügung gestellt wurde. Bis die Hilfe durch unseren Generalrat in Rom eingelangt war, schlugen wir uns so recht und schlecht mit der Unterstützung der armen Bevölkerung durch.

Präsident Houphouël-Boigny wollte die prekäre Flüchtlingssituation in seinem Land herunterspielen und erklärte, dass alle Brüder und Schwestern aus Liberia in den umliegenden Dörfern willkommen seien. Deshalb gab es anfangs auch keine allzu großen Bemühungen, die Flüchtlingsagentur UNHCR der Vereinten Nationen über die Flüchtlingskrise zu informieren. Es war für die Behörden mehr als peinlich, als bekannt wurde, dass die Situation immer mehr eskalierte. Ein Grenzpolizist meinte: „Wir haben das Problem mit Liberia gesucht, und nun haben wir es auch gefunden!"

Als einzige Europäerin unter uns Schwestern – alle anderen kamen aus sogenannten Dritte-Welt-Ländern – versuchte ich, meine Heimat über die prekäre Lage zu informieren: die katholischen Frauen der Diözese Sankt Pölten, die Fastenaktion, Missio sowie viele meiner Freunde und Familienangehörigen in Österreich wurden mobilisiert. Ich wurde nicht enttäuscht: Bis heute pflege ich diese Beziehung zur „Heimat und Weltkirche" zugunsten der Armen. „Liebe in Aktion", wie es jemand einmal treffend bezeichnet hat, worauf ich erwiderte: „Sie sind herzlich willkommen, bei dieser Aktion mitzumachen. Sie werden nichts dabei verlieren, das kann ich Ihnen versichern!" Und es hat funktioniert!

Viele Vertriebene suchten in der katholischen Kirche Zuflucht und Trost. Der katholische Pfarrer des Dorfes Danané teilte in seiner Großzügigkeit alles mit uns und seiner Pfarre. Er teilte vor allem auch die Pfarrkirche mit uns, damit wir dort Wortgottesdienste auf Englisch abhalten konnten. Diejenigen von uns, die Französisch verstanden, nahmen an der französischen Sonntagsmesse teil. Danach folgte der Wortgottesdienst auf Englisch, der von den Katechisten auch in die jeweiligen liberianischen Stammessprachen übersetzt wurde.

Im Exil herrschte keine Rivalität unter den verschiedenen Stämmen, sondern alle feierten gemeinsam den Gottesdienst. Einige Frauen bereiteten währenddessen eine Mahlzeit für alle vor. Es war jedes Mal eine wunderbare Agape, die uns die Sorgen um unsere Heimat für eine kleine Weile vergessen ließen. Es wurde auch viel gesungen, getanzt und getrommelt. Eines der Lieblingslieder im Exil war der Psalm: „Am *Saint John's River*[14] saßen wir und schlugen die Trommel, als wir unser Land verlassen mussten ..."

Jeder zeigte sich bereit, den Frieden, der im eigenen Land nicht existierte, im Exil zu praktizieren. So wurde jeder Sonntag zu einem richtigen Festtag für die Flüchtlinge. Das war nur möglich, weil die Bevölkerung bereit war, mit uns alles zu teilen!

Das Pastoralzentrum wurde uns auch von der Pfarre zur Verfügung gestellt. Wir verwendeten es teils als Unterkunft, teils als provisorische Schule. Es war ein ständiges Improvisieren. Wir stellten uns auf eine kurze Zeit in Danané ein, um die Hoffnung der Flüchtlinge auf eine baldige Rückkehr in die Heimat zu stärken.

Die drei Monate, von denen Charles Taylor mit dem Präsidenten der Elfenbeinküste gesprochen hatte, waren bald vorüber. Sein Versprechen, dass nach dieser

---

14 *Saint John's River* ist der Hauptfluss des Nimba County. Der Text und die Melodie sind eine Anlehnung an das bekannte englische Gospel-Lied „*On the rivers of Babylon*".

Abb. 18 Gespannt wartet die katholische Gemeinde auf Bischof Michael Francis Kpakbala zur Kirchweihe. (8. Dezember 1984)

Übergangszeit in Liberia alles wieder in Ordnung sein würde, löste der neue Rebellenführer nicht ein. Wir alle spürten, dass dies erst der Anfang einer ernsten Krise für beide Länder sein sollte.

Gute Nachrichten – schlechte Nachrichten

Liberianisches Sprichwort:

Good news – bad news!
What to do ...?

Die drei angekündigten Monate bis zur Befreiung Liberias waren fast abgelaufen ohne die gute Nachricht von einer Rückkehr des Friedens. Knapp vor Ende des dritten Monats erreichte uns jedoch die erfreuliche Nachricht von der baldigen Ankunft der UN und UNHCR in der Elfenbeinküste mit Hilfsgütern im Gepäck.

Der Frieden in Liberia ließ noch auf sich warten. Präsident Doe, so hörten wir im BBC *Focus on Africa,* war zwar 1990 getötet worden, doch sein Tod entfachte nur noch mehr Aufruhr und Kämpfe im ganzen Land und auch über alle Stämme hinweg. Es ging um den neuen Führungsanspruch in Liberia. Der Rebellenführer Charles Taylor gehörte keinem der liberianischen Stämme an, sondern er war ein sogenannter Ameriko-Liberianer[15]

---

15 Bei der Gruppe der Ameriko-Liberianer handelt es sich um Schwarzafrikaner, die in den USA aus der Sklaverei befreit

und gehörte somit zur politischen Elite des Landes. Die Ameriko-Liberianer sprachen untereinander Englisch und schätzten die Stammessprachen nicht, wodurch das Land und die 15 Stämme untereinander immer mehr gespalten wurden. Die lokalen Stammesführer waren daher auch nicht vorbereitet auf das, was kurz nach der Ermordung von Präsident Doe über sie hereinbrechen sollte.

Täglich kamen immer mehr Flüchtlinge bei uns in Danané an und berichteten uns vom Zerfall des Landes. Viele Kinder starben auf der Flucht. Sie wurden von Malaria und anderen Krankheiten heimgesucht. Die beginnende Regenzeit mit 95 Prozent Luftfeuchtigkeit war eine Brutstätte für Moskitos. Seuchen konnten sich leicht verbreiten.

In Zusammenarbeit mit verschiedenen internationalen Organisationen stellten wir ein Hilfsprogramm auf, um allen – unabhängig von Herkunft, Stamm oder Religion – gerecht werden zu können. Die Zahl der Hilfesuchenden in Danané stieg in kürzester Zeit auf 50.000 an. Es fehlte einfach an allem, was zum Überleben notwendig war.

---

wurden und im 19. Jahrhundert von den USA in ihre Heimat Liberia zurückgeschickt wurden, um für die USA einen strategischen Stützpunkt aufzubauen. Sie gründeten 1847 Liberia, die erste unabhängige afrikanische Republik, die offiziell nie kolonialisiert wurde. Die Ameriko-Liberianer verhielten sich jedoch oft selbst wie Kolonialherren in ihrem Land, wodurch sie den Neid und auch den Hass der Bevölkerung auf sich zogen.

November 1991:
Zurück in der Löwengrube

Liberianisches Sprichwort:

*Ein einziger Moskitostich genügt,
um die tödliche Malaria zu übertragen.*

Da Erzbischof Michael Francis alleine für alle Katholiken Liberias verantwortlich war und die vielen Probleme aufgrund der zunehmenden Unruhen nicht mehr überschauen konnte, bat er den Vatikan um die Bestellung eines Bischofs für eine neue Diözese. Papst Johannes Paul II. ließ daraufhin im Norden Liberias eine zweite Diözese mit Bischofssitz in der Stadt Gbarnga errichten. Er ernannte 1986 Benedict Dortu Sekey zum ersten Bischof dieser neuen Diözese, die die drei größten, aber auch unterentwickeltsten Counties von Liberia umfasst.

Auch wir Franziskanerinnen Missionarinnen Mariens waren in Gbarnga seit 1968 beheimatet. Unser Orden leitete hier ein Ausbildungszentrum für zukünftige Priester, Katechisten, Lehrer und Leiter von Dorfgemeinschaften. Doch durch den Ausbruch des Krieges kam es in Gbarnga zu einem Umbruch. Wir Schwestern waren im ersten Kriegsjahr in die Elfenbeinküste geflüchtet, wo wir uns um die vielen Tausenden Flüchtlinge aus Liberia kümmerten, die wir dort antrafen.

Nachdem Charles Taylor zu Weihnachten 1989 im Nordosten von Liberia eingefallen war, rangen Bischof Sekey und Erzbischof Michael Francis mit dem Rebellenführer um eine friedliche Lösung. Taylor war bewusst, dass der Einsatz der Missionare in Liberia wichtig war und letztendlich auch für ihn von Vorteil sein würde. Und so kam es zu einer Vereinbarung zwischen Taylor und den beiden Bischöfen mit einigen Kompromissen: Er versprach, die katholische Kirche zu respektieren. Auch die Kindersoldaten würde er auffordern, dies zu tun. Nur unter diesen Voraussetzungen war für uns eine Rückkehr möglich.

Wir sieben Schwestern hielten eine Absprache mit unserer Provinzoberin und mit Bischof Sekey, der uns um Hilfe für die neu errichtete Diözese Gbarnga bat. Also beschlossen wir, dass drei unserer Schwestern bei den Flüchtlingen in Danané bleiben sollten, während wir vier, die wir schon am längsten in Liberia waren, 1991 nach Gbarnga zurückkehrten.

Zu unserem großen Schrecken hatten wir gehört, dass Charles Taylor sein Hauptquartier ins Zentrum von Liberia, und zwar nur einige hundert Meter von unserer Mission entfernt, in die Stadt Gbarnga verlegt hatte, die nun auch Bischofssitz war. Also befanden wir uns auf einmal mitten in der Löwengrube von Gbarnga, dem neuen Machtzentrum des Landes, von wo aus der Rebellenführer das kriegerische Geschehen in Liberia steuerte. Eine Schar von Kindersoldaten war stets in der Gefolgschaft des neuen Machthabers zu sehen. Das Hauptquartier bevölkerte sich mit vielen jungen bewaffneten Rebellen, die keinerlei Respekt vor der Bevölkerung hatten. Sie drangen oft in das angrenzende Gelände unserer Missionsstation ein und nahmen alles Mögliche mit, was sie brauchten. Dadurch kamen wir mit vielen von ihnen in Kontakt.

So standen wir Tag und Nacht unter dem „Schutz" der Kindersoldaten-Elitetruppe. Man kann die Geschäftigkeit, die sich durch ihre Präsenz entfaltete, mit dem Schwirren von Moskitos vergleichen. Jeden Abend um 22 Uhr wurden wir von ihnen erinnert, die Kerzen auszulöschen, damit uns kein Dieb entdecken konnte. In den stockdunklen Nächten wurden wir immer wieder von Schüssen, Geschrei, Prügeleien und Einbrüchen auf dem Missionsgelände geweckt. Die jungen Generäle hatten große Macht über die *„Pickin"*, ihre Söhne, wie sie im liberianischen Dialekt genannt wurden.

Bischof Sekey war unendlich dankbar für unsere Präsenz in Gbarnga. Zusammen versuchten wir, uns täglich für die Menschen einzusetzen, die unschuldig dem Schicksal der Krieger ausgeliefert waren. Charles Taylors Plan war, ganz Liberia und natürlich auch die Hauptstadt Monrovia mit seinen Truppen einzunehmen. Bald verbreitete sich das Gerücht, dass er sich ganz Westafrika zu eigen machen wollte. Die Elfenbeinküste kannte er schon, Sierra Leone war mit seinen berühmten Diamantenminen bereits in seinem Blickfeld. Eine ganze Generation von Kindersoldaten musste ihm dabei helfen.

Diese Buben und Mädchen von den nördlichen Stämmen Liberias hatten sich Taylor angeschlossen, weil er ihnen eine kostenlose Schulausbildung versprochen hatte. Durch das Rauchen von Marihuana, das in Liberia in großen Mengen wächst, wurden sie für ihren „Papi" gefügig gemacht. Sie mussten den Kommandanten von Charles Taylor gehorchen, auf alles schießen, was sich ihnen in den Weg stellte, nur um zu überleben. Es war natürlich höchst kriminell und gefährlich, Kindern im Alter von nur sieben bis 14 Jahren ein Gewehr zum

Töten in die Hand zu drücken und sie aufzufordern, die Befehle eines ihrer Kommandanten auszuführen, die oft selbst noch minderjährig waren.

Die Entsendung einer afrikanischen Friedenstruppe

Liberianisches Sprichwort:

*Wenn die Taubenschwärme sich zeigen,
dann weiß jeder, dass die große Regenzeit zu Ende geht.*

Das Jahr 1992 brachte Liberia wieder an einen Wendepunkt, und zwar mit Auswirkungen auch auf all jene Ausländer, die im Land geblieben und deshalb dem neuen Machthaber Charles Taylor hilflos ausgeliefert waren. Uns Missionarinnen war es bewusst, dass wir zu dieser Gruppe gehörten. In den Geschichtsbüchern wird wenig darüber berichtet, wie viele Unschuldige Charles Taylors Machtkampf um sein *Greater Liberia* grausam zum Opfer gefallen sind. Die Welt soll davon in Kenntnis gesetzt werden, und zwar von uns Missionarinnen, die wir alles hautnah miterlebt haben.

Als Charles Taylor Ende 1992 das ganze Land, mit Ausnahme von Monrovia, in seinen Besitz gebracht hatte, versuchte er, mithilfe seiner Kindersoldaten die Hauptstadt einzunehmen. Mit Ästen und Blättern getarnt kämpften sie sich durch die Mangrovensümpfe vor Monrovia, was nicht so einfach war. Nun wurde der Aufschrei der Liberianer nach Hilfe durch die USA immer eindringlicher. Die amerikanische Regierung, die den neuen Machthaber Charles Taylor in den 1980er-Jahren während seines Exils in den USA politisch aufgebaut hatte, wollte dem liberianischen Volk nun irgendwie zu Hilfe eilen, womöglich aufgrund ihres schlechten Gewissens. Doch den USA waren die Hände gebunden, da Taylor nicht mehr auf die amerikanische Regierung hörte.

Im Jahr 1990 wurde von der Westafrikanischen Wirtschaftsgemeinschaft ECOWAS der erste Versuch einer afrikanischen Friedenstruppe gestartet und die multinationale Überwachungsgruppe namens ECOMOG[16] gegründet. Durch ihren Einsatz schien sich auch für die USA eine Gelegenheit zu bieten, den Liberianern zu Hilfe zu eilen und zwar durch die großzügige Besoldung der Friedenstruppen für einen Einsatz in der Hauptstadt Monrovia. Damit sollte die Einnahme der Hauptstadt durch Taylors Truppen verhindert werden. Die Friedenstruppen wurden in Liberia vor allem von Soldaten aus Nigeria und Ghana gestellt.

Diese „gute Tat" der Amerikaner hatte aber eine Kehrseite: Die Entsendung der Friedenstruppen geschah auch aus eigenem Interesse der Amerikaner: Sie hatten bei der Gründung Liberias im Jahr 1847 die Hauptrolle gespielt, indem sie freigelassene und gut ausgebildete

---

16   ECOMOG: Die ECOWAS Monitoring Group (ECOWAS-Überwachungsgruppe) war eine multinationale, von der Westafrikanischen Wirtschaftsgemeinschaft (ECOWAS) eingesetzte Streitkraft. Durch die Führung von Nigeria war die Truppe logistisch, personell und finanziell stark von den nigerianischen Streitkräften abhängig. ECOMOG intervenierte im Liberianischen Bürgerkrieg und in Sierra Leone.

Sklaven aus den USA in den neu gegründeten Staat zurücksandten. Seither nützten sie ihre Rolle über diese neue Oberschicht in Liberia aus und hatten Zugriff auf die vielen Bodenschätze dieses afrikanischen Landes. Die Korruption der Oberschicht und Ausbeutung der einheimischen Stämme führte zu einer großen Armut und zum Militärputsch durch einen Stammesangehörigen, Samuel Doe, der zum Stamm der Krahn gehörte. Nach zehnjähriger Militärregierung, die die Situation noch verschärfte, schlitterte das Land schließlich in den 15-jährigen Bürgerkrieg. Durch das Chaos war die politische Situation in Liberia außer Kontrolle geraten. Nun wollten die Amerikaner ihren Einfluss in ihrer „afrikanischen Kolonie" wieder stärken. Doch diese Hoffnung lag noch in weiter Ferne! Nach dem Eintreffen der Friedenstruppen kannte Charles Taylors Rache keine Grenzen!

Jegliche Zufuhr von Lebensmitteln aus Taylors *Greater Liberia* nach Monrovia wurde untersagt. Als Folge davon wurde alles „Grüne", Essbares von Bäumen und Sträuchern, in der Hauptstadt verkocht, selbst Kokosnussplantagen wurden auf diese Weise bis zu den Wurzeln ausgerottet. Es war die Zeit des großen Sterbens in Monrovia! Aber es sollte noch schlimmer kommen.

Ein Oberbefehlshaber
so gefährlich wie ein Moskito

Liberianisches Sprichwort:

Es genügt nicht, beim Kampf mit einer Kobra
nur den Schwanz loszuwerden.
Das tödliche Gift befindet sich im Kopf.

Charles Taylors Oberbefehlshaber namens „Moskito" – so genannt, weil er gefährlicher war als die durch einen Moskitostich ausgelöste Malaria – wurde beauftragt, alle Bürger weißer Hautfarbe festzunehmen und ihre Herkunft festzustellen. All jene mit US-amerikanischen Wurzeln hatten keine Überlebenschance. Es kam so weit, dass alle Weißen von den Kindersoldaten an den Checkpoints als US-Amerikaner eingestuft wurden. Somit verschwanden auch viele unserer Freunde plötzlich über Nacht. Auch wir Schwestern konnten uns nicht mehr ohne schriftlichen Identitätsnachweis bewegen, da wir ebenfalls auf der Liste standen. Diese Schikanen waren für viele Rebellen eine gute Gelegenheit, um befördert zu werden, denn je mehr sie „Papi Taylors" Wünsche erfüllten, desto eher stiegen sie im Rang auf. Dies diente dazu, seine Hausmacht mihilfe der Kindersoldaten zu stärken.

Die Situation in den Außenbezirken Monrovias wurde immer gefährlicher, denn die getarnten Rebellen, die sich in den Mangrovensümpfen aufhielten, stellten auch für die ECOMOG-Soldaten eine große Gefahr dar.

Erzbischof Michael Francis rief den einheimischen Pfarrer von Sankt Michael, einer der gefährdetsten Pfarren in den Außenbezirken von Monrovia, zu sich. Er äußerte seine Besorgnis um die Menschen und die fünf amerikanischen Schwestern vom Kostbaren Blut, die in der einzigen Klinik und Schule in diesem Außenbezirk wertvolle Dienste leisteten. Am 21. November 1992 machte sich der Pfarrer auf den Weg, um Erzbischof Michael Francis zu treffen. Er wollte am Abend wieder in seine Pfarre zurückkehren, was ihm jedoch nicht mehr gelang, weil die Straßen blockiert waren. Am nächsten Morgen war plötzlich jeglicher Kontakt mit der Innenstadt abgeschnitten. Dies gab den Rebellen nun freie Hand, alles zu eliminieren, was scheinbar zur „amerikanischen Rasse" gehörte.

In der Nacht zum 24. November 1992 wurden unsere Schwestern in Gbarnga von lautem Hundegebell geweckt. Jemand klopfte an unsere Türe, und wir vernahmen die Stimme unseres Nachtwächters. Nachdem wir uns versichert hatten, dass dies nicht eine Falle der Rebellen war, öffneten wir vorsichtig die Türe. Drei junge Liberianerinnen traten ein, setzten sich erschöpft auf den Boden und begannen hemmungslos zu schluchzen. Wir versuchten sie zu beruhigen und boten ihnen eine Erfrischung an. Dann begannen sie stockend zu erzählen und nannten auch ihre Namen: Bersheba, Miriam und Saba.

Sie waren vom Nachtwächter der Sankt Michaels Pfarre in Monrovia geschickt worden, um Bischof Sekey über all ihre schrecklichen Erlebnisse zu berichten, da jeglicher Kontakt zum Erzbischof von Monrovia abgeschnitten war. Der Nachtwächter hatte sie jedoch zuerst zu uns geschickt, damit auch wir Schwestern gewarnt würden, sollte sich eine Amerikanerin unter uns befinden. So begannen sie, uns den eigentlichen Grund ihrer gefährlichen Reise zu erläutern, und wir erschauerten bei ihren Schilderungen:

Am Nachmittag des 20. November 1992 hatten zwei der fünf amerikanischen Schwestern mit einem verletzten ECOMOG-Soldaten im Ambulanzwagen ihr Kloster verlassen, um ihn in der Klinik medizinisch zu versorgen. Sie wollten am Abend wieder zurück sein, was jedoch nicht geschah. Die anderen Schwestern und auch die drei Mädchen, die bei ihnen im Kloster wohnten, waren sehr beunruhigt. Auch der Nachtwächter versuchte immer wieder, den Ambulanzwagen zu erspähen, aber leider vergeblich. Zwei Tage später erfuhren sie, dass die beiden Amerikanerinnen von den Rebellen durch einen Genickschuss getötet worden waren.

In den Abendstunden des 22. November näherte sich eine getarnte bewaffnete Rebellengruppe dem Kloster und verlangte vom Nachtwächter, einem Libanesen, den Autoschlüssel. Die drei anwesenden Schwestern – auch sie waren Amerikanerinnen – eilten zum Hauseingang. Schwester Sherley erklärte, dass sich der Autoschlüssel im Ambulanzwagen ihrer Mitschwestern befinde, allerdings seien sie noch nicht von der Klinik zurückgekehrt. Einer der Rebellen zog seine Tarnhaube vom Kopf, sodass man ihn gut erkennen konnte. Er stellte sich als Oberbefehlshaber Moskito vor und befahl den Schwestern, sich hinzuknien. Die drei Mädchen, die daneben standen, flehten um das Leben der Schwestern, doch Moskito schrie: „Wenn Ihr nicht sofort verschwindet, müssen wir euch auch töten! Wir wollen aber nur die Feinde unseres Landes umbringen, nicht unsere eigenen Leute."

Weinend liefen die Mädchen davon, hörten aber noch die Schüsse, durch die ihre geliebten Schwestern sterben mussten. Auch sie wurden durch einen Genickschuss hingerichtet. Die Mädchen wurden auch Zeuginnen der Erschießung des Nachtwächters, der als Vater einer großen Familie vergeblich um sein Leben flehte.

In ihrer Panik liefen die drei Mädchen zur Kirche, um den Nachtwächter der Pfarre von Sankt Michael zu suchen. „Ihr müsst von hier weg, sofort! Ihr müsst nach Gbarnga, um Bischof Sekey alles zu berichten. Es gibt keinen Verbindungsweg, um den Erzbischof zu erreichen", drängte er die Mädchen. Der Nachtwächter gab ihnen noch etwas Geld mit, das aber bei Weitem nicht für die vierstündige Fahrt ins Ungewisse reichte. Sie marschierten einfach los auf der einzigen Straße, die in den Norden führt, um Monrovia hinter sich zu lassen. „Wir hatten schreckliche Angst, beim kleinsten Geräusch versteckten wir uns immer wieder im Gebüsch", berichteten sie.

Am darauffolgenden Morgen erreichten sie Kakata, eine weitere Hochburg der kriminellen Rebellen. Bei der Suche nach Essbarem wurde Bersheba von einer Katholikin erkannt, die ihnen riet, sich nicht in Kakata aufzuhalten. Sie sollten sich in der Sankt Christopher Kirche verstecken. Die gute Frau trieb in der Zwischenzeit für sie einen Transport nach Gbarnga auf. In der Kirche fühlten sie sich einigermaßen sicher und begannen, den Rosenkranz zu beten. Das beruhigte sie sichtlich, bis sie vollkommen erschöpft auf den Kirchenbänken einschliefen. Als die Frau sie am Nachmittag abholen kam, fand sie die drei Mädchen friedlich schlafend vor. Erst nach Einbruch der tropischen Nacht um 18 Uhr traten Bersheba, Miriam und Saba gemeinsam mit anderen Passagieren die lange Reise nach Gbarnga an, wo sie nach einer abenteuerlichen Fahrt mit Autopannen, Fehlen von Ersatzreifen und anderen Unannehmlichkeiten kurz vor Mitternacht bei uns einlangten. Nach einer kurzen Nachtruhe wurde Bischof Sekey über die Geschehnisse informiert. Es gelang ihm, Kontakt mit Monrovia aufzunehmen und den Erzbischof über das Wüten der Rebellen in Kenntnis zu setzen.

Da im Laufe der Zeit immer mehr Menschen einfach „verschwanden", konfrontierte Erzbischof Michael Francis wieder einmal Charles Taylor mit harten Vorwürfen. Taylors Antwort lautete: „Ich habe den Befehl zur Erschießung der Schwestern nicht gegeben, und mir ist davon auch nichts bekannt." Auf diese Weise schob Taylor stets jegliche Verantwortung für seine Gräueltaten von sich, seine Gefolgsmänner mussten dafür herhalten, von denen die meisten am Schluss auch nicht überlebten oder „überleben durften".

Die drei Mädchen wurden in unser Pastoralzentrum gebracht, wo sie sich von den Strapazen erholen sollten. Jedoch konnten sie sich vor lauter Angst und Horror gar nicht erfangen, speziell als sie sahen, dass die Rebellen auf unserem Missionsgelände Fußball spielten. Wir lebten ja unmittelbar neben dem Headquarter von Charles Taylor, im „Rachen des Löwen" sozusagen, und seine Kindersoldaten „bewachten" unsere Mission. Dabei bemächtigten sie sich unseres Geländes und nahmen sich alles, was sie nur finden konnten. Die Angst der Mädchen erreichte ihren Höhepunkt, als sie zwei Tage später unter den fröhlichen Fußballspielern auch Oberbefehlshaber Moskito entdeckten. „Das ist er, wir werden ihn nie vergessen! Er hatte das Gewehr auf Schwester

Sherley gerichtet, als wir zu laufen begannen. Das ist Oberbefehlshaber Moskito, so hat er sich vorgestellt. Er ist ein Killer!" Die drei Mädchen konnten sich gar nicht mehr beruhigen und riefen immer wieder die Namen der Schwestern, bei denen sie gelebt hatten. Auch wir in Gbarnga kannten die Schwestern vom Kostbaren Blut schon seit vielen Jahren und waren tief betroffen über das Geschehene. Es war uns auch bewusst, dass wir die nächsten sein könnten, obwohl keine unserer Schwestern von amerikanischer Herkunft war. Bei einer so unkontrollierten Kinderarmee, wie es in Liberia der Fall war, war es um unsere Sicherheit nicht gut bestellt.

Erzbischof Michael Francis befand sich im ständigen Konflikt mit Charles Taylor aufgrund der vielen Menschenrechtsverletzungen, vor allem wegen des Missbrauchs von Jugendlichen für seine Armee von 33.000 Kindersoldaten!

Ende 1992 gelang es der katholischen Kirche, mit Hilfe der UNHCR und anderer Organisationen, 3.000 der jüngsten Kindersoldaten der Armee zu entreißen. Wir selbst mussten immer wieder mit Entsetzen feststellen, wie kleine Buben von nur sechs oder sieben Jahren für den brutalen Krieg von Charles Taylor missbraucht wurden. Deshalb setzten wir Missionare uns gemeinsam mit dem Erzbischof für die Freigabe dieser jüngsten Kinder ein. Dies forderte jedoch Taylors Unmut uns und dem Erzbischof gegenüber gewaltig heraus.

Jede Auseinandersetzung zwischen dem Haupt der katholischen Kirche und dem Kriegsregime brachte uns täglich mehr in Gefahr. Da jedoch das Elend der Liberianer himmelschreiend war, konnten wir unsere eigene Sicherheit nicht in den Vordergrund stellen. Als katholische Missionare hatten wir nichts zu gewinnen oder zu verlieren. Wir hatten unser Leben bereits für die Menschen zur Verfügung gestellt, als Zeugnis für etwas, was weit über das irdische Leben in einem vom Bürgerkrieg gebeutelten Land hinausreicht. Diese schwierige Situation wollten wir mit den armen Menschen durchstehen und sie unterstützen, damit sie nicht die Hoffnung verlieren.

Die zweite Flucht 1992: Eine Ministerin wird zur Fluchthelferin

Liberianisches Sprichwort:

Je gefährlicher die Blitze bei einem Tropengewitter über dem Himmel leuchten, desto klarer wirst Du nachher den Sternenhimmel sehen.

Unser Bischof rief uns zu sich, um zu beraten, wie man die drei Mädchen aus Monrovia, die sich bis zu uns durchgeschlagen hatten, außer Landes bringen könnte. Bei unseren Schwestern in Danané in der Elfenbeinküste würden sie in Sicherheit sein. „Als euer Bischof sorge ich mich auch um euch Missionarinnen und bitte euch, eure Provinzoberin zu benachrichtigen, dass ich euch gemeinsam mit den Mädchen für einige Zeit in Sicherheit bringen muss." Das war verständlich und wurde auch in dieser Ausnahmesituation von allen akzeptiert, aber wie würden wir diese sechs- bis siebenstündige Reise überstehen? Mit den Mädchen war es viel zu gefährlich, zu Fuß durch den Busch zu gehen. Aber wie so oft wurde ein Weg zu unserer Rettung gefunden. Der Bischof riskierte es, sich an die damalige Gesundheitsministerin, Kou Bokolo, zu wenden. Sie war eine ehemalige Schülerin unserer Schwestern im Nimba County, und ich kannte sie sehr gut. Es war aber für uns alle eine Überraschung, als sie uns persönlich, gekleidet in einer Uniform, einen Besuch abstattete.

„Ich bin tief betrübt über die Vorkommnisse in *Greater Liberia*", erklärte die Ministerin und ließ uns aufhorchen. „Alles, was ich bin, habe ich euch Schwestern zu verdanken. Schwester Kathleen, eine Amerikanerin, hat mich auf die Taufe vorbereitet. Ich habe mich dem neuen Führer angeschlossen, da ich davon überzeugt war, dass es mit ihm möglich sein würde, das Land wieder zu einer Einheit zu bringen. Leider wurde ich von unserem Führer enttäuscht. Ich bin von Bischof Sekey gebeten worden, euch Schwestern mit den drei Mädchen zur Grenze zu bringen. Ich weiß, das bin ich euch schuldig. Trotzdem müsst ihr auch wissen, dass es sehr gefährlich ist und ich mein und euer Leben riskiere, aber ich muss es aus Gewissensgründen wagen. Betet für mich! Wir treffen uns alle morgen früh um sechs Uhr. Ich werde euch und die Mädchen dort mit meinem Fahrer und einem Armeewagen erwarten." Sichtlich traurig verließ sie uns wieder.

Wie versprochen, erwartete uns das Auto pünktlich am nächsten Morgen. Die Chauffeurin, eine junge Frau in Uniform und Gewehr um die Schulter, stellte sich als „General Sissi" vor. Nach einer kurzen Begrüßung setzte sich die Gesundheitsministerin neben General Sissi, wir Schwestern fanden dahinter Platz. Die noch immer ganz verschreckten Mädchen setzten sich hinter uns.

Die lange Fahrt führte uns entlang von verschlammten Straßen, an denen auch viele Checkpoints passiert werden mussten. Die kleinen Kindersoldaten – 1992 waren die meisten von ihnen noch sehr jung – riefen uns alle dasselbe zu: *„We are hungry!* Wir sind hungrig!" Meistens gaben sie sich mit etwas Geld, das sie von der Ministerin erhielten, zufrieden. Es gab aber auch einige sehr angespannte Momente, als mir zum Beispiel einer dieser Kindersoldaten zurief: *„You are American!"* Sogleich zog ich meinen Identitätsnachweis heraus, den er aber ohnedies nicht entziffern konnte, und versuchte mutig klarzustellen, dass ich keine Amerikanerin, sondern Europäerin bin. Zum Glück ging es dieses Mal gut aus.

Je älter und größer diese Soldaten an den Checkpoints waren, desto mehr Fragen wurden uns gestellt. „Wer seid ihr eigentlich und wohin seid ihr mit dem Armeeauto unterwegs?", wollten sie wissen. Die Ministerin antwortete darauf: *„Don't you see, how dry these people look?* Seht ihr nicht, wie ausgetrocknet diese Menschen aussehen?[17] Da ich die Gesundheitsministerin bin, bringe ich sie nach Nimba ins Krankenhaus." Es wurde

---

17 Das Wort *„dry"* ist eine für Liberia typische Beschreibung von kranken, ausgezehrten Personen.

immer schwieriger, diese vielen jugendlichen Rebellen an den Grenzübergängen im Land zufriedenzustellen.

Kurz vor der Grenze zur Elfenbeinküste wäre es bald um uns geschehen gewesen. Die Rebellen waren überzeugt, dass wir Amerikanerinnen waren und entkommen wollten, da wir uns im Grenzgebiet befanden. Wir drei Schwestern mussten das Auto verlassen und wurden von oben bis unten gemustert. Da aber wurde es der Ministerin zu viel und sie ließ ihre Autorität spielen: „Glaubt ihr, dass ich als Ministerin von Charles Taylor etwas in meinem Auto dulden würde, was ihm missfallen könnte? Seid bloß vorsichtig, dass ihr alle hier nicht eure Kompetenz überschreitet und eure Position verliert." Als Strafe mussten die Buben uns Schwestern ins Auto helfen, denn in diesem Augenblick fühlten wir uns tatsächlich äußerst schwach.

Die Ministerin versah uns noch mit Geld für den Transport ins Flüchtlingslager. Beim Abschied bat sie uns, für sie zu beten, denn sie könne all diese Schikanen nicht mehr lange ertragen. Wie wir später erfuhren, gelang es Kou Bokolo 1994, sich nach Europa abzusetzen.

Mit all dem Furchtbaren, das in Charles Taylors *„Greater Liberia"* vor sich ging, nahm der Flüchtlingsstrom zur Elfenbeinküste wieder zu. Unser Haus in Danané wurde immer mehr zu einem Trauerhaus, wo viele ihren Schmerz loswerden wollten. Darunter waren auch die Frau und Kinder des ermordeten Nachtwächters der amerikanischen Schwestern vom Kostbaren Blut. Diana, ein 18-jähriges Mädchen aus Monrovia, der ihre holländische Mutter eines Abends genommen wurde, war auf dem Weg zu ihrem liberianischen Vater, der im diplomatischen Dienst in Abidjan tätig war. Frauen und Kinder, deren Väter ihr Leben für den Friedensprozess in Liberia als ECOMOG-Soldaten aus Ghana und Nigeria aufs Spiel setzten, waren auch unter diesen Verzweifelten. Viele, besonders die ECOMOG-Soldaten aus Ghana, wurden Opfer der Ausrottung, weil sie die Hauptstadt retten wollten.

Aber es gab auch erfreuliche Tage, wenn es jemandem gelungen war, der Rache Taylors zu entkommen, wie unter anderem drei Männern aus den Ghana-Truppen, die vom katholischen Missionar Pater John Kilcoin unter einem großen Tisch mit Bettlaken versteckt und somit gerettet wurden.

Der Erzbischof von Monrovia setzte sich für die drei Mädchen Bersheba, Miriam und Saba bei der UNO ein, und so konnten sie 1993 als Flüchtlinge in die USA einreisen. Dort fanden sie bei den Schwestern vom Kostbaren Blut im Mutterhaus Aufnahme und konnten dort auch ihre Schulausbildung beenden.

Erst sechs Wochen nach der Ermordung von Schwester Shearly und ihren vier Mitschwestern gelang es einem Spezialteam, die verwesten Leichen der Schwestern in Monrovia unter großen Sicherheitsvorkehrungen zu bergen. Moskito, der in diesem Territorium wütete, hatte es aufgrund seiner Gewissenlosigkeit sogar bis zum Oberbefehlshaber geschafft. Wer aber war der Letztverantwortliche für das Morden in Monrovia und ganz Liberia? Moskito sollte den Bürgerkrieg nicht überleben, da ein Mächtiger nach seinem Leben trachtete und ihn schließlich auch umbrachte: Charles Taylor.

Es schaudert mich heute noch, wenn ich an die sogenannten „Helden" des Bürgerkriegs denke. Andererseits erfüllt mich die Erinnerung an unsere amerikanischen Schwestern mit Dankbarkeit und Liebe. Sie haben ihre

Hingabe und ihr Lebensblut für das liberianische Volk geopfert und werden immer in den Herzen gutgesinnter Menschen weiterleben.

Zu Weihnachten mit Jesus auf der Flucht

Liberianisches Sprichwort:

*Auch während der großen Regenzeit
gibt es Sonnentage, die wir besonders schätzen.*

Kurz vor Weihnachten 1992 erhielten wir im Flüchtlingsdorf einen Anruf. Wir sollten so schnell wie möglich ins UNHCR-Büro von Danané kommen. Dort erwarteten uns drei verschreckte und hungrige Kinder. Sie berichteten uns, dass ihre Eltern bei der großen Schießerei in Gbarnga verloren gegangen waren. Bewaffnete Kindersoldaten hatten sie bis zur Grenze der Elfenbeinküste gebracht und ihnen aufgetragen, in Danané die katholischen Schwestern zu suchen. Es gab viele solche Kinder, die bei uns Herberge suchten, denn hier wurde niemand abgewiesen.

Auch in Liberia konnten wir für die Waisenkinder, die im Bürgerkrieg ihre Eltern verloren hatten, immer wieder Verwandte finden, die diese „adoptierten". Sehr oft waren es auch alleinstehende Mütter, die selbst ein Kind verloren hatten und dafür diese Kinder freudig aufnahmen. Dadurch waren Waisenhäuser in Liberia damals nie notwendig. Wir haben auch dafür gesorgt, dass die afrikanische Großfamilie auf diese Weise erhalten bleibt. Das war speziell für die Kultur in Liberia so wichtig, weil die Großfamilie für das Überleben des Stammes gesorgt hat. Das ist bis heute so üblich.

Weihnachten ist sicher jenes christliche Fest, das uns am meisten mit dem Gefühl von Familie und Heimat verbindet. Und welch intensive Emotionen empfindet man für dieses Fest erst in Kriegszeiten, fern von der Heimat im Exil! Für uns war es erstaunlich, wie viele Flüchtlinge sich noch viele Jahre später daran erinnerten, wie sehr ihnen die Kirche damals im Exil zur Heimat geworden war, und das gerade zu Weihnachten.

Dieses Fest wurde im Exil noch viel bewusster erlebt und gefeiert als zu Hause in Liberia. Schließlich waren ja auch Jesus, Maria und Josef Flüchtlinge gewesen. So erlebten wir unsere eigene Flüchtlingsgeschichte gemeinsam mit der Heiligen Familie.

Einer unserer Buben brachte es auf den Punkt: „Jetzt wird mich dieser Jesus, der bei seiner Rückkehr aus dem ägyptischen Exil genauso alt war wie ich heute, doch sicher gut verstehen können. Ich bin auch sieben Jahre alt und möchte wieder in meine Heimat zurück. Eigentlich hatte Jesus es besser als wir – er durfte mit seinen Eltern auf einem Esel reiten, wir mussten vor Gewehren davonlaufen. Aber Jesus wird immer mein größter Freund im Leben bleiben!" Manch andere gute Freundschaft mit Jesus bahnte sich damals schon an.

Das erste Weihnachtsspiel im Exil, das von der Herbergsuche der heiligen Familie handelte, stellte auf prophetische Weise die Zukunft Liberias dar: Angehörige aller Stämme unseres Landes scharten sich friedlich rund um die Krippe. Der Chor der Engel war so bunt, der Jubelgesang so gewaltig: Er übertönte alles im Flüchtlingsdorf, sodass man unsere Lieder fast bis zur Grenze hören konnte.

Viele „Heilige Familien" kamen zur Weihnachtsfeier. Alle, die ein Baby hatten und wo noch beide Elternteile vorhanden waren, wurden als „Heilige Familien" eingeladen. Alle anderen beteiligten sich als Hirten an der Feier. Es gab auch Schafe und Esel. Ja sogar die Heiligen Drei Könige erschienen – allerdings stammten dieses Mal alle drei aus Afrika! Nach der Krippenfeier tanzten alle von Haus zu Haus, von Camp zu Camp, um voll Freude die Geburt Jesu zu verkünden.

Mitglieder des Engelschores besuchten am Nachmittag das Krankenhaus. Der Gesang dieser „Flüchtlingsengel" tönte laut durch das Spital in Danané und erfreute die Kranken.

Auch die Gefängnisinsassen erlebten zu Weihnachten einen ihrer besten Tage. Eine Gruppe entlaufener, ehemaliger Rebellen brachte ihnen eine Weihnachtsüberraschung, was vielen Inhaftierten Tränen in die Augen trieb. Die drei weiblichen Häftlinge bereiteten für alle ein köstliches Mahl vor, bestehend aus einer Portion Couscous und einer Pfeffersuppe, dem Nationalgericht von Liberia, das wir uns alle gut schmecken ließen.

Zum Schluss sangen alle in ihrer eigenen Sprache „Stille Nacht", soweit das berühmte Weihnachtslied aus Österreich ihnen bekannt war. Es wurde noch bis spät in die Nacht unter Trommelbegleitung getanzt und gefeiert.

Bei unserem nächsten Besuch im Gefängnis wurden wir gefragt, ob wir nicht jeden Monat Weihnachten feiern könnten. Es sei einfach so schön gewesen!

Kindersoldaten sind eines der bösesten Phänomen, die die vielen politischen und ethnischen Konflikte in Afrika hervorbringen. Verbrecherische Warlords wissen, dass minderjährige Kinder, die in Armut leben und oft ihre Eltern verloren haben, keine Zukunftsperspektive haben. So sind sie leicht zu rekrutieren. Viele Kinder schließen sich den Rebellenarmeen auch an, weil sie auf Rache sinnen, da der Feind Angehörige getötet hat. Der Krieg scheint für sie gerade als eine Chance, ihre Existenz zu sichern und soziale Anerkennung zu erhalten. Die Waffe in der Hand gibt ihnen ein Machtgefühl. Das Hauptproblem ist, dass die Kinder völlig verroht aufwachsen. Ihre Seelen bleiben verformt und verwundet, auch wenn der Krieg zu Ende ist. Sie brauchen eine langfristige Heilung durch Liebe und Anerkennung und Bildung. (2003)

Abb. 19

5. Kapitel
Kindersoldaten als Spielball der Macht

EIN STÜCK VOM „REICH GOTTES" UNTER KINDERSOLDATEN

Liberianisches Sprichwort:

Der Schwarm der Reisvögel folgt immer
einem Einzigen in der Gruppe,
der sich plötzlich hochschwingt und die Richtung angibt.

Als sich der Bürgerkrieg seit 1990 auf das ganze Land ausweitete und immer mehr an Gewalt zunahm, wurden auch immer mehr Kindersoldaten vom Rebellenführer Charles Taylor aus allen Stämmen rekrutiert: Offiziell waren es insgesamt 33.000 junge Burschen und Mädchen, die bereit waren, für ihren „Papi" Charles Taylor zu kämpfen, aber die Dunkelziffer war noch höher. So wurde es auch immer schwieriger, die Probleme und vor allem die Sicherheitslage im Land zu bewältigen. Der Hunger trieb diese halbwüchsigen Buben zu Raub und Diebstahl. Plünderungen waren an der Tagesordnung.

Im Jahr 1993 beruhigte sich die Lage in Liberia ein wenig, sodass wir drei Schwestern im November von Danané wieder nach Liberia zurückkehren konnten. In Gbarnga angekommen, wurde uns erneut bewusst, wie notwendig unser Dienst in dem vom Bürgerkrieg gezeichneten Land war. Von nun an kümmerten wir uns vor allem um alleinstehende Mütter, Alte und Kranke, die zurückgeblieben und den Schikanen der Rebellen ausgesetzt waren.

Eines Tages erreichten wir einen der unzähligen Checkpoints und merkten, dass eine Prügelei im Gange war. Es herrschte großer Aufruhr. Der junge „General" hatte alle Befugnisse über seine jüngeren Untertanen. So wurde ihnen befohlen, für den „General" zu stehlen – freilich nur im Geheimen.

Unglücklicherweise wurde der Dieb an diesem Morgen gefasst und in Anwesenheit des „Generals" gründlich verprügelt. Ich hielt den Wagen an und beobachtete, wie sich einer der Jungen, hinkend und schreiend mit ein paar Bananen in der Hand, vor dem „General" auf den Boden warf und versprach, nicht mehr zu stehlen. Der etwas verlegene „General" nahm ihm die Bananen ab, wandte sich mir zu und sagte ganz scheinheilig: „Schwester, es ist doch verboten zu stehlen, deshalb muss ich ihm die Bananen leider abnehmen!" Ich verstand natürlich, was dahintersteckte!

Zufällig hatte ich an jenem Tag gerade einige Bananen gekauft. Also holte ich diese hervor und reichte sie dem armen Dieb mit den Worten: „Du bist heute sicher sehr hungrig, deshalb nimm dir drei von meinen Bananen. Den Rest musst Du dorthin zurückbringen, von wo Du sie genommen hast, denn sicher warten dort auch hungrige Kinder auf ihr Essen."

Den „General" ersuchte ich daraufhin, die gestohlenen Bananen mit den anderen vier Soldaten zu teilen. Dann könnte zumindest an diesem Tag wieder ein wenig Frieden unter ihnen herrschen.

In Gbartala, einer unserer größten Außenstationen von Gbarnga, befand sich das Trainingscamp einer großen Schar von Rebellenanwärtern. Insgesamt 1.000 Buben wurden hier von Charles Taylors Sohn, Charles Taylor Junior oder auch Chuckie genannt, zu Kindersoldaten ausgebildet. Er war so gefürchtet und überbot sogar noch die Gräueltaten seines Vaters, sodass er mit der Zeit zu Taylors Rivale wurde. Chuckie hätte wahrscheinlich früher oder später seinen Vater entmachtet, und zwar mit jenen Kindersoldaten, die er im Auftrag seines Vaters ausgebildet hatte. Doch Taylor lieferte ihn gerade noch „rechtzeitig" an die Amerikaner aus. Er wurde zu lebenslanger Haft in einem amerikanischen Gefängnis verurteilt.

Wir Schwestern betreuten in Gbartala die Dorfkirche. Dort versammelten sich am Sonntag auch einige Rebellen zum Gottesdienst, die sich in Ausbildung befanden. Sie mussten jedoch ihre Gewehre beim Verlassen des Camps abgeben, was ihnen so gar nicht gefiel. Dafür waren einige von ihnen mit einer Trommel ausgerüstet. Es kamen daher auch nur diejenigen zum Gottesdienst, die wirklich beten wollten. Unter ihnen waren vor allem ehemalige Schüler der katholischen Schulen und zwei ehemalige Messdiener der Kathedrale von Monrovia, die sich bei mir vorstellten mit den Worten: „Schwester, wenn alles vorbei ist, dann legen wir die Waffe nieder und kommen wieder jeden Sonntag in die Kirche."

Für uns war es eine große Freude und Überraschung, diese Bubenschar in unserer Kirche singen und Gott loben zu hören. Es kam auch nie zu irgendwelchen Zwischenfällen. „Lasst die Kinder zu mir kommen – auch in Kriegszeiten!", hätte Jesus sicher in dieser Situation gesagt, denn diese Kinder sind die unschuldigen Instrumente von Machtgierigen. Die Dorfbewohner waren sehr dankbar, dass wir diese Kinder an unseren Gottesdiensten teilnehmen ließen und hofften, dass sie dadurch etwas friedlicher würden. Der Sonntag war der einzige Lichtblick für diese in ständiger Furcht lebenden Menschen.

Für manche dieser Halbwüchsigen wurde der Druck, alle Befehle ihres Kommandanten auszuführen und selbst auf ihre eigenen Freunde zu schießen, zum schieren Albtraum. Man gab ihnen Marihuana zu rauchen, um sie für die Kämpfe gefügig zu machen. Sie drehten sich selbst diese Zigaretten und verwendeten dafür das Papier der Bücher, die sie im Priesterseminar von Gbarnga gestohlen hatten. Auf diese Weise ging die gesamte Bibliothek des Seminars, in etwa 30.000 Bücher, verloren. An Marihuana fehlte es ihnen nicht, denn Hanf wächst leider überall in Liberia.

Gelegentlich hörten wir, dass man auf der Suche nach Abtrünnigen war, die versucht hatten zu desertieren. Wenn sie aufgegriffen wurden, stellte man sie vor ein Gericht. Dort wurden sie brutal gefoltert und schließlich getötet; eine Erfahrung, die wir nicht einmal unseren schlimmsten Feinden wünschten.

EIN APPELL
AN DIE „MENSCHLICHKEIT"

Liberianisches Sprichwort

Auch eine Fledermaus, die sich in dein Haus verirrt, erwartet Freiheit. Wenn du sie mutwillig tötest, werden die anderen, dem Geruch der Toten folgend, sie in der Nacht bei dir suchen und sich rächen.

Zurück in Gbarnga widmeten wir uns wieder den vielen pastoralen Aufgaben und Herausforderungen in unserer Umgebung. Der Bürgerkrieg war noch im Gange, auch wenn sich die Lage bei uns im Nimba County etwas beruhigt hatte.

Am Äquator sorgt der Zeitwechsel, die Tagundnachtgleiche, für einen frühen, plötzlichen Einbruch der Dunkelheit. Es war daher auch damals nicht ganz ungefährlich, in Liberia ohne ein Funkgerät und ohne Licht in stockfinsterer Nacht unterwegs zu sein. Deshalb mussten wir vor unseren Missions-Touren immer die entsprechenden Vorkehrungen treffen, und zwar durften eine Taschenlampe, ein Wasserkanister und das Buschmesser nicht fehlen. Auch Erdnüsse und Bananen für die Hungrigen, die uns unterwegs begegneten, waren Teil unseres täglichen „Reiseproviants".

Eines Tages brach ich gemeinsam mit dem Katechisten Isaak frühmorgens in das entfernte Dorf Gbonkanemah auf. In diesem Dorf und seiner Umgebung befanden sich besonders viele Tuberkulose-Patienten. Zweimal

Die Straßen in Liberia waren oft in einem erbärmlichen Zustand, sodass jede Überquerung eines Baches schon zu einem Abenteuer wurde, das vom „Driver" große Geschicklichkeit erforderte. Schwester Johanna ist der österreichischen MIVA, die sich auf die Anschaffung von Fahrzeugen für Missionare spezialisiert hat, sehr dankbar. (2006)

Abb. 20

im Monat versorgten wir F.M.M.-Schwestern diese Kranken mit entsprechenden Medikamenten. Dazu gehörte aber auch ein wichtiger Nahrungszusatz in Form von getrockneten Bohnen, der uns dankenswerterweise von der Fastenaktion der Diözese Sankt Pölten für zwei Jahre lang gespendet wurden.

Bei den Fahrten zu den Kranken hatten wir jeweils vierzehn Säcke dieses kostbaren Nahrungszusatzes in unserem MIVA-Jeep. Wie schwierig sich aber die Verteilung dieser getrockneten Bohnen in Kriegszeiten mit Tausenden von Kindersoldaten gestalten kann, soll dieser Bericht uns zeigen.

Es ist keine Seltenheit, dass man die Straßen erst von herabgefallenen Ästen, ja sogar von durch Tornados entwurzelten Bäumen freimachen muss. An diesem Morgen kam das schwertartige Messer zum Einsatz, das uns auch als Waffe gegen gefährliche Tiere (Buschkatzen oder Schlangen) diente. In der Dunkelheit sind die Katzen an ihren blitzenden Augen gut zu erkennen, während man für das Erkennen von Schlangen ein spezielles afrikanisches Gehör benötigt.

Nach unserer Ankunft in Gbonkanemah scharten sich die Bewohner um uns, aber auch eine größere Anzahl von Kindersoldaten, die dort stationiert waren. Sie beklagten sich, dass die Dorfbewohner sie nicht ausreichend mit Essen versorgten, obwohl sie doch das Dorf vor den „Feinden" beschützen würden. Es kam zu einem endlosen Palaver zwischen den Dorfbewohnern und den Rebellen, bis ich mich gezwungen sah, diese sinnlose Diskussion zu beenden. Gemeinsam mit dem Katechisten fasste ich einen Entschluss, der sich auf alle Beteiligten positiv auswirken sollte.

Nach meiner Ankündigung, dass von den vierzehn Säcken mit Bohnen drei für die Kindersoldaten bestimmt seien, waren die Dorfbewohner irritiert. Manche von ihnen beschuldigten mich, Charles Taylors Rebellen zu unterstützen, obwohl doch die Bohnen für *„us human beings"* bestimmt seien, also für „uns Menschen" im Dorf. Nach dieser Bemerkung blickte Isaak mich vielsagend an, als wollte er den Leuten die Frage stellen, wer nun also die Menschen hier sind – etwa nur die Dorfbewohner oder auch die Kindersoldaten?

Wir schickten die Kindersoldaten zurück in ihr Hauptquartier und versprachen ihnen, dass wir ihnen bald mit den zugesagten Nahrungsmitteln folgen würden. Aber zuvor wollten wir erst noch klarstellen, dass diese Kinder genauso Menschen sind wie die Erwachsenen des Ortes. Deshalb begann ich noch vor der Verteilung der mitgebrachten Nahrungsmittel mit einer „Ansprache über die Menschlichkeit" und erklärte den anwesenden Dorfbewohnern, wer nun hier eigentlich ein Mensch sei:

„Diese Kindersoldaten unter euch sind eure und unsere Kinder! Wenn ihr bereit seid, etwas von dem, was wir großzügig von anderen erhalten, zu teilen, dann wird es uns allen zum Vorteil sein. Diese Kinder im Soldatengewand werden zu euch stehen, wenn ihr sie als Menschen behandelt. Wie wir alle wissen, treibt der Hunger zum Stehlen und zum Plündern an. Lasst uns daher gemeinsam einüben, wie wir uns menschlicher verhalten können. Die Menschlichkeit soll alle mit einschließen, damit wir endlich wieder zu einem friedlichen Volk werden!"

Isaak übersetzte meine Worte in die Sprache der Kpelle. So wurde die Botschaft auch von allen Anwesenden verstanden. Zuletzt wandten wir uns an den Dorfältesten, um seine Zustimmung zu erhalten. Wir erklärten ihm, dass es für uns nicht möglich ist, in Gbonkanemah weiter aktiv zu sein, wenn sie nicht bereit sind zum Teilen. Bischof Sekey würde uns dann an einen anderen Ort schicken.

Nachdem der Dorfälteste schließlich einwilligte, verlief letztlich doch alles ganz positiv. Die Leute von Gbonkanemah bedankten sich bei uns für die Nahrungsmittel und baten uns, dafür auch mit dem Oberbefehlshaber der Kindersoldaten zu sprechen. Ich versprach es ihnen. Es war nicht das erste Mal, dass ich einem „General" der Kindersoldaten begegnete und ihn in Verlegenheit brachte. Ich hatte ja keine Angst vor den Rebellen und fürchtete mich auch nicht, einen General zu kritisieren. Er sollte ruhig von mir hören, dass er seine Untergebenen nicht einfach für seinen eigenen Vorteil missbrauchen kann.

So war ein jeder unserer Tage in Liberia voller neuer Herausforderungen. Mitten im Krieg, wo Menschen leicht zu Unmenschen werden konnten, appellierte ich immer wieder an die Menschlichkeit. Das sollte sich positiv auf unser Umfeld auswirken, auch wenn die Menschen zu diesem Zeitpunkt kaum noch eine Hoffnung auf Frieden hatten.

Bald nachdem wir Gbonkanemah verlassen hatten, wartete schon die nächste Überraschung auf uns. Schon von Weitem sahen wir, dass die Straße von Kindersoldaten blockiert war. Sie lagen mit ihren Gewehren am Boden, quer über der Fahrbahn, und rührten sich nicht.

Auch als wir schon ganz nahegekommen waren, erhob sich keiner von ihnen, um uns mit dem Gewehr Furcht einzujagen. Auf meine Frage, ob sie denn krank seien, antworteten sie: „*We are hungry*. Wir haben Hunger." Man sah ihnen den Hunger auch an, und so gaben wir ihnen von den mitgebrachten Erdnüssen und Bananen. Hungrig stürzten sie sich auf diese nahrhaften Früchte und verschlangen sie hastig, als ob sie ein köstliches Reisgericht verzehrten. Isaak und ich waren für sie in diesem Moment vollkommen nebensächlich, und so konnten wir unbehelligt mit dem Auto an ihnen vorbeifahren.

Die Dunkelheit brach rasch herein, und wir ahnten beide nicht, dass der Tag noch ein weiteres kleines Abenteuer für uns bereithielt. Noch bevor wir das nächste Dorf erreichten, übersah ich einen Checkpoint, da es bereits dunkel war. Plötzlich hörte ich jemanden rufen: „Schwester, Du hast unseren Checkpoint mitgenommen! Stopp, stopp!"

Also bremsten wir und bemerkten mithilfe unserer Taschenlampe, dass sich die Grenzschnur in unseren Autorädern verfangen hatte. Diese Schnur wird einfach von einem Ende der Straße zum anderen gespannt, um damit die Autofahrer anzuhalten. In der blendenden Sonne und auch in der Finsternis ist sie nicht zu erkennen. Wir gaben einem Kindersoldaten unsere Taschenlampe, mit der er herumfuchtelte und die Schnur von unseren Autorädern zu entwirren begann. Die anderen Kindersoldaten brachen in schallendes Gelächter aus und waren sofort bereit, uns zu helfen. In der Dunkelheit krochen sie unter das Auto und hatten großen Spaß daran, uns von diesem „Checkpoint", der aus einer einfachen Schnur bestand, wieder zu befreien.

Nachdem sie uns schließlich mit viel Geduld wieder befreit hatten, war uns bewusst, dass wir die unbrauchbar gewordene Schnur mit irgendetwas ersetzen mussten. Da wir keine andere Schnur bei uns hatten, luden wir unsere „Befreier" auf eine gute Portion Pfeffersuppe ein. Zu dieser Nachtzeit war das ein Festmahl für sie.

Danach fuhren wir zu später Stunde endlich heimwärts und beteten, wie so oft, um die Befreiung dieser armen Kinder aus einer neuen Form von Sklaverei, denn uns wurde ganz klar: Diese Kinder werden durch die Mächtigen des Landes für einen sinnlosen und brutalen Krieg missbraucht.

Ein „Feind" im Konvent

Liberianisches Sprichwort:

*Die schwarze Tropennacht hindert
den Leoparden nicht, dich ausfindig zu machen.*

Im Jahr 1993 kam eines Abends unser Pfarrer von Gbarnga ganz aufgeregt mit einem zitternden Buben zu uns. Er schob ihn bei der Tür herein und bat: „Bitte versteckt Oskar ganz schnell. Er ist in Gefahr, bitte, bitte! Morgen schicke ich den Katechisten, ihn zu holen, sobald ich einen sicheren Platz für Oskar gefunden habe. Ich kann ihn nicht mit ins Pfarrhaus nehmen, denn dort ist er nicht sicher. Unsere Missionare sind ja bekannt dafür, ‚Feinde' zu beherbergen." Ohne unsere Antwort abzuwarten, verschwand der Priester wieder.

Etwas verblüfft schoben wir den Jungen ins hinterste Zimmer und befahlen ihm, sich unter dem Bett zu verstecken, was er kaum schaffte, weil es sehr niedrig war. Dies hatte aber auch den Vorteil, dass man ihn nicht so leicht entdecken konnte. Wie eine Schlange wand er sich unters Bett bis hin zur Mauer.

Nun da Oskar vorerst in seinem Versteck war, begannen wir zu beratschlagen. Unsere liberianische Schwester Elfrieda war zu diesem Zeitpunkt gerade in Monrovia, und so kamen wir auf die brillante Idee, Oskar als Ordensschwester zu verkleiden. Wir konnten ihn als Schwester Elfrieda ausgeben, sollte ihn jemand bei uns suchen. Jedem war bekannt, dass wir eine einheimische Schwester bei uns hatten, und da sie fast immer im Ordenskleid erschien, würde man den Unterschied nicht so schnell erkennen. Der verängstigte Junge stimmte allen Vorschlägen zu. Glücklicherweise verstand er Englisch, denn er musste vermeiden, in irgendeinem Dialekt – besonders seinem eigenen Krahn-Dialekt – zu sprechen, sollte er von jemandem befragt werden.

So kleideten wir Oskar in ein Klostergewand ein und schmunzelten dabei über Oskars Aussehen. Der Habit passte ihm gut. Man musste schon genauer hinschauen, um zu erkennen, dass es keine echte Klosterschwester war. Wir saßen beinahe die ganze Nacht mit Oskar als verkleidete Schwester Elfrieda zusammen, ohne Kerzenlicht, ohne zu sprechen. Nach Mitternacht begaben wir uns alle in die Kapelle, denn hier konnte man uns Schwestern auch in der Nacht immer wieder antreffen.

An Schlaf war ohnedies nicht zu denken, dazu waren wir viel zu aufgeregt.

Am nächsten Tag erfuhren wir durch das Funk-Radio in codierter Sprache, dass nun die echte Schwester Elfrieda zurückkommen sollte. Also schickten wir sofort eine codierte Antwort zurück, denn in Liberia wurde damals alles abgehört: „Bitte schicke das Objekt erst übermorgen, da die Straße nicht passierbar ist für das Fahrzeug ... roger ... roger ... roger!"

Am nächsten Nachmittag sandte der Pfarrer seinen Katechisten zu uns, der uns eine Nachricht überbrachte. Der Pfarrer erwartete uns Schwestern mit dem besagten Objekt im Pastoralzentrum zu einer Messfeier um 18 Uhr, nach Einbruch der Dunkelheit. Gesagt, getan! Als der Pfarrer uns vier Schwestern sah, starrte er uns verblüfft an und meinte: „Und wo ist Oskar?" Wir konnten unser Lachen nicht zurückhalten. Da begriff er, was für einen Streich wir uns hatten einfallen lassen: „Ihr Schwestern seid doch immer noch die Besten", rief er erleichtert aus. Gerne nahmen wir dieses Kompliment vom Pfarrer an.

Der Pfarrer verschwand mit Oskar an der Hand und versteckte ihn. Sein „heiliges Kleid" hatte Oskar schnell noch in einem Nebenraum ausgezogen. Er war bis zum Ende des Krieges wie vom Erdboden verschwunden. Nur der Katechist kannte das Versteck, denn er und der Pfarrer trugen die Verantwortung für den Buben. Oskar gehörte zum Krahn-Stamm, den Charles Taylors Kämpfer ausrotten sollten. Er war deshalb besonders gefährdet, denn Präsident Doe, der Anführer des Krahn-Stammes, war Taylors größter Dorn im Auge. Später erfuhren wir, dass Oskar nach dem Krieg zu seiner

Schwester, die ihn für tot gehalten hatte, nach Nimba zurückkehren konnte.

Ein besonderer Ruf

Liberianisches Sprichwort:

Die Spinne lockt alle in ihr sorgfältig gewobenes Netz.
Selbstsicher beobachtet sie ihre Beute,
die ihr sicher zu sein scheint.
Sie hat aber nicht mit dem Schwarm von Fledermäusen gerechnet,
die in der Nacht ihr Leben nicht verschonen werden.

Trotz der vielen schrecklichen Ereignisse durften wir in Liberia mitten im Bürgerkrieg und auch im Exil in den Flüchtlingslagern immer wieder die barmherzige Liebe Gottes erfahren. Es gäbe dazu noch viel zu berichten. Ich möchte hier zumindest noch die Geschichte von Yarkpawolo festhalten:

Eine mir gut bekannte katholische Familie des Mano-Stammes versuchte vergebens, ihren zweiten Sohn namens Yarkpawolo vor Taylors Kindersoldaten-Armee zurückzuhalten. Er war erst 14 Jahre alt, leicht zu beeinflussen und voller Begeisterung für die ULIMO-Rebellen. Ich war gerade dabei, ihn, seine Eltern und seine Geschwister auf die Taufe vorzubereiten, aber auf einmal verließ er die Familie, um – wie er sagte – seinem Ruf zu folgen. Wie wir noch sehen sollten, war es in der Tat ein besonderer Ruf: Nach einem Jahr kämpferischer Tätigkeit warf er sein Gewehr in den Busch und versteckte sich zu Hause bei seinen Eltern. Er war so traumatisiert, dass er nicht einmal über all die Dinge, die er erlebt hatte, sprechen konnte.

Es dauerte nicht lange bis eine Horde bewaffneter „Freunde" sich dem Haus seiner Eltern näherte, um Yarkpawolo zu suchen. Alle außer seinem Vater versteckten sich im Haus. Der Vater rief ihnen zu, dass sie ihn hier nicht finden würden. Aber sie kannten keine Barmherzigkeit, und so riefen sie: „Yarkpawolo, wenn Du nicht herauskommst, müssen alle im Haus sterben!" Schreiend flehte die Familie um das Leben von Yarkpawolo und auch um ihr eigenes. Yarkpawolo, der wusste, dass die Drohungen gegenüber seiner Familie ernst waren, fasste Mut und stellte sich den Rebellen. Man zerrte ihn aus dem Haus bis hin zum „Gericht" der Kindersoldaten. Keiner der Familie konnte darüber sprechen, was danach mit ihm geschehen war. Es ist bemerkenswert, dass er den Mut aufbrachte, sich zu stellen – vielleicht, weil er durch die Tauf- und Firmgnade gestärkt war – und sich für seine Familie zu opfern! Ein wahrer Held einer größeren Liebe! Yarkpawolos jüngste Schwester trat in unseren Orden ein. Sie ist heute im Senegal als Missionarin tätig. Das Reich Gottes ist also auch mitten im Bürgerkrieg weiter gewachsen!

Ein Hitch-Hiker wird uns (fast!) zum Verhängnis

Liberianisches Sprichwort:

Das Zischen im Gebüsch ist eine Warnung.
Es kündigt die Nähe einer Bananenschlange an.

Einmal auf unserem Heimweg hatten wir ausnahmsweise keine Kranken – es waren meistens Personen mit Tuberkulose – im Auto, was sehr selten vorkam. Deshalb weigerten wir uns auch nicht, bei einem Checkpoint einen jungen Mann mitzunehmen, der uns erklärte, dass er krank sei. Er war zum Glück nicht bewaffnet und trug auch keine Rebellenuniform, was uns jedoch bald darauf fast zum Verhängnis wurde.

Unser Katechist Isaac bestand darauf, dass dieser Mann neben mir vorne auf dem Beifahrersitz Platz nehmen sollte. Isaac selbst setzte sich hinter mich auf die Rückbank. Erst später realisierte ich, warum er darauf insistierte: Isaac konnte dadurch unseren Mitfahrer gut im Blick behalten. Plötzlich meinte er: „Schwester, ich glaube, wir haben eine Panne. Irgendetwas im Auto macht ein seltsames Geräusch. Wir müssen schnell nachsehen. Mein Freund und ich schauen auf der rechten Seite nach, und Du, Schwester, schaust, ob auf der linken Seite etwas nicht in Ordnung ist."

Bevor ich noch aussteigen konnte, stieg unser Mitfahrer widerwillig aus und fragte uns genervt, ob wir an diesem Tag überhaupt noch das Pheebe Spital erreichen würden. Gleichzeitig flüsterte Isaac mir ins Ohr: „Bleib sitzen, wir sind in Gefahr." Bevor ich überhaupt verstehen konnte, was hier vor sich ging, schrie mich Isaac ganz aufgeregt an: „Fahr los, fahr ganz schnell los!" Also stieg ich aufs Pedal. Er hatte nämlich gesehen, dass der junge Mann ein Messer in seinem Hosenbund stecken hatte. Er wollte uns vermutlich loswerden, um das Auto stehlen zu können. Wie sich später herausstellte, war er gerade auf der Flucht und daher zu allem bereit!

Geschichte von Kone, einer Kindersoldatin

Liberianisches Sprichwort:

Während der heftigen Stürme und starken Monsunregen verlieren auch die stärksten Schwertlilien ihre Blütenpracht. Von der langen Regenzeit gestärkt in ihren Wurzeln, erscheinen sie anschließend umso prachtvoller.

„Schwester, komm schnell, da ist ein verrücktes Mädchen! Sie ruft dauernd: ‚Ich will nicht mehr töten, der böse Geist hat mein Gewehr in den Busch getragen!'", rief mir ein Angestellter des Flüchtlingslagers zu.

Als ich Kone zum ersten Mal gegenübersaß, zitterte sie vor Angst am ganzen Körper. An ihrem Namen erkannte ich, dass sie die älteste Tochter einer Familie des Mano-Stammes war. Da ich meine ersten Jahre in Liberia bei diesem Stamm im Norden von Liberia verbracht hatte, verstand ich sie gut, und es entwickelte sich alsbald ein reges Gespräch zwischen uns beiden. Ich versicherte ihr, dass sie hier in Danané in Sicherheit sei und sie niemand mehr entführen könne, um sie nach Liberia und zu den Rebellen zurückzubringen. Kone vertraute mir und öffnete mir ihr Herz. Sie erzählte, dass sie in Liberia davongelaufen war, weil sie das Morden der Kindersoldaten nicht mehr ertragen konnte. Ich spürte, dass sie mir nach und nach ihre Geschichte erzählen würde. So fragte ich sie behutsam nach ihrer Familie und ihren Freunden, die meisten von ihnen waren auch in Charles Taylors Rebellenarmee gewesen.

Auf meine Frage: „Warum hast du dich eigentlich den Rebellen angeschlossen? Du bist doch noch in die Schule gegangen?" begann die Fünfzehnjährige, ihre traurige Geschichte noch ausführlicher zu erzählen:

„Mein Vater wurde im Gbarnga-Aufstand[18] getötet. Meine Mutter, meine drei Brüder und ich versteckten uns daraufhin im Dschungel. Mein Großvater konnte nicht fliehen, er wollte in Liberia sterben. Zwei meiner Brüder schlossen sich den Kindersoldaten an, und wir sahen sie nie mehr wieder. Ich überredete meine Mutter, mich mit einigen Freundinnen zur Elfenbeinküste ziehen zu lassen. Wir wollten von dort aus Hilfe für sie und für den Großvater organisieren. Meinen kleinen Bruder ließ ich bei meiner Mutter zurück."

Eine Woche lang waren Kone und ihre Freundinnen auf der Flucht unterwegs durch den Dschungel. Als sie die Grenze zur Elfenbeinküste erreichten, winkte ihnen die Freiheit auf der anderen Seite der Grenze bereits

---

18 Aufstand der drei rivalisierenden Rebellengruppen (NPFL, INPFL und ULIMO) von 1994.

zu. Aber dann kam alles anders: Keines der Mädchen durfte den Checkpoint passieren, ohne sich vorher auszuweisen: „Die Grenzbeamten brachten uns in einen Raum. Dort fingen sie an, uns einzuschüchtern. Sie wollten uns nicht in die Freiheit entlassen, ohne eine nach der anderen von uns davor zu vergewaltigen. Als mir klar war, was da gespielt wurde, riss ich mich los und entkam ihren Schikanen. Ich wollte so rasch wie möglich zurück zu meiner Mutter."

Auch ihre Freundinnen konnten sich aus den Fängen der Grenzbeamten wieder befreien. Und so wanderten sie gemeinsam wieder zurück, von woher sie gekommen waren. „Sobald ich bei meiner Mutter angelangt war, warf ich mich in ihre Arme. Sie sah sehr krank aus und empfing mich mit den Worten: ‚Es ist sehr gut, dass Du wieder hier bist, dann sterben wir eben gemeinsam. Dein Bruder ist davongelaufen.'" Nach einiger Zeit starb Kones Großvater. „Zwei Monate danach starb auch meine Mutter, denn Cholera und Typhus waren im Nimba County ausgebrochen."

Bald darauf hielt ein großer Lastwagen voller Burschen und Mädchen in Gbarnga. „Sie riefen mir zu: ‚Wenn du essen willst, dann komm mit uns! Papi sorgt für uns!' Also schloss ich mich dieser Gruppe an, und tatsächlich bekamen wir etwas zu essen – das war alles, was ich in diesem Augenblick wollte! Wir Mädchen wurden den Kommandanten und Generälen von Charles Taylor zugeteilt." Kone und die anderen Mädchen mussten ihnen als Sex-Sklavinnen, Köchinnen und vieles andere, was sie erst lernen mussten, dienen. „Wir erhielten auch ein Gewehr, mit dem wir alles tun durften, vor allem sollten wir damit Nahrungsmittel herbeischaffen. Es war sogar unsere Pflicht, zu rauben und Dörfer zu überfallen, um die Generäle, die selbst erst 17 oder 18 Jahre alt waren, zufriedenzustellen. Ich wurde einmal fast zu Tode geprügelt, weil dem betrunkenen Kommandanten das von mir zubereitete Essen nicht geschmeckt hat. Von da an wollte ich nur noch weg, wusste aber nicht, wie." Kone zitterte am ganzen Körper, als sie sich an diese traurigen Momente in ihrem Leben erinnerte.

„Wir waren in der Nähe von Zorzor nahe der Grenze zur Elfenbeinküste stationiert in einem Camp der Kindersoldaten, die die Grenze bewachen sollten", erzählte Kone weiter, nachdem sie kurz tief durchgeatmet hatte. „Von dort aus war es ein Tagesmarsch bis zum Flüchtlingsdorf Danané. Eines Tages habe ich am Markt von Zorzor einen Mann angesprochen. Er schien mir vertrauenswürdig zu sein. Es stellte sich heraus, dass es der Katechist Anthony Paye von der katholischen Missionsstation in Zorzor war, der sich dort um die Gemeinde kümmerte. Ich fragte ihn, ob er nicht zu uns ins Camp mitkommen könnte, um dort mit uns zu beten. Manche von uns hatten ja in der katholischen Schule beten gelernt", erklärte sie stolz und erzählte, der Katechist sei mit ihrem Vorschlag einverstanden gewesen und habe daraufhin den neuen Kommandanten des Zorzor-Distrikts aufgesucht, der volle Befehlsgewalt und Macht über die Kindersoldaten des Distrikts hatte. „Er befahl sogar Anthony Paye, jeden Morgen im Camp das Morgengebet mit Andacht für seine 25 Kindersoldaten zu leiten. Die Rebellen freuten sich sogar über die Abwechslung im Camp."

Was für ein Widerspruch: In der Hand hielten die Rebellen die Gewehre, und im Herzen beteten sie das

Vaterunser! Man hörte nun täglich diese jugendlichen Waffenträger bis ins große Dorf Zorzor hinein singen und Gott lobpreisen. Der Kommandant versprach Anthony Hilfe für seine Familie und zwar in Form von Nahrungsmitteln, allerdings unter der Bedingung, dass er dem Camp treu bleiben müsse. Man hoffte natürlich, in ihm einen neuen Rekruten für Papi Taylor gefunden zu haben, denn alle spürten seinen positiven Einfluss auf diese Jugendlichen. Auf keinen Fall durfte er dem Camp am Morgen fernbleiben, ohne die Erlaubnis des Kommandanten eingeholt zu haben. Man bot ihm sogar eine Waffe zur Selbstverteidigung an, was er jedoch ablehnte.

Nach drei Monaten fragte Anthony den Kommandanten, ob er seine Familie in Faguellie, der eine Tagesreise entfernten Provinzstadt, besuchen dürfe, worauf er keine Antwort erhielt. Anthony wusste nicht, dass er ständig überwacht wurde. Eines Nachts trieb ihn die Sehnsucht nach seiner Familie dazu, ohne Erlaubnis nach Faguellie zu gehen. Am nächsten Morgen bemerkten einige im Camp, dass Anthony verschwunden war. Also schickten sie einige Kindersoldaten in den Busch, um Anthony zurückzuholen. Nach einiger Zeit brachten sie ihn mit einer Schusswunde am linken Fuß zurück. Derjenige Soldat, der Anthony gefunden hatte, wurde zum General befördert.

Kone, die mir diese Geschichte mit Tränen in den Augen erzählt hatte, wusste nicht mehr, wie sie diesem Martyrium entkommen konnte. Anthony wusste von ihrem Wunsch, abzuhauen. Es gab auch noch zwei andere Soldatinnen, die ebenfalls durchbrennen wollten. Die Grenze zur Elfenbeinküste war nur eine halbe Stunde entfernt. Anthony war für diese Mädchen die größte

Hoffnung, obwohl er auch um die Sicherheit seiner Frau und ihrer beiden Kinder bangte. Diese – so hoffte er – waren bei seinen Eltern in guten Händen. Anthony lag Kone besonders am Herzen, weil sie ihre gesamte Familie verloren hatte. Er empfahl ihr schon viele Wochen vor der Flucht, die Schwestern in der katholischen Mission zu suchen und nannte ihr auch meinen Namen, da er mich von der Katechistenausbildung gut kannte.

Anthonys Fuß war aufgrund der Schusswunde stark angeschwollen. Er musste das Camp bewachen, konnte sich aber kaum noch bewegen. Eines Morgens gab es ein großes Geschrei, und sogar Schüsse fielen. Alle Kindersoldaten wurden nach Faguellie gerufen, zu einem feindlichen Angriff von Voinjamah. Anthony sollte währenddessen alle Mädchen bewachen, die für die zurückkehrenden Kämpfer das Essen vorbereiteten. Als Anthony Kone sah, gab er ihr zu verstehen, dass jetzt die beste Gelegenheit zur Flucht sei. Er werde für sie beten, denn vielleicht würde auch er in dieser Situation sein Leben verlieren. Also wagte Kone den Sprung in die Freiheit, fühlte sich aber elend bei dem Gedanken, die anderen zurückzulassen. Nach dreitägigen Irrwegen, wo sie vielen Gefahren ausgesetzt war, erreichte Kone die Grenze zur Elfenbeinküste. Traumatisiert und halb verrückt vor Angst kam sie schließlich bei uns an.

Viele Jahre später, nach dem Ende des Krieges und nach unserer Rückkehr nach Liberia, erzählte mir Anthony seine Geschichte und wie er den Krieg überlebt hatte. Als Beweis dafür diente die Narbe an seinem linken Fuß.

6. Kapitel
Meine dritte Flucht 1994

DER TOTALE ZUSAMMENBRUCH

Liberianisches Sprichwort:

Ein Termitenhügel ist unbesiegbar,
ausgenommen du wagst es,
sein Straßensystem zu stören.
Doch du wirst es mit dem Leben bezahlen.

Schon bald merkten wir, dass die Spannungen und schrecklichen Vorkommnisse in Charles Taylors „*Greater Liberia*", wie er sein Reich nannte, immer unerträglicher wurden, auch für die Kirche. Die Menschen hatten nichts mehr zu essen, und immer mehr Krankheiten brachen aus. Tuberkulose und Typhus waren aufgrund der Wasserverseuchung im ganzen nördlichen Teil des Landes verbreitet.

Die meisten Soldaten der Regierungsarmee „Armed Forces of Liberia", kurz AFL, von Präsident Doe waren zu Taylors Kindersoldaten übergelaufen, den Rebellen der „NPFL – der National Patriotic Front of Liberia". Andere Soldaten von Doe kämpften im Dschungel gegen diese Rebellen. Darüber hinaus hatten sich mit der Zeit von Taylors 33.000 Kindersoldaten zwei weitere Rebellen-Gruppen abgespaltet, die sich nun in Gbarnga – dem Machtzentrum von Charles Taylor und der NPFL – feindlich gegenüberstanden und um die Vorherrschaft kämpften:

Die „INPFL – Independent National Patriotic Front of Liberia" unter der Führung von Yormie Johnson, die im südlichen Küstengebiet aktiv war. Und die „ULIMO – United Liberation Movement of Liberia for Democracy", eine aus den Krahn und Mandingo bestehende Rebellen-Gruppe, die den Norden des Landes beherrschte und Taylors Kindersoldaten vom Zugriff auf die Diamantenminen in Sierra Leone abhalten sollte.

Zu der vierten, informellen Gruppierung gehörten all diejenigen, die noch an die Menschlichkeit in Liberia glaubten und immer noch auf Frieden hofften. Zu dieser Gruppe bekannten sich viele Mitglieder der lokalen Kirchen und somit auch wir Missionare. Beharrlich versuchten wir, gegen den Strom dieser Gewaltherrschaft zu schwimmen. Die einfachen Leute waren überall im Land zum Spielball des Machtstrebens und des Hasses zwischen den drei feindlichen Gruppierungen geworden.

Die größte Gruppe der Kindersoldaten, die ULIMO-Rebellen, kämpften im Norden im Lofa County, nahe der Grenze zu Sierra Leone, gegen Taylors Truppen. Jenseits der Grenze befand sich eine große Diamantenmine, die Charles Taylor bereits in Beschlag genommen hatte. Aus dieser Mine stammte auch der berühmte schwarze Diamant, der für großes Aufsehen in Afrika sorgte. So griff der liberianische Bürgerkrieg auf Sierra Leone über und forderte auch dort viele Opfer.

Exodus der Diözese Gbarnga

Liberianisches Sprichwort:

Termiten, die in ihrem Lebenssystem gestört werden,
lassen sich nicht beirren.
Sie finden neue Wege, um zu überleben.

Anfang 1994 vernahmen wir im BBC *„Focus on Africa"*, die Nachricht von ständigen Überfällen der Rebellengruppen im Norden und Süden sowie einer Attacke auf das Hauptquartier von Charles Taylor in Gbarnga, in dessen unmittelbarer Nähe auch wir uns befanden. Uns waren die Konsequenzen bewusst. Es war ein brutaler Kampf um die Vorherrschaft der drei Rebellengruppierungen in Liberia. Die verfeindeten Rebellen aus den unterschiedlichen Stämmen forderten Charles Taylor heraus. Der Rebellenführer verlor immer mehr die Kontrolle über seine Kindersoldaten.

Am 7. September 1994 am Abend kam Bischof Benedict Sekey zu uns und warnte uns vor einem schrecklichen Überfall und einen Zusammenstoß mit feindlichen Rebellen. Er wollte noch einmal den Erzbischof aufsuchen, um mit ihm die bedrohliche Situation zu besprechen. Aber es sollte anders kommen. Noch am selben Abend verließ der Bischof mit einem UNMIL-

Hubschrauber den Ort Gbarnga – zum Glück, denn sein schwaches Herz hätte die Ereignisse des nächsten Morgens wohl nicht verkraftet.

Es war der 8. September 1994, Gedenktag der Geburt Mariens: Oberbefehlshaber Charles Taylor befand sich an diesem denkwürdigen Tag gerade in Ghana für ein Friedensgespräch für Liberia. Es war bereits das zwölfte Gespräch mit Vertretern der UN und der Afrikanischen Union, bei dem um eine friedliche Lösung gerungen wurde. Für die Rebellen war dies ein guter Zeitpunkt, um zu tun, was sie schon längst geplant hatten. So kam es in Gbarnga zu einem der schlimmsten Zusammenstöße zwischen den drei verfeindeten Rebellengruppen während des fast 15-jährigen Bürgerkrieges.

Um fünf Uhr früh schien es so, als ob alle Schlangen von Liberia gleichzeitig aus ihren Löchern schossen und die Bevölkerung attackierten: Alle Generäle von Taylor hatten sich bereits abgesetzt. Sie waren in der Nacht verschwunden! Am Morgen lieferten sich die von allen Seiten eindringenden Kindersoldaten ohne Führung einen erbarmungslosen Kampf. Sie plünderten das Hauptquartier von Charles Taylor und setzten überall Feuer, wo nichts mehr zu holen war. Alle, die ihnen im Weg standen, verloren ihr Leben. Auch unsere Missionsstation wurde ein Opfer der Flammen. Wir flohen mit den Menschen in den Busch. Auch dorthin verfolgten uns die Rebellen: Sie nahmen uns alles, was wir in der Eile mitnehmen konnten, außer unserer Kleidung am Körper und unser Leben! Alles schien zusammenzubrechen! Das ganze Land wurde in ein völliges Chaos gestürzt, ausgenommen der Hauptstadt Monrovia, die

Abb. 21 Schwester Johanna: „Ein liberianischer Seminarist bereitet im Flüchtlingsdorf Danané in der Elfenbeinküste die Sonntagsliturgie vor: Er steht ganz hinten in Weiß. Wenn man genau schaut, sieht man mich am Tisch sitzend in der Mitte des Bildes." (1995)

bis zur Präsidentschaftswahl von Charles Taylor im
Juni 1996 in der Hand einer Interimsregierung blieb.

Zurück im
Flüchtlingsdorf Danané

Liberianisches Sprichwort:

*Auch wenn die Reisvögel nichts mehr zum Picken finden,
erwartet sie nach einem Wolkenbruch die Überraschung
der köstlichen Würmer auf der nassen Erde.*

Auch wir vier Schwestern wagten gemeinsam mit der ganzen Gemeinde von Gbarnga und unserem Generalvikar Lewis Zeigler, der später der Nachfolger von Bischof Sekey werden sollte, die Flucht durch den Dschungel. Wir waren tagelang unterwegs. Die starke Regenzeit im September machte ein Weiterkommen äußerst schwierig, da wir Bäche, wacklige Bambusbrücken und Schluchten überwinden mussten. Nur mit gegenseitiger Unterstützung und viel Geduld – sofern wir uns in diesem Gestrüpp überhaupt finden konnten – meisterten wir gemeinsam den beschwerlichen Weg in Richtung Grenze.

Alte Leute mussten auf dem Rücken getragen werden, eine Schwester und eine alte Frau mussten überhaupt mithilfe einer provisorischen Trage transportiert werden. Bewaffnet mit dem Rosenkranz in der Hand, holten wir uns die Kraft zum Durchhalten. Wir litten auch an Durst, aber dann kam uns ein starkes Tropengewitter zu Hilfe:

Wir öffneten Hände und Münder, um das erquickende Nass, das vom Himmel fiel, aufzuschnappen und zu genießen. Ein Affe schien auch Mitleid mit uns zu haben. Er warf Bananen von einer Staude. Als er die Freude der Kinder sah, die sich eine Banane schnappten, sprang er lächelnd davon. Er wirkte beinahe menschlich auf uns.

Immer wieder hörten wir in der Ferne Kampfgeräusche. Manchmal marschierten auch Gruppen von bewaffneten Kindern an uns vorbei. Sie musterten uns neugierig, um zu sehen, ob wir vielleicht noch etwas besaßen, das sie uns wegnehmen könnten.

Während dieser Tage gab es keinerlei Tiere mehr im Busch. Die Rebellen hatten auf alles, was sich bewegte, Vögel, Schlangen und anderes Getier geschossen. Am zweiten Tag unserer Flucht kamen wir zu einer Lichtung, wo gerade ein Krokodil auf einer Feuerstelle brutzelte. Beim Geruch des gebratenen Fleisches verspürten wir gleich wieder Hunger. Aber wir konnten der Versuchung widerstehen, und zum Glück hielt dieses Festmahl auch die Rebellen davon ab, uns zu belästigen.

Als wir nach sechs Tagen endlich wieder das Flüchtlingsdorf Danané in der Elfenbeinküste erreichten, wurden wir mit offenen Armen aufgenommen. Unser Bischof war extra von Monrovia nach Abidjan geflogen in der Hoffnung, uns in Danané anzutreffen. Während unseres Marsches hatte es tagelang keine Möglichkeit zur Kommunikation gegeben. Er war sichtlich erleichtert, uns wohlauf in Danané wiederzusehen. Auch unsere Provinzoberin traf am nächsten Tag ein, sie war aus Accra angereist.

Täglich kamen mehr Flüchtlinge in Danané an, der Strom schien nicht versiegen zu wollen. Bischof Sekey rief im Beisein unserer Provinzoberin alle geflüchteten

Schwester Johanna: „In Europa sind Katechisten unbekannt, in Afrika lebt die ganze Kirche durch die Männer und Frauen, die den Glauben durch Katechesen weitergeben. Hier werden im Pastoralzentrum der Diözese Gbarnga Frauen und Männer zu Katechisten für ihre Dörfer ausgebildet." (1996)

Abb. 22

Missionare und Missionarinnen zusammen, um über die Zukunft unserer Diözese zu beraten. Es gab keinen Zweifel daran, dass unsere Mission mit den Tausenden von Flüchtlingen – eine ganze Diözese war nun im Exil – hier in Danané weitergeführt werden sollte. Bischof Sekey gab uns zu verstehen, dass eine Rückkehr in sein Diözesangebiet in Liberia zu diesem Zeitpunkt und für unbestimmte Zeit unmöglich war. Also beschloss er, das Flüchtlingsgebiet in drei Teile aufzuteilen und uns Missionarinnen gemeinsam mit vier Priestern für die Betreuung der Flüchtlinge einzusetzen. Er selbst wollte sich auch um die Gestrandeten kümmern.

Nun war die Ausbildung der Katechisten und deren Einsatz im Flüchtlingslager von unschätzbarem Wert. Wir teilten ihnen ihre pastoralen Aufgaben, dem jeweiligen Stamm entsprechend, in der jeweiligen Stammessprache zu. Es wurde ihnen vom Bischof freigestellt, im Nimba County zu bleiben oder auch in Danané im Exil zu wirken. Vieles hing von den Überlebenschancen in Liberia ab! Ein großes Problem war auch die französische Sprache, die nur wenige von uns beherrschten. Dies war aber für die Kontaktpflege mit den Regierungsvertretern der Elfenbeinküste absolut notwendig.

Allmählich entwickelte sich in Danané eine lebendige kirchliche Gemeinde mit verschiedenen „Kleinen Christlichen Gemeinschaften", den „SCGs", die von den Katechisten in den verschiedenen Stammesdialekten geleitet wurden. Dies half uns, den Alltag in der Fremde, der von Sorgen und Ungewissheit geprägt war, besser zu überstehen.

Drama einer Flucht

Liberianisches Sprichwort:

*Die Vogelmutter wird das aus dem Nest gefallene
Vogel-Baby zurückbringen und füttern.*

Viele der Menschen, die mit uns gemeinsam in den Busch geflohen waren, überlebten die Flucht nicht. Familien wurden auseinander gerissen, manche von ihnen fanden einander nie mehr wieder. Sie erreichten nicht mehr das Ziel. Eine Frau, die ein Mädchen an der Hand hielt, bat uns Schwestern, ihr Kind mitzunehmen, da sie selbst zurückkehren wollte, um ihren sechsjährigen Sohn zu suchen, der in der großen Panik verloren ging. Die Devise lautete: „Lauft, lauft so schnell ihr könnt, bloß weg von hier!" Zögernd versprachen wir der Frau, das zehnjährige Mädchen mitzunehmen in der Hoffnung, unseren Flüchtlingsstützpunkt in Danané zu erreichen und auch die Mutter dort wiederzutreffen. Wir überließen alles, was in jenen dramatischen Tagen im Busch zwischen Liberia und der Elfenbeinküste passieren sollte, der Vorsehung Gottes.

Es gesellten sich noch weitere Kinder zu uns, die ebenfalls ihre Eltern verloren hatten. Obwohl die Umstände schrecklich waren, fühlten wir uns doch auch irgendwie behütet mit diesen Kindern. Die marschierenden Kindersoldaten, von denen wir immer wieder kontrolliert wurden, taten uns kein Leid an. Mit ihren Waffen fühlten sie sich uns gegenüber überlegen. Sie raubten uns zwar alles, was wir zum Überleben gebraucht hätten, aber zumindest blieben wir am Leben.

Als wir nach einer Woche vollkommen erschöpft die Elfenbeinküste erreichten, fehlte keiner aus unserer kleinen Gruppe, die sich unterwegs zusammengefunden hatte. Mütter mit ihren Babys am Rücken hatten sich ebenfalls uns angeschlossen. Während der Flucht unterstützten wir uns gegenseitig. Eine der Frauen zeigte auf ihr Kind im Tragetuch und meinte: „Schwester, das ist alles, was mir geblieben ist – ich danke Gott dafür!"

Nach zwei Wochen traf auch Dina, die Mutter, die sich auf die Suche nach ihrem sechsjährigen Sohn gemacht hatte, in Danané ein, allerdings ohne ihr Kind. Weinend erzählte sie, dass sie vielen Menschen begegnet war, die nach Gbarnga zurückkehren wollten, um Angehörige, vor allem ihre Kinder, zu suchen. Doch die Kämpfe, die dort tobten, hinderten sie an der Rückkehr. Zumindest konnte Dina ihre zehnjährige Tochter Elsa in Danané wiedersehen. So blieben sie gemeinsam im Flüchtlingsdorf und hofften weiter auf ein Wunder.

Nach drei Monaten meldete sich eine Frau bei uns, die einen kleinen Buben an der Hand führte. Sie erkundigte sich nach einer Frau namens Dina und deren Tochter Elsa, die laut UNHCR im Flüchtlingscamp Danané aufgenommen wurden. Kaum zu glauben, aber es stellte sich heraus, dass der kleine Bub namens Victor tatsächlich Elsas Bruder war. Das Wiedersehen war ergreifend. Wir alle weinten vor Freude und wünschten uns, noch mehrere solche Wiedervereinigungen von Familien erleben zu dürfen. Dina erkannte ihren Sohn kaum wieder. Er war in den drei Monaten ziemlich gewachsen, sah gut genährt und auch gepflegt aus.

Die Geschichte der Frau, die sich in den drei Monaten um Victor gekümmert hatte, war ebenso bewegend wie auch das Wiedersehen von Victor und seiner Mutter Dina. Diese Frau wohnte in Tapita, nahe dem Küstengebiet, wo es bis zu diesem Zeitpunkt kaum zu Kampfhandlungen gekommen war. Tapita verfügt über eine katholische Pfarre. Pfarrer Pater Sweeney war damals gerade zurückgekehrt von seiner ersten Flucht, um nach den Unruhen in der Pfarre ein wenig nach dem Rechten zu sehen. Eines Tages war die Frau mit einem fremden Buben zu ihm gekommen und bat ihn um Hilfe, die Mutter dieses Kindes wiederzufinden. Da er nach Ganta, dem großen Grenzort zwischen Guinea und der Elfenbeinküste, reisen musste, versprach er ihr, dort Erkundigungen über liberianische Flüchtlinge einzuholen. Es war bekannt, dass Tausende aus dem Kampfgebiet rund um Gbarnga auf der Flucht waren. Ganta war ein Durchzugsort der Flüchtlinge. Dort waren auch das Rote Kreuz und das UNHCR, das Hochkommissariat der Vereinten Nationen für Flüchtlinge, stationiert. Sie führten Listen von vermissten Personen.

In Ganta angekommen, erkundigte sich Pfarrer Pater Sweeney nach den Angehörigen des Buben, und tatsächlich erschien Victors Name auf der Liste. Die Angehörigen sollten in Danané bei der Mission Catholique oder im UN-Büro vorsprechen. Übergroß war die Freude von Victors Pflegemutter, als sie diese gute Nachricht hörte. Bald darauf machte sie sich mit Victor auf den Weg, um ihn seiner Mutter und seiner Schwester zu übergeben.

Victor erinnerte sich nicht daran, wie er nach Tapita gekommen war. Er erzählte nur, er sei mit den anderen mitgelaufen, irgendwann eingeschlafen und als er im Busch wieder aufwachte, rief er weinend nach seiner Mutter und Schwester. Die Pflegemutter berichtete, sie habe den Buben rund zweieinhalb Monate zuvor in einer Ecke ihres Gartens zusammengekauert und vollkommen erschöpft gefunden. Sie befürchtete, dass er bereits an Erschöpfung gestorben sei. Doch zum Glück lebte er noch und so päppelte sie ihn wieder auf und gab ihn wohlgenährt und gestärkt seiner Mutter zurück.

Diese großzügige Pflegemutter erzählte uns, dass ihr selbst nur noch eine Tochter geblieben ist. Zwei ihrer Kinder waren bereits an Malaria gestorben, und ihr Mann war mit einem Medizinmann verschwunden. Viele Liberianer wenden sich in verzweifelten Situationen an einen Medizinmann und erhoffen sich durch ihn die Lösung ihrer Probleme. So hoffte auch der Mann von Victors Pflegemutter, durch die in der „Zauberküche" eines solchen Mannes fabrizierte Medizin unsterbliche Heilkräfte zu gewinnen.

Die Pflegemutter versicherte uns, sie wäre jederzeit wieder bereit, mutterlose Kinder aufzunehmen, wie es in Liberia allgemein der Brauch ist. Das hatte sich auch in Kriegszeiten nicht geändert. Während des liberianischen Bürgerkrieges wurde kein einziges Waisenhaus eröffnet. Alle verloren gegangenen Kinder wurden bei Familien oder Müttern untergebracht, die ebenfalls ihre Kinder verloren hatten. Dies geschah unter der Aufsicht des internationalen Roten Kreuzes und der Kirchen.

Als Elsa ihren kleinen Bruder wieder sah, schauten sich beide neugierig an, dann meinte Victor zu ihr: „Du bist also meine Schwester, oder? Wenn Du noch weißt, wie man Marbel spielt, dann glaube ich es dir." So sehr hatten sich die beiden Kinder in der kurzen Zeit ihrer Trennung verändert.

GOTTES WEGE SIND NICHT UNSERE WEGE

Liberianisches Sprichwort:

Auch wenn die Schlange die Eier aus dem Vogelnest raubt, versucht die Vogelmutter, das Nest neu zu beleben.

Die Familie Sonkarley hatte sich entschieden, immer zusammenzubleiben, wann auch immer Gefahr bestand, vor allem auf einer möglichen Flucht. Vater Sonkarley war ein treuer Gemeindeführer der katholischen Cuttington Community, die Mutter eine bemerkenswerte Seelsorgehelferin. Beide waren mit ihren vier Kindern ein Segen für ihre gesamte Umgebung. Sie waren vor allem bei Eheangelegenheiten und speziell bei der Vorbereitung auf die Ehe sehr gefragt.

Bei den Ehevorbereitungen, die wir entsprechend der afrikanischen Mentalität in Familiengruppen organisierten, durften auch größere Kinder teilnehmen. James, der älteste Sohn der Familie Sonkarley, war sehr enttäuscht, dass er mit seinen 14 Jahren von der Mutter mit den Worten zurückgewiesen wurde: „Du bist kein Priesterstudent, und zu jung bist Du auch noch!" Zornig antwortete er: „Priester werde ich nie, ich habe schon eine Freundin, nur damit ihr es wisst!"

Doch es sollte alles anders kommen: Beim Zusammenbruch von Gbarnga am 8. September 1994, als sich Taylors Generäle in die Nachbarländer absetzten, musste auch die Sonkarley-Familie fliehen. Die Mutter schickte den Vater mit den Kindern voraus, sie wollte mit ihrem an Typhus erkrankten Bruder nachkommen. Ihr Mann sollte aber beim UN-Büro in Danané ihren Namen gemeinsam mit den übrigen Familienangehörigen registrieren.

Mit einer Schubkarre führte sie ihren kranken Bruder langsam in Richtung Grenze, aber bedauerlicherweise erreichten die beiden Danané nie. Sie schickte noch eine letzte Botschaft, dass nun auch sie selbst an Typhus erkrankt sei, was ihre Ankunft im Flüchtlingsdorf weiter verzögern würde. Zu dieser Zeit gab es keine medizinische Hilfe, man starb einfach dort, wo man sich gerade befand, und die Tiere des Dschungels taten das Ihrige ...

Später, nach der Rückkehr der restlichen Familie nach Liberia, trat James als Spätberufener in das neu eröffnete Priesterseminar in Gbarnga ein. In der Zwischenzeit war auch sein Vater an Tuberkulose verstorben. James wurde einer unserer ersten einheimischen Priester! Gottes Wege sind nicht immer unsere Wege, sie sind oft unergründlich!

Ein Gemüsegarten
fürs Gefängnis

Liberianisches Sprichwort:

*Auch auf einem mühsamen Weg bringen
Blumen am Wegrand Freude und Mut.*

Auf Einladung der Wachbeamten durften wir 60 inhaftierte liberianische Flüchtlinge im Gefängnis von Danané besuchen. Zu unserem Erstaunen hatten sich im Gefängnishof noch viele andere Häftlinge versammelt, die uns ebenso bittend und flehend anstarrten wie die Liberianer. Man erklärte uns, dass alle 200 Insassen aus den armen Gebieten der umliegenden Nachbarländer gekommen waren, um in der Elfenbeinküste Arbeit zu finden. Hungrig und erschöpft streunten sie auf den Straßen herum. Also steckte die Polizei sie ins Gefängnis. Wir erklärten uns bereit, die liberianischen Flüchtlinge bei uns im Flüchtlingscamp aufzunehmen und auch die Nichtliberianer im Gefängnis zu unterstützen. Die Behörden waren erfreut darüber und gaben sofort ihre Zustimmung.

Unter den Inhaftierten befanden sich auch drei liberianische Frauen, die einem Bestechungskomplott zum Opfer gefallen waren. In ihrer Naivität und Unwissenheit hatte man sie beim Schmuggeln von Marihuana-Gras angehalten und festgenommen. Es gab auch viele talentierte junge Leute unter den Flüchtlingen im Gefängnis, die sich nach einer Arbeit sehnten. Wir überlegten, wie wir diese armen Menschen beschäftigen könnten, um sie in ihrer Würde zu stärken.

Also bat ich wieder einmal meine Freunde in Österreich um Unterstützung für die liberianischen Flüchtlinge, die wir aus dem Gefängnis befreit hatten und auch für diejenigen, die dort noch festsaßen. Meine österreichischen Freunde waren wieder einmal sehr großzügig: Die Katholische Frauenbewegung der Diözese Sankt Pölten unterstützte unsere Arbeit mit den Frauen, deren Fortbildung sowie deren Selbsthilfe innerhalb und außerhalb der Gefängnismauern tatkräftig. Die Fastenaktion der Diözese Sankt Pölten finanzierte hingegen die Ausbildung von Männern in verschiedenen Berufen, darunter wurden einige von ihnen auch als Gärtner ausgebildet.

Mit den Spenden aus Österreich konnten wir auch ein Stück Land kaufen, das unmittelbar an das Gefängnis grenzte. Dort entstand ein kleiner Garten. Die Gefängnisinsassen konnten nun diesen Garten bestellen. Diese Arbeit war ein Ansporn für sie und bereitete ihnen große Freude.

Außerdem konnten wir auch für die Flüchtlinge im Camp ein Stück Land erwerben und auch dort einen Garten für die vielen Flüchtlinge anlegen. Im Flüchtlingscamp gab es nie genug zu essen. Deshalb war es besonders wichtig, wenigstens die Kinder auf diese Weise mit vitaminreichem Gemüse und Obst versorgen zu können.

Jesus verurteilt die Sünderin nicht (Mafa) Abb. 23

Stehlen, um zu überleben

Liberianisches Sprichwort:

Richte dich nicht nach der Eidechse,
die am Abend ihre Farbe wechselt.
Es ist besser, auf das leise Hissen der Bananenschlange zu achten,
ihre Farbe ist immer grün, morgens wie abends!

Die Flüchtlingspolizei in Danané rief uns eines Tages zu einer Besprechung ins Gefängnis. Hier saßen vor uns neun ältere Buben und starrten ins Leere.

Plötzlich sprang einer von ihnen auf und rief: „Ich weiß, Schwester, dass Stehlen nicht richtig ist. Ich bin gemeinsam mit meiner Großmutter aus Monrovia geflüchtet. Wo meine Eltern und Geschwister sind, das wissen wir nicht. Aber jetzt muss ich auf meine Großmutter aufpassen. Ich habe ja niemanden mehr außer meiner Old Ma und meinen Freunden hier. Immer wenn wir zum UN-Büro kommen und dort um einen Essensbon für den nächsten Monat bitten, sagt man uns, dass unsere Namen nicht auf der Liste stehen. Niemand hilft uns! Jeden Tag leiden wir an Hunger. Meine Großmutter ist mittlerweile krank geworden. Sie ist verzweifelt und weint sehr oft."

Endlich konnte ich den aufgeregten Buben fragen, warum sie denn eigentlich im Gefängnis gelandet waren, worauf er antwortete: „Wir sind jeden Tag zum großen Markt in Danané gegangen und haben dort um Essen gebettelt. Einmal wollten wir Old Ma eine besondere

Freude machen und haben eine Schale Reis[19] aus einem großen Sack mitgenommen. Wir glaubten, dass es niemand bemerkt hatte, aber irgendjemand hat uns doch gesehen und verraten. Also sind wir jetzt hier gelandet. Bitte, Schwester, hilf uns, denn sonst wird Old Ma sterben, wenn wir nicht bald zur ihr nach Hause kommen."

Obwohl der Gefängniswärter kein Wort von unserem Gespräch verstanden hatte, war er doch sichtlich gerührt von der Szene mit den aufgeregten Buben. Er erklärte uns, wir dürften die Jungen mitnehmen, da er darauf vertrauen konnte, dass wir sie unter unsere Fittiche nehmen würden. Er hoffe jedoch, dass es zu keinen weiteren Vorfällen mit den Flüchtlingen kommen werde und sie keine Minderjährigen mehr einsperren müssen.

Die Buben erhielten Rationskarten für die monatliche Nahrungsmittelvergabe. Wir fanden für sie auch einen Platz in einer unserer Flüchtlingsschulen.

---

19 Reis ist das wichtigste Grundnahrungsmittel der Liberianer. Ohne die tägliche Portion Reis und den Pfeffer wird der Liberianer nicht satt. In der Elfenbeinküste ist Reis weniger populär als der Couscous. Für die Flüchtlinge in der Elfenbeinküste war der Reis eine Rarität, denn bei der Nahrungsmittelvergabe der UNO wurde nur getrockneter Weizen in die Flüchtlingscamps geliefert, der nahrhafter ist als Reis. Wie wichtig der Genuss von Reis für Liberianer ist, zeigte sich auch im Jahr 1979, als es in Monrovia zu den sogenannten „Reisunruhen" kam. Die Tolbert-Regierung hatte den staatlich regulierten Handelspreis für Reis so stark angehoben, dass sich die arme Bevölkerung Liberias dieses Grundnahrungsmittel nicht mehr leisten konnte. Auf den Straßen von Monrovia kam es zu gewaltsamen Protesten. Die Folge davon war ein Jahr später der Putsch von Samuel Doe.

Ein Clan aus dem Stamm der Mano mit tiefen Wurzeln

Liberianisches Sprichwort:

*Grapefruits neigen dazu, früh vom Baum zu fallen.
Aber nur diejenigen, die am Baum ausreifen, sind genießbar
und tragen gute, ausgereifte Samen.*

Weihnachten im Exil im Jahr 1994 war für alle im Flüchtlingsdorf Danané ein unvergessliches Familienfest, so auch für die Familie des achtjährigen Charles und seiner sechsjährigen Schwester Teresa, die auch bei dem Weihnachtskrippenspiel mitwirkten. Charles spielte den heiligen Josef und seine Schwester die Mutter Maria, die ihre kleine Schwester Etta als Baby Jesus am Rücken trug.

Mit ihren außergewöhnlichen Stimmen berührten sie viele Herzen. Charles sang mit seiner klaren Stimme die gesamte Weihnachtsgeschichte, die Teresa mit der Sassaa begleitete. Alle anderen anwesenden Kinder vom Flüchtlingslager verkörperten Engel, Hirten und Schafe. Es war ein wunderbares himmlisches Schauspiel, die Geschichte der Heiligen Familie mit so vielen mitwirkenden Engeln, Schafen und Hirten so lebendig dargestellt zu sehen und ihre kindlichen Stimmen zu hören. Als Charles das Gloria der Engel anstimmte, wollte das Singen und Klatschen des Publikums kein Ende nehmen. Alle waren begeistert.

Als Esther, die Mutter von Charles, nach dieser bewegenden Weihnachtsfeier ihre Kinder heimholen wollte, rief ihr einer der „Hirten" zu: „Dein Charles hat ja gesungen wie ein Pfarrer." Und von mir hörte sie noch die scherzhafte Bemerkung: „Vielleicht übt er sich ja schon für seinen zukünftigen Beruf ein, wer weiß?"

„Ach Schwester", erwiderte sie, „ich warte doch schon so sehr darauf, dass mein einziger Sohn mir einmal zur Seite stehen wird. Er ist zur Zeit der einzige Stammhalter meiner Familie und soll einmal für die Zukunft der nächsten Generation sorgen." Darauf antwortete ich: „Esther, auch wenn Charles wirklich zum Priester berufen wäre, würde Gott deine Familie nicht aussterben lassen, das versichere ich dir." Damals ahnten wir beide nicht, dass sich diese Aussage bewahrheiten sollte.

Viele Jahre später, als Charles nach seiner Priesterweihe während seiner Primizmesse wieder das Gloria während der heiligen Messe anstimmte, kamen in mir viele dankbare Erinnerungen an diese Zeit in Danané hoch.

Im Mittelpunkt von Father Charles' Berufung steht seine Familie, die eine wichtige und auch außergewöhnliche Rolle in seinem Leben spielte. Charles stammt aus dem Stamm der Mano, der in der Provinzstadt Sanniquellie im Nimba County beheimatet ist. Die Großfamilie Ghono spielte immer eine wichtige Rolle in der Region, sowohl im gesellschaftlichen als auch im kirchlichen Bereich. Schon seit Beginn der 1960er-Jahre gehörte diese Familie zum Grundbestand der katholischen Mission in Nimba. Die Ältesten der Familie konnten sich noch an die ersten Missionare der *„Society for African Missions"* und an unsere ersten F.M.M.-Schwestern erinnern.

Alle Kinder der Ghono-Familie besuchten die von unseren Schwestern geführte katholische Schule in Sanniquellie. Charles' Vater Josef, ein Lehrer, unterrichtete auch an unserer Schule. Seine Mutter Esther kümmerte sich um den Haushalt der Großfamilie, die aus drei Kindern sowie Großeltern und zwei Tanten bestand. Esther war es auch möglich, die von unseren Schwestern eröffnete Haushaltungsschule, übrigens die erste dieser Art in Liberia, zu besuchen. Die beiden größeren Kinder, der achtjährige Charles und seine sechsjährige Schwester Teresa, fanden ebenfalls Aufnahme in unserer Schule. Das einjährige Baby wurde schon am Rücken der Mutter in die Haushaltungsschule mitgenommen.

Dieses harmonische Familienleben wurde 1989 plötzlich durch einen Schlaganfall von Vater Josef unterbrochen. So verlor er mit 38 Jahren seine Arbeit. Das war für die Familie ein großer Schlag. Dazu kam noch Ende 1989 der Einbruch der Rebellen in Nimba County, wodurch sich ein Krieg in der Region ankündigte, der ihr Leben für immer veränderte.

Die Familie von Charles schloss sich der ersten Flüchtlingswelle in Richtung Grenze zur Elfenbeinküste an. Esther trug ihre Baby Etta am Rücken. Gleichzeitig führte sie ihren Mann Josef, der aufgrund des Schlaganfalls am linken Bein gelähmt war, auf einer Schubkarre ins Exil. Die beiden größeren Kinder folgten ihren Eltern und trugen dabei die wenigen Habseligkeiten auf dem Kopf. Die betagten Großeltern blieben hingegen zurück und wurden von den Tanten tief in den Busch, auf die sogenannte Ghono-Farm, gebracht. Aus Furcht vor Vergewaltigung durch die Rebellen flüchtete die jüngere der beiden Tanten ebenfalls zu uns nach Danané.

Ich bewunderte Esthers Starkmut, der aus einem überzeugten Glauben kam. Sie beklagte sich nie über ihr Schicksal. Für Josefs Genesung konnte in dieser

Situation aus Mangel an ärztlicher Versorgung nur wenig getan werden, aber Charles und Teresa fanden in unserer Flüchtlingsschule in Danané Aufnahme.

Ich erkundigte mich immer wieder nach dem Befinden des Mannes und der Familie. Einmal bekam ich zur Antwort: „Wir Ghonos sind ein starker Stamm mit tiefen Wurzeln!" Die Kinder erlebten auch in dieser schwierigen Zeit des Exils den stark verwurzelten Glauben ihrer Eltern an die Vorsehung Gottes. Diese würde auch später noch sichtbar werden, wie wir erleben sollten.

Aufgrund von Josefs besorgniserregendem Gesundheitszustand beschloss die Familie, nach fünf Jahren im Exil in die alte Heimat zurückzukehren, wo Josef 1995 im Kreis seiner Familie starb. Wie es Brauch ist in afrikanischen Großfamilien übernahm ein Onkel fortgeschrittenen Alters die Verantwortung für die Familie.

Charles setzte seine Schulausbildung mit einigen durch den Krieg bedingten Unterbrechungen in Sanniquellie und an anderen Orten fort. Im Alter von nahezu 20 Jahren bat er um Aufnahme in das wiedereröffnete Priesterseminar in Gbarnga. Kurz zuvor war seine Schwester Teresa Mutter eines Sohnes geworden, und damit schien für Charles der Weg frei, seiner Berufung zu folgen. In späteren Jahren sicherte auch die jüngere Schwester Etta den Fortbestand der Familie Ghono, indem sie zwei Söhnen und einer Tochter das Leben schenkte.

Charles ist der erste Priester, der nach dem Bürgerkrieg am 21. Februar 2013 in der Diözese Gbarnga geweiht wurde. Nach drei Jahren in der Seelsorge schickte ihn sein Bischof für ein weiteres Studium der Dogmatik nach Rom, um später einmal im Priesterseminar in Liberia unterrichten zu können.

Abb. 24   Father Charles Ghono trifft im Sommer 2019 nach Abschluss des Lizentiatsstudiums in Rom „seine" Schwester Johanna Datzreiter in Wien. Ihr verdankt er, wie er sagt, nicht nur seinen Glauben, sondern auch seine Berufung zum Priestertum. (2019)

Dieser besondere Weg der Vorsehung Gottes sollte für die Familie Ghono wieder sichtbar werden, als ein Jahr nach Charles' Priesterweihe die gefürchtete Ebola-Epidemie in Liberia ausbrach. Davon und vom wunderbaren Überleben der Familie Ghono werde ich später noch berichten.

Eine wunderbare Vorsehung war es auch, dass unser österreichischer Missio-Nationaldirektor, Pater Karl Wallner, Charles vor einigen Monaten zufällig in Rom traf und ihn daraufhin nach Wien eingeladen hat. Welch eine schöne Überraschung war es für mich, ihm nach eineinhalb Jahren in der Missio-Zentrale wieder zu begegnen. Mit keinem der liberianischen Seminaristen und Priester war ich so eng verbunden wie mit Charles und auch mit seiner Familie, die ich seit unserer gemeinsamen Zeit im Flüchtlingscamp zutiefst schätzte.

Ich war tief gerührt, als Charles mir in Wien erzählte, dass er immer noch jeden Tag nach der Kommunion ein Gebet spricht, das ich ihm während der Vorbereitung auf seine Erstkommunion in Danané beigebracht hatte: „Herr Jesus, ich glaube an Dich. Du bist das Brot des Lebens. Ich danke Dir und bete Dich an. Ich gebe Dir mein Herz. Fülle es mit Liebe für Dich und meine Brüder und Schwestern. Hilf mir, Dir in rechter Weise nachzufolgen jeden Tag meines Lebens. Amen."

Die langen Jahre des Leidens, mitgetragen durch die Missionskirche, haben zu neuen Berufungen geführt. Der Baum des Evangeliums, gepflanzt in der afrikanischen Erde, bringt nach langem Wachstum seine afrikanischen Früchte hervor. Ich danke Gott, dass ich gemeinsam mit meinen Mitschwestern bei der Pflanzung dieses Baumes mithelfen durfte.

ALTE TRADITION
ODER EIN RUF GOTTES?

Liberianisches Sprichwort:

Der Reisvogel sagt zum Pfeffervogel:
„Ich bin viel wichtiger als du, weil ich mit meinen Freunden die
Feinde vom Reisfeld verjage. Auf diese Weise werden
die Menschen später nicht an Hunger leiden und sich über den
Reis freuen." „Ja, ich weiß, dass Reis unser Hauptgericht ist,"
antwortet der Pfeffervogel,
„aber bedenke: Reis ohne Pfeffer schmeckt nicht!"

Milton und Flomo, zwei Brüder aus dem Stamm der Mano, arbeiteten fleißig auf der Zuckerrohrfarm ihres Vaters in Yekepa, der durch seinen Fleiß ein angesehener Mann geworden war. Da Saye, der erstgeborene Sohn, an Masern gestorben war, war es Pflicht, aber auch Selbstverständlichkeit, dass Milton, der zweite Sohn, das Erbe seines verstorbenen Bruders antreten würde. Der Wohlstand des Vaters ermöglichte den beiden Brüdern eine gute Schulbildung in unserer Missionsschule von Yekepa.

Der Kontakt zur katholischen Kirche wirkte sich positiv auf beide Brüder aus, da sie sich eifrig auf die Taufe vorbereiteten. Die beiden Brüder kamen immer gerne zum Gebet in unserer Kleinen Christlichen Gemeinschaft, in der „SCG". Sie ließen sich in ihrem Glaubenseifer nicht beirren, trotz des Unverständnisses ihres Vaters, für den es viel wichtiger war, die Tradition und Sitten der wohlhabenden Familie aufrechtzuerhal-

Ein Treffen von Katechistenehepaaren der Diözese Gbarnga im Bong County. Der österreichische Missio-Rosenkranz in den fünf Farben der Kontinente gefällt sehr und wird fleißig verwendet; eine Katechistin (2. von links) hält ihn stolz in der Hand. (1990)

Abb. 25

ten. Demnach sollte der ältere der beiden Söhne den großen Besitz und das Erbe weiterführen. Sein jüngerer Sohn Flomo sollte ebenfalls auf der Zuckerrohrfarm mitarbeiten, um später einmal, wenn sie die reichsten Besitzer des ganzen Dorfes sein würden, den Reichtum mit seinem Bruder teilen zu können.

Als 1979 in der Diözese Gbarnga die erste Katechistenausbildung startete, wollte der 19-jährige Milton an dieser Ausbildung teilnehmen. Sein Vater wurde wütend, als er von dieser Absicht erfuhr. Milton verteidigte hingegen sein Vorhaben mit dem Argument, dass sein Bruder Flomo viel mehr am Zuckerrohrgeschäft interessiert sei als er. Diese Aussage machte den Vater noch wütender, und er schrie voll Zorn: „Du wirst unsere Tradition fortsetzen und kein anderer! Deinen Bruder wirst Du brauchen, um ein reicher Mann zu werden, dann wird für euch beide das Erbe zufriedenstellend sein. Aber unsere Stammestradition wirst Du nicht ändern! Es gibt dazu nichts mehr zu sagen!"

Milton, den ich schon seit seiner Kindheit kannte, klagte mir immer wieder sein Leid. Ich ermutigte ihn, sich auf Gottes Stunde vorzubereiten – durch die Treue zur Kirche und zur christlichen Gemeinschaft im Dorf, durch ein gutes Familienleben, das er mit seiner jungen Ehefrau begonnen hatte und durch den Respekt den Älteren gegenüber, besonders gegenüber seinem Vater und seiner Mutter. Schon bald wurde er zum Dorfleiter gewählt, und auch seine Frau war durch ihre Offenheit und durch ihren Eifer bei den Dorfbewohnern beliebt. Die beiden Brüder arbeiteten fleißig auf ihrer Farm. Da sie mit ihrem Zuckerrohrgeschäft erfolgreich waren.

kritisierte der Vater seine Söhne nicht mehr wegen ihrer Teilnahme am kirchlichen Leben.

Nach zehnjähriger Geduldsprobe, während der beide Brüder gereift waren, änderte sich plötzlich alles über Nacht. Als zu Weihnachten 1989 Charles Taylors Rebellen vom Nordosten in das Nimba County eindrangen, war auch der Besitz der Familie von Milton und Flomo von den Plünderungen der Kindersoldaten betroffen: Im Nimba County gibt es einen fruchtbaren Nährboden für Bambus und Zuckerrohr. Die Kindersoldaten, denen die Unterernährung anzusehen war, stürzten sich auf alles Essbare, das ihnen unterkam. So wurde auch die Ernte der Zuckerrohrfarm von Milton und Flomo zum süßen Genuss für diese halbwüchsigen, mit Gewehren bewaffneten Kinder. Die Kindersoldaten plünderten die prachtvollen Felder und hinterließen ein verwildertes Chaos. Für den betagten Vater von Milton und Flomo wurde dieser Schicksalsschlag zum Verhängnis. Er kniete händeringend vor den verwüsteten Feldern und starb kurz danach.

Milton und sein Bruder flüchteten mit ihren Familien und ihrer Mutter zur Elfenbeinküste, wo wir uns in Danané, dem liberianischen Flüchtlingsdorf, wiedertrafen. „Wo you say now, how you feel, yah?", fragte ich Milton im gewohnten liberianischen Englisch nach seinem Wohlbefinden. Wie vom gleichen Geist beseelt, antwortete er mir mit einem Satz aus dem Buch Hiob: „Gott hat gegeben, Gott hat genommen, *praise the Lord!*"

Auf seinen früheren Glaubenserfahrungen aufbauend, erhielt Milton mit vier anderen Anwärtern, zwei Männern und zwei Frauen, eine zweijährige Katechistenausbildung. Auf Grund des Bürgerkrieges fand diese Ausbildung in Danané statt. In dieser schwierigen Situation gab es keinen Mangel an pastoralen Erfahrungen und Einsätzen, besonders in der Flüchtlingsseelsorge.

Am Ende ihrer Ausbildungszeit wurden die Katechisten durch den lokalen Bischof gesendet. Die Feier stand ganz im Zeichen der Inkulturation. Die KandidatInnen sollten einen aus Zuckerrohr- und Bambusstäben gebildeten Durchgang durchschreiten. Dieser Durchgang symbolisierte die gewohnte Arbeitswelt der früheren Tätigkeiten, die sie nunmehr hinter sich ließen, um dem Ruf zum Katechisten zu folgen. Der Bischof empfing sie am Ende des Durchgangs und begleitete sie in die Kirche hinein.

Vor der Verkündigung des Evangeliums schritten vier geschmückte Tänzerinnen, die eine Hängematte hielten, in die sie ein Evangelium und fünf afrikanische Bibeln gelegt hatten, feierlich zum Altar, wo der Bischof sie empfing. Nach der Verkündigung des Evangeliums und der Predigt des Bischofs erhielten die zukünftigen Seelsorger die afrikanische Bibel überreicht, mit dem Auftrag und der Erlaubnis, das Wort Gottes zu verkünden und es den Menschen wahrheitsgemäß und ihrer Lebensweise entsprechend verständlich näherzubringen.

Nach dem Gottesdienst erhielt jeder Kandidat und jede Kandidatin das künftige Wirkungsfeld zugeteilt. Zugleich wurden sie aufgefordert, die Aus- und Weiterbildung der Leiter der neuen christlichen Dorfgemeinschaften, die zu ihrem jeweiligen Pfarrgebiet gehörten, nicht zu vernachlässigen.

Milton leitet nun schon seit 15 Jahren als Katechist eine priesterlose Pfarre mit vier Außenstationen im Nimba County. Von dort aus betreut er noch neun weitere Dörfer. Diese Pfarre schließt auch sein ehemaliges

Heimatdorf ein, weil er dort mit den Dorfbewohnern in ihrer Stammessprache reden kann.

Sein Bruder Flomo, der als Dorfkatechist in seinem Dorf tätig ist, arbeitet gleichzeitig auf der Farm seines Vaters weiter.

Heute kann man bereits die Früchte der Mission im Nimba County erkennen: Miltons Sohn Christopher trat vor fünf Jahren ins Priesterseminar in Gbarnga ein. Als Seminarist sagte er einmal zu mir: „Wenn ihr Schwestern meinen Vater nicht zum Glauben gebracht hättet, dann wäre ich heute nicht im Priesterseminar." Er hofft, einmal die Pfarre, die bisher sein Vater als Katechist so gewissenhaft geführt hat, übernehmen und weiterführen zu können. „Mach dir keine Sorgen, wir brauchen noch Priester aus dem Stamm der Mano. Du wirst nicht zu kurz kommen", versicherte ihm der Bischof.

Ein Blinder führt einen Blinden nach Hause

Liberianisches Sprichwort:

Eine echte Freundschaft benötigt
keinen Diamanten-Austausch.
Ein Pfeffergericht vom gemeinsamen Garten
stärkt unsere gemeinsame Reise.

In Bomi Hills, einem Territorium im Westen Liberias an der Grenze zu Sierra Leone, betreute Pater Garry

Abb. 26 Father Garry Jenkins SMA war in der letzten Welle des Krieges von der zurückweichenden Rebellenarmee entführt worden. Sie hatten den Befehl, ihn zu töten und die Gegenseite zu beschuldigen. Dazu ist es Gott sei Dank nicht gekommen. Er musste durch den Busch nach Guinea marschieren, dort wurde er britischen Diplomaten übergeben. Auf seinem Marsch erlebte er, wie Kinder als Kindersoldaten eingesetzt wurden. Er erlebte auch, wie ihm die Menschen in den kleinen Dörfern, die er durchquerte, Freundlichkeit und Hilfsbereitschaft entgegenbrachten. Nach dem Krieg sah er seine Berufung darin, den Kindersoldaten Schulbildung zu ermöglichen. Sie mussten wieder lernen, aggressionslos mit anderen zusammen zu sein. Sie mussten vor allem Vergebung und Liebe erfahren, um selbst vergeben und lieben zu können. (2006)

Jenkins, ein englischer Missionar von der Society of African Missions, eine Gruppe blinder Jugendlicher. Einmal während eines heftigen Angriffs flüchtete der Priester mit den 14 blinden Buben in das Schulgebäude, wo sie alle unter einem Tisch den Ausgang des heftigen Kampfes zwischen den beiden feindlichen Gruppen NPFL und ULIMO abwarteten. Die „NPFL – National Patric Front of Liberia" wollte das an Sierra Leone grenzende Gebiet einnehmen, weil dort die berühmte Diamantenmine war.

Als Erzbischof Michael Francis hörte, in welcher Gefahr sich die Menschen in Bomi Hills befanden, rief er den Oberbefehlshaber der ULIMO an, den er persönlich kannte, da er ein ehemaliger Seminarist des Priesterseminars war. Mit seiner moralischen Autorität gab er ihm zu verstehen, er habe dafür zu sorgen, dass diese unschuldigen Menschen, besonders die Blinden unter ihnen, sofort befreit werden. „Diese Leute haben nichts mit der Diamantenmine zu tun!", schrie der Erzbischof ins Funk-Radio. „Es wird auf Deinem Gewissen lasten, wenn Du Deine Horde nicht unter Kontrolle halten kannst!" Der Erzbischof forderte den Oberbefehlshaber der ULIMO-Gruppe, der Taylors Rebellen entmachten wollte, immer wieder heraus, wenn es darum ging, Unschuldige zu beschützen.

Und tatsächlich wurde der Angriff auf Bomi Hills abgebrochen, und die meisten Leute kehrten wieder in ihre Dörfer zurück. Einige zogen es jedoch vor, nach Monrovia zu fliehen, wo sie sich sicherer wähnten. Auch die Blinden zogen wieder ihres Weges.

Nach dem Krieg bemühten sich die Überlebenden, ihre Familienangehörigen wieder ausfindig zu machen, wenn diese überhaupt noch am Leben waren. So fanden sich im Jahr 2005 auch zwei blinde Männer in Westpoint, dem Slum von Monrovia, wieder. Sie erkannten einander an der Stimme und an den Erzählungen über die Geschehnisse, die sie gemeinsam erlebt hatten. Da die beiden niemanden in der Hauptstadt fanden, der sie aufnahm, beschlossen sie, gemeinsam nach Bomi Hills zurückzukehren.

So marschierten die beiden los in Richtung Norden. Ein Blinder führte einen Blinden an der Hand. Sie erbettelten ihren täglichen Unterhalt und fanden auch immer einen Unterschlupf für die Nacht. Zum Glück geschah dies im Jänner, während der Trockenzeit, so benötigten sie auch keinen Regenschutz.

Erschöpft, aber auch frohen Mutes, erreichten sie Bomi Hills. Als sie die Stimme von Pater Garry hörten, riefen sie: *„Hallo-ooh, Father Garry,* kennst du uns noch? Wir kommen aus Monrovia, um dir zu danken, dass du uns damals das Leben gerettet hast! *Thank you plenty yah!"*

In der Pfarrschule, die Father Garry vor Kurzem in Bomi Hills eröffnet hatte, war Platz für Jugendliche jeden Alters. Auch ehemalige Kindersoldaten, egal welcher Rebellentruppe sie angehört hatten und unabhängig von Rang und Stammeszugehörigkeit, konnten hier zur Schule gehen. Auch unsere beiden blinden Freunde fanden in der Schule von Father Garry Aufnahme, denn von einer eigenen Blindenschule konnte man damals nur träumen.

Als wir F.M.M.-Schwestern nach zwei Jahren mit dem Katechisten in Bomi Hills einen Fortbildungskurs veranstalteten, trafen wir die Jugendlichen wieder.

Manche von ihnen hatten uns Schwestern erkannt und tuschelten untereinander. Es waren ehemalige Rebellen aus Charles Taylors Truppen, die in Gbarnga stationiert waren. Meine Mitschwester flüsterte mir zu: „Sicher ist einer von ihnen derjenige, der mir abends immer befohlen hat, die Kerze auszulöschen."

Wer wird der Sieger sein?

Liberianisches Sprichwort:

Nur verfaulte Orangen fallen vom Baum.
Die ausgereiften Früchte warten, bis sie gepflückt werden.

Im Jahr 1997 fanden in Liberia Präsidentschaftswahlen statt, und so wurde der Rebellenführer Charles Taylor zum Präsidenten der Republik Liberia gewählt. All jene Liberianer, die noch im Land geblieben waren und bei der Wahl für Taylor stimmten, meinten, es sei besser, ihm eine Chance zu geben. Er sollte nun als Präsident das Land führen und seine Versprechungen – das durch den Bürgerkrieg tief gespaltene und zerstörte Land wieder zu einem neuen Wohlstand zu führen – in die Tat umsetzen. Er hatte Liberia ins Verderben gestürzt. Nun sollte er es wieder aufbauen. Es gab ohnedies zum damaligen Zeitpunkt keine Alternative.

Taylor hatte also sein Ziel erreicht. Viele Liberianer, auch wir, die wir noch im Exil waren, trauten der Sache nicht. Da unsere Missionsstationen im Nimba County von den Rebellen zerstört worden waren, hielten wir es für vernünftiger, die vielen Flüchtlinge im Exil zu betreuen, bis wieder eine gewisse Stabilität in Liberia einkehren würde.

Leider wurde die Hoffnung, dass sich nun alles zum Besseren ändern würde, bitter enttäuscht. Es änderte sich nichts an der Lage, und Taylor verübte weiterhin viele Grausamkeiten gegenüber allen, die für ihn in seiner Machtgier ein Hindernis darstellten.

Eine von Taylors Zielscheiben war der katholische Erzbischof Michael Francis, den Taylor mit allen Mitteln loswerden wollte. Durch öffentliche Verleumdungen und Schikanen versuchte er, die Aufmerksamkeit der Menschen auf sich zu ziehen und die katholische Kirche in Misskredit zu bringen. Eines Tages schrie er am Telefon: „Ich werde alle katholischen Schulen schließen lassen und noch vieles mehr!" Daraufhin antwortete der Erzbischof mit ruhiger Stimme: „Wohin schicken Sie dann Ihre eigenen Kinder?" Darauf wusste Taylor keine Antwort und legte den Telefonhörer zornig auf. Er musste sich eingestehen, dass der Erzbischof ihn mit seiner Schlagfertigkeit übertroffen und besiegt hatte.

Einige Jahre später, kurz vor der Kapitulation im Jahr 2003, schickte Taylor dem Erzbischof einen Brief, den er ihm durch zwei hochrangige Generäle zukommen ließ. Der Inhalt des Briefes enthielt eine Einladung mit einer heuchlerischen Bitte: Der Erzbischof möge doch bitte ins Hauptquartier des Präsidenten kommen, um mit Taylor in dessen Privatkapelle ein Gebet für die Zukunft des Landes zu sprechen. Man würde ihn auch abholen, damit ihm nichts zustoße. Doch der Erzbischof erwiderte: „Herr Präsident, Sie sind durchaus fähig, gemeinsam mit Ihren Vertrauten selbst ein Gebet zu sprechen. Ich finde leider keine Zeit, Ihrer Einladung zu folgen. Ich bin beschäftigt und fühle mich für die vielen Leidenden verantwortlich, die sich aufgrund der politischen Umstände an unsere Kirche wenden, und zwar nicht nur in Liberia, sondern auch in den angrenzenden Flüchtlingslagern."

Danach stellte sich heraus, dass Charles Taylor den Erzbischof loswerden wollte. Sein Plan war, den Erzbischof in einen unterirdischen Tunnel zu schicken, der bis zum Meer ging, und ihn dort verschwinden zu lassen.

Zwei unserer Schwestern, die Krankendienst versahen, kehrten nach der Wahl von Taylor zum Staatspräsidenten von Liberia nach Monrovia zurück, um bei der Versorgung der Verwundeten zu helfen, und zwar sowohl bei den Rebellen als auch der Zivilbevölkerung. Überall konnte man die Toten auf den Straßen von Monrovia liegen sehen. Man kann diese Szenen während der großen Regenzeit kaum in Worte fassen. Cholera- und Typhus-Epidemien waren ausgebrochen. Liberia schien ein von allen vergessenes Land zu sein. Der Genozid in Ruanda im Jahre 1994 und die Kriege auf dem Balkan im ehemaligen Jugoslawien von 1991 bis 2001 rückten die Geschehnisse von Liberia aus dem Fokus der Öffentlichkeit. Es kamen auch keine Reporter mehr ins Land, da es viel zu gefährlich war, sich in Liberia aufzuhalten.

Wir Schwestern konnten auch nicht die Verantwortung für die an Malaria erkrankten Reporter übernehmen, die in Gefahr schwebten. Zwei österreichische UNMIL-Soldaten flüchteten 1994 gemeinsam mit uns, da sie den Rebellen gegenüber machtlos waren. Einer

Abb. 27 Schwester Johanna: „Nach dem Krieg beginnen wir wieder mit dem Schulunterricht. Die Hälfte der Buben und Mädchen waren Kindersoldaten. Die Schulbänke haben sie schon selbst in unserer Tischlerei angefertigt, wo wir sie handwerklich ausbilden." (2006 in Gbarnga)

von ihnen, ein Salzburger, sagte zu mir: „Ohne euch Schwestern wäre ich vor Angst übergeschnappt!" Ich sah ihn verständnisvoll an und sagte lächelnd: „Ja, eure blauen Kappen imponieren den Kindersoldaten nicht. Sie sind ganz andere Kopfbedeckungen gewohnt!"

Eine neue Chance in einer neuen Welt

Liberianischer Spruch:

Auch ein Leopard weint,
wenn die Buschkatze ihm ein Baby raubt,
obwohl er das Gleiche tun wird.

Als ich im Jahr 2000 nach fünf Jahren wieder einmal auf Heimaturlaub in Österreich war, während in Liberia immer noch der Bürgerkrieg tobte, begegnete ich im „Haus der Stille" in Graz zwei Afrikanern, die dort arbeiteten. Zu meiner großen Überraschung stellte sich heraus, dass sie frühere ULIMO-Rebellen waren, die Charles Taylors Kindersoldaten-Armee feindlich gegenüberstanden.

Sie erzählten mir ihre tragische Geschichte und baten mich, bei meiner Rückkehr nach Liberia nicht über unsere Begegnung zu sprechen. Sie berichteten, dass sie nach Danané geflüchtet waren und von dort unter großer Angst und Gefahr über die Grenze nach Ghana gekommen waren. Von dort schlugen sie sich bis zur

Atlantikküste durch. Am Hafen von Akra konnten sie sich in einem Cargo-Schiff verstecken. Nach Wochen des Bangens, auf dem Schiff von der Besatzung entdeckt zu werden, landeten sie schließlich in Europa. Obwohl sie Muslime waren, hatten sie in Liberia die katholische Schule in Bomi Hills besucht. Nach ihrer Ankunft in Österreich nahm sich die Caritas ihrer an. Sie hofften auf ein Visum und auf eine Weiterreise in die USA.

Einer der beiden kniete sich tränenüberströmt vor mir nieder und bat mich, Father Garry Jenkins, den englischen Missionar seiner früheren Schule in Bomi Hills, zu grüßen, sollte ich je dazu die Gelegenheit haben. Außerdem sollte ich Father Garry die Eltern und Geschwister des Geflüchteten ans Herz legen und sie ihm anempfehlen. Sie baten mich um Gebet, denn sie wollten in den USA ein neues Leben beginnen. Später erfuhr ich von Grazer Freunden, dass die beiden minderjährigen Flüchtlinge tatsächlich in den USA Asyl fanden.

7. Kapitel

Meine vierte und letzte Flucht im Jahr 2002

Eine Wanderung durch die „Wüste" mit vielen Wundern!

Liberianisches Sprichwort:

*Auch wenn die Trockenzeit unerträglich ist,
kommt der Regen zur gegebenen Zeit.*

Am 14. Mai 2002 war bei uns in Gbarnga, dem Zentrum aller Rebellenaufstände, wieder Kriegslärm zu hören. Schon frühmorgens sah man Leute, die, ihre wenigen Habseligkeiten am Kopf tragend, den Ort verließen. Wie es schien, stand ein neuer Exodus bevor.

Wir drei Schwestern hatten nicht die Absicht, wieder auf eine „lange Reise" zu gehen und wollten die Geschehnisse abwarten. Es dauerte jedoch nicht lange, bis sich eine alte Frau in Begleitung von drei halbwüchsigen Buben unserem Haus näherte. Sie war die Großmutter dieser drei Jungen und bat uns um Aufnahme für den Tag, da sie ihre Enkel nicht den Rebellen aussetzen wollte und sich bei uns einigermaßen sicher fühlte. Die Mutter der Kinder befand sich am Rückweg von Monrovia, und wir sollten sie am Abend abholen.

Die Situation mit drei halbwüchsigen Buben bei uns im Haus war ziemlich gefährlich, da man uns beschuldigen könnte, ULIMO-Rebellen zu beherbergen, was für alle schlimme Konsequenzen bedeuten würde. Nachdem wir gemeinsam beratschlagt hatten, ließen wir jedoch Barmherzigkeit walten und hießen die Großmutter samt ihrer Enkel willkommen. Vorsichtshalber beauftragten wir die Buben, für ihre Großmutter eine Trage aus Bambusstöcken anzufertigen, damit sie im Fall eines Überfalls, ihre „kranke" Großmutter in den Busch tragen könnten. Auf diese Weise, nämlich dass wir eine kranke Person versorgen mussten, konnten wir die Anwesenheit unserer Besucher im Haus rechtfertigen. Und auf die späteren Ereignisse rückblickend, bestätigte sich wieder einmal, was wir schon oft erfahren hatten: Der Mensch denkt, aber Gott lenkt!

Zu unseren vier Gästen gesellte sich noch eine Familie mit zwei kranken Kleinkindern, von denen das jüngere leider nicht überlebte. Eine andere Mutter suchte bei uns verzweifelt nach ihrem vierjährigen Kind. Alle Zuflucht Suchenden fanden in unserer Eingangshalle Platz, es wurde niemand versteckt, auch keiner der Buben!

Wir drei Schwestern lenkten uns mit Kochen für die Gruppe ab: Schwester Linda bereitete einen Topf Reis mit Pfeffersuppe. Schwester Anita sorgte sich um die Kranken, und ich behielt ständig ein Auge auf die Türe, die Straße und die Umgebung. Wie immer bewachten wir auch unsere kleine Kapelle mit dem Herrn im Tabernakel. Bei Gefahr wusste jede Schwester, was zu tun war.

Gerade als wir mit der Essensausgabe beschäftigt waren, rief einer der Buben: „Sie kommen!" Schwester Linda ließ vor Schreck den Reistopf fallen, und Schwester Anita verschwand sogleich in der Kapelle. Um zu verhindern, dass die acht mit Maschinengewehren bewaffneten Rebellen die Türe mit Gewalt öffneten, ging ich ihnen entgegen. Ich war auf alles gefasst, nur nicht auf das, was dann geschah!

Ohne sich um die im Haus Anwesenden zu kümmern, liefen die Rebellen durch die Zimmer und warfen alles aus den Schränken, wie bei einer wilden Jagd. Einer von ihnen hatte den Reistopf am Boden entdeckt und befahl mir: „White woman, taste the food! We are hungry!"[20] Wie es Landessitte ist, führte ich mit der Hand einen Teil des Reises zum Mund, um zu zeigen, dass das Essen nicht vergiftet war. Nachdem sie den Topf geleert hatten, schrie der Kommandant: „Wo ist der Autoschlüssel? Schnell, wir müssen unsere Familien in Sicherheit bringen. Auch Ihr müsst alle raus hier!" Er beauftragte zwei seiner Untergebenen mit erhobenen Maschinengewehren, uns durch die Hintertüre hinauszutreiben. Vergeblich baten wir, noch schnell unsere Reisepässe im Zimmer suchen zu dürfen. Aber die verfeindeten Rebellen waren bereits im Anmarsch. Kurz darauf hörten wir unsere „Befreier" mit dem bereits vom Krieg beschädigten Auto der Mission davonrasen.

Ohne unsere wenigen Habseligkeiten und vor allem ohne die Pässe traten wir nun unsere vierte lange Flucht

---

20   Weiße Frau, koste das Essen! Wir sind hungrig!

durch den Dschungel an. Immer mehr Flüchtlinge schlossen sich uns an. Einer der Ältesten meinte, dass sich diese „Buben", die für Charles Taylor gekämpft hatten, nun alles aneignen würden, was sie rund um unsere Missionsstation finden könnten. Das sollte sich bewahrheiten, denn als wir nach eineinhalb Jahren zurückkehrten, waren fast alle Häuser, die Schulen, unser Missionshaus und auch die Dorfkirchen rund um Gbarnga geplündert und die Dächer waren abgedeckt.

Wir fühlten uns wie die Israeliten in der Wüste: müde, durstig und oft mutlos. Nach und nach verloren wir auf dieser langen Wanderung Leute, besonders die älteren unter ihnen ließen sich in Dörfern, bei denen wir vorbeikamen, nieder, da die weite „Reise" für sie zu beschwerlich war. Auch die Großmutter mit ihren drei Enkeln wurde immer schwächer und schaffte es nicht mehr weiterzugehen. Sie hatte immer noch die Hoffnung, dass die Mutter der Buben sie suchen und finden würde.

Die Stärksten unter uns zogen weiter, denn wir waren nicht sicher, ob unsere Verfolger nicht irgendwo auftauchen würden. Da wir drei Schwestern nun staatenlos waren, hatten wir keine andere Wahl als zur Grenze nach Guinea zu gehen. Wunderbarerweise begleiteten uns während dieser langen Nächte immer Schutzengel in Menschengestalt!

Am zweiten Abend trafen wir in einem Dorf ein, wo wir gutes Trinkwasser vorfanden. Obwohl wir viel tranken, fühlten wir uns immer noch durstig, was bei Temperaturen von über 35 Grad Celsius verständlich ist. Die Dorfbewohner boten uns ein Nachtlager an

Wiederaufbau nach dem Bürgerkrieg: Die Kindersoldaten hatten nichts anderes gelernt, als sich mit Brutalität und Aggression durchzusetzen. Nach dem Krieg war es wichtig, dass sie ihre Energie in die richtige Richtung lenkten. Das taten sie mit Begeisterung. Hier sieht man ehemalige Kindersoldaten. Die jungen Männer haben mit den Steinen und anderen lokalen Materialien nicht nur die Straßen gebaut, sondern auch gelernt, sich eigene Häuser zu bauen. (2006)

Abb. 28

und zeigten besonderes Mitgefühl uns Schwestern und auch den Frauen und Kindern gegenüber.

Plötzlich hörten wir Motorenlärm, und es erschien ein offenes Auto. Wir erkannten es sofort: Es war ein von unserer Missionsstation gestohlener Jeep. Dreizehn bewaffnete Rebellen sprangen von dem Wagen, sie umkreisten uns und fragten, ob wir Geld für das Auftanken ihres Autos hätten. In diesem Fall würden sie uns mit zur Grenze nehmen. Unser Generalvikar von Gbarnga, Lewis Zeigler, der mit uns auf der Flucht war, schmutzig wie wir alle, erklärte, dass wir selbst alles verloren hatten und zu Fuß unterwegs waren. Wie bei einem Kriegsgericht standen die Soldaten Gewehr bei Fuß vor uns. Wir starrten einander an und bereiteten uns gedanklich darauf vor, hier und jetzt sofort zusammen zu sterben. Schließlich trat einer von ihnen, vermutlich der Kommandant, vor und erklärte, dass sie am nächsten Morgen zurückkehren würden, denn sie hatten Mitleid mit uns. Wir sollten das Geld irgendwie auftreiben, denn innerhalb von zwei Stunden würden wir mit ihrer Hilfe die Grenze erreichen.

Und wieder einmal hatte der Himmel eine wunderbare Rettung für uns vorbereitet: Sobald die Rebellen weg waren und es wieder still wurde, machten wir uns auf den Weg durch die stockfinstere Tropennacht. Da es nun wieder etwas kühler war und wir durch das erfrischende Trinkwasser wieder zu Kräften gekommen waren, erreichten wir bei Morgengrauen ein anderes Dorf, wo wir uns schon etwas sicherer fühlten.

Auf der Durchreise in Guinea

Liberianisches Sprichwort:

*Eine Schildkröte trägt schwer an ihrem Haus,
das sie stets mit sich schleppt.
Obwohl sie nur langsam vorankommt,
können ihr Gefahren nichts anhaben.
Sie ist immer bei sich zu Hause.*

Nach vier Tagen erreichten die Stärksten unter uns die Übergangsbrücke nach Guinea, die wir Schwestern allerdings ohne einen Pass nicht überqueren durften. Die anderen liberianischen Flüchtlinge durften auch ohne Ausweis über die Grenze. Sie fanden Aufnahme im bekannten Nonah-Camp, gleich jenseits der Grenze in Guinea, wo einer unserer Katechisten Campvorsteher und Seelsorger war. Wir schickten ihm durch unsere Begleiter eine Nachricht, dass er für uns Fürbitte einlegen sollte, was er auch sogleich tat. Sonst hätten wir stundenlang auf die Ausstellung eines Flüchtlings-Übergangspasses warten müssen, wie wir aus eigener Erfahrung wussten.

Die Grenzpolizei machte uns darauf aufmerksam, dass wir am nächsten Tag bei der UNO, im Hauptquartier der nördlichsten Stadt N'zerékoré, vorsprechen müssten, denn unser Aufenthalt in Guinea sei nur begrenzt möglich. N'zerékoré war jedoch drei Autostunden, auf schlechten, durch die Regenperiode teilweise schwer passierbaren Straßen, entfernt. Dort war auch der Bischofssitz, wo wir auf eine Aufnahme im Pastoralzentrum hoffen konnten. Es war bereits fünf Uhr am Nachmittag. Wie sollten wir dorthin gelangen – ohne Geld, hungrig und schmutzig, nachdem wir fünf Tage in denselben Kleidern verbracht hatten? God will provide – Gott wird sich um uns kümmern, dachten wir uns. Schließlich hatte Er uns hierhergeschickt, und bis jetzt hatte er uns wunderbar beschützt und mit allem Nötigen versehen. Mit diesem Gedanken ermutigten wir uns gegenseitig, obwohl unser Glaube und auch die Hoffnung langsam zu sinken begannen.

Der bereits erwähnte liberianische Katechist im Nonah-Camp in Guinea verständigte einen anderen Liberianer, der in N'zerékoré als Katechist und Leiter des nördlichsten Flüchtlingscamps tätig war, und er schilderte ihm unsere Lage. Dieser konnte mit dem dortigen Bischof von N'zerékoré in Kontakt treten und ihn um Rat fragen. Sobald der Bischof erfuhr, dass wir Ordensschwestern waren, ließ er uns ausrichten, dass wir mit einem der billigen Buschtaxis zu ihm in die Residenz kommen sollten.

Nach einer abenteuerlichen Fahrt über Stock und Stein in diesem ziemlich gefährlichen Buschtaxi trafen wir gegen neun Uhr abends beim Bischof ein. Er meinte, es wäre schon sooo spät und empfing uns etwas vorwurfsvoll: „Wo kommt Ihr denn eigentlich her, so schmutzig und schrecklich riechend?" Von Müdigkeit und Hunger geschwächt, schilderten wir ihm unsere Geschichte und baten darum, uns niedersetzen zu dürfen, denn wir hatten einfach keine Kraft mehr, lange zu stehen und Erklärungen abzugeben. Der Bischof bezahlte unseren Transport mit dem Buschtaxi, meinte allerdings, dass wir für die Unkosten aufkommen müssten. Auch für die Übernachtung im Pastoralzentrum wäre ein Entgelt zu entrichten, denn das Zentrum hatte noch hohe Bauschulden, was die Diözese sehr belastete. In diesem Augenblick verschwendeten wir jedoch gar keinen Gedanken an das Morgen.

Schließlich versprach der Bischof, uns Essen bringen zu lassen, bestand jedoch darauf, dass wir uns vorher waschen sollten. Natürlich taten wir, wie befohlen, allerdings war es nur eine „Katzenwäsche", denn wir waren viel zu geschwächt und ausgehungert und sehnten uns nach etwas Essbarem. So konnten wir an jenem Abend zum ersten Mal nach vielen Tagen wieder feste Nahrung zu uns nehmen und unseren Hunger mit einem Reisgericht und einem kleinen gebackenen Huhn etwas stillen.

Am nächsten Morgen wurden wir beim UN-Büro vorstellig, aber auch dort ernteten wir nur großes Erstaunen und die Anweisung, uns in Geduld zu üben. Doch abermals erschien ein Engel in Gestalt von Robert Johnny, dem Katechisten von N'zarékoré. Er begrüßte uns herzlich und lud uns sogleich ein, im Camp mit unseren Landsleuten eine Pfeffersuppe zu teilen. Als wir ihm von unserem Geldproblem, der Bezahlung für die Übernachtungen, erzählten, beruhigte er uns sofort und versicherte, dass er uns helfen und für die entstandenen Kosten aufkommen würde. Er nahm seinen Bischof in Schutz und erwähnte zu seiner Verteidigung, dass er und auch viele andere in N'zarékoré schon genug hätten von dem scheinbar ewig dauernden Krieg in Liberia und er deshalb etwas gereizt reagiert hätte. Da auch wir vom Bürgerkrieg in unserer Heimat reichlich genug hatten, gaben wir dem Bischof in diesem Punkt recht.

Erst nach einer dreistündigen Wartezeit händigte man uns am Abend endlich die provisorischen Flüchtlingspässe aus, die wir für die Einreise in die Elfenbeinküste benötigten. Wir durften aber mit dem Pass nur noch bis Abidjan weiterreisen, was nochmals eine Tagesreise von der Grenze entfernt war, um als Staatenlose bei unserer Botschaft vorstellig zu werden.

Als wir im UN-Büro erwähnten, dass wir eigentlich nach Ghana zu unserer Provinzoberin unterwegs waren, die voller Sorgen auf uns wartete, erklärte uns ein UN-Bürokrat, dass dort im Buduburam-Camp in Ghana ebenfalls Tausende liberianische Flüchtlinge untergekommen seien und deshalb eigentlich kein Platz für uns sei. Wir versicherten ihm, dass wir uns in diesem Camp für die Flüchtlinge engagieren wollten, sobald wir wieder einigermaßen zu Kräften kämen. Daraufhin waren die drei UN-Vertreter erleichtert und händigten uns einen Umschlag mit Bargeld aus. Wir sollten uns mit dem Nötigsten versorgen. Obwohl wir noch immer sehr ausgehungert waren, verzichteten wir darauf, neue Kleider und Nahrungsmittel zu kaufen, denn das Geld reichte gerade, um Abidjan zu erreichen.

Mit dem Krankenstransport nach Ghana

Liberianisches Sprichwort:

Ein Zugvogel, aus dem Norden kommend,
trifft einen Pfeffervogel im Süden,
den er wiedererkennt: "Du bist aber spät dran in diesem Jahr",
begrüßt er ihn. "Ich glaube, dir fehlt der Pfeffer,
um lebendig zu bleiben",
meint er scherzend. "Nein", erwidert sein Freund.
"Wir hatten einen Unfall in der Luft.
Einem meiner Freunde wurde bei starkem Gegenwind
ein Flügel verletzt. Wir alle mussten uns
danach seinem Tempo anpassen,
um zusammen das Ziel zu erreichen."

Von der Grenze nahmen wir einen öffentlichen Bus nach Abidjan. Nach zehn Stunden Fahrt erreichten wir am Abend die Hauptstadt der Elfenbeinküste. Da ich mich in Abidjan bereits ein wenig auskannte, wusste ich auch einen Ort, wo wir übernachten konnten. Wir verbrachten die Nacht im CAM,[21] dem katholischen Aufnahmezentrum für Missionare. Am nächsten Morgen gingen wir zur österreichischen Botschaft, wo uns die Botschafterin, eine Oberösterreicherin, sofort empfing. Sie hatte nämlich Nachricht erhalten, dass der Erzbischof von Monrovia uns drei Schwestern aus Gbarnga seit einer Woche vermisste. Weil es jedoch nicht zum ersten

---

21   CAM steht für „Catholique Acceuil pour les Missionaires".

Mal vorkam, dass wir „verloren gegangen" waren, hatten sie auch dieses Mal die Hoffnung nicht aufgegeben. „Mein Gott", rief die Botschafterin, „wie seht ihr denn aus?" Sie nahm uns mit in ihre Wohnung, gewährte uns Unterschlupf für die Nacht, kleidete uns neu ein und fütterte uns, wie es nur eine Mutter tun kann. „Morgen werden wir eure Staatenlosigkeit beenden", versicherte sie uns noch vor dem Schlafengehen.

Am nächsten Morgen wartete jedoch eine neue unangenehme Überraschung auf uns, denn für unsere philippinische Mitschwester gab es keine zuständige Botschaft in Abidjan und somit auch keine Ausreise- geschweige denn Aufenthaltsbewilligung. Für unsere irische Mitschwester war das britische Konsulat in Abidjan zuständig, wo sie ihren neuen Pass erhielt. Ich hatte auch Glück und erhielt innerhalb von zwei Tagen meinen neuen Reisepass von der Österreichischen Botschaft ausgehändigt. Durch Vermittlung von Erzbischof Bernard Agré in Abidjan, der uns persönlich noch von einer früheren Flucht kannte, erhielten wir freien Aufenthalt im dortigen CAM. Wir bestanden darauf, nicht ohne unsere philippinische Mitschwester Linda nach Ghana weiter reisen zu wollen, wussten jedoch, dass ihr als Staatenlose kein Grenzübertritt gewährt werden würde. Obendrein hatten wir auch kein Geld, um Grenzbeamte zu bestechen – was für uns übrigens ohnedies nicht infrage gekommen wäre. Also ersuchten wir wieder um Hilfe beim Erzbischof. Nachdem wir schon so viele Hürden überwunden hatten, gaben wir auch dieses Mal die Hoffnung nicht auf, dass er uns unterstützen würde!

Schwester Linda, die an einem Herzklappenfehler litt, benötigte unbedingt ärztliche Hilfe. Wir wandten uns wieder an den Erzbischof, der nun schon sehr besorgt war. Da sich über der Grenze im Westen Ghanas ein sehr gutes Missionsspital befand, nahm der Erzbischof die Verantwortung auf sich, die kranke Schwester mit einem Blaulicht-Krankenwagen über die Grenze zu bringen. Dieser Krankenwagen gehörte den Missionarinnen der Nächstenliebe in der Elfenbeinküste. „Wir lassen es nicht zu, dass unsere Schwester hier sterben muss, nur weil wir kein Bestechungsgeld den Grenzbeamten aushändigen. Ich werde selbst mit ihr zur Grenze fahren. Die Welt soll wissen, dass wir mutig sind und uns nicht einschüchtern lassen", erklärte der Bischof, der uns Europäerinnen mit dem Bus über die Grenze vorausschickte. Wir hatten ausgemacht, dass wir uns beim ersten Busstop nach der Grenze treffen würden. Dort warteten wir auf den Erzbischof und unsere Mitschwester. So gelang es Schwester Linda tatsächlich, mit dem Spezialtransport unbehelligt nach Ghana einzureisen. Wir konnten die Reise gemeinsam fortsetzen und erreichten nach drei Stunden Fahrt endlich unser Provinzhaus in Winneba an der Westküste von Ghana.

Bei unserer Ankunft im Provinzhaus unserer F.M.M.-Schwestern verkündete uns die Provinzoberin Schwester Louise, dass BBC Radio Focus on Africa die baldige Beendigung des Krieges in Liberia vorhersagte, sofern Charles Taylor das Angebot eines zweijährigen Exils in Nigeria annehmen würde. Die Antwort Taylors war positiv, denn er fühlte sich nicht mehr sicher in Liberia. Für uns hatte das keine große Bedeutung, denn er hätte genauso gut am folgenden Tag seine Meinung wieder ändern können.

So verbrachten wir noch eineinhalb Jahre in Winneba und betreuten unsere liberianischen Flüchtlinge im nahe gelegenen Camp von Buduburam. Der Krieg war offiziell im August 2003 beendet, als Charles Taylor freiwillig nach Nigeria ins Exil ging. Doch es brauchte noch einige Monate, bis wir im Jänner 2004 nach Monrovia zurückkehren konnten.

Nicht alle Flüchtlinge haben sich nach dieser Zeit im Exil entschlossen, wieder in ihre liberianische Heimat zurückzukehren. Viele von ihnen waren in Ghana bereits sesshaft geworden. Sie hatten geheiratet und konnten dort einer Arbeit nachgehen. Das Flüchtlingslager entwickelte sich zu einer Kleinstadt neben Winneba. Seit damals ist auch die katholische Kirche dort mit einer Klinik, drei Schulen und drei Kirchen präsent.

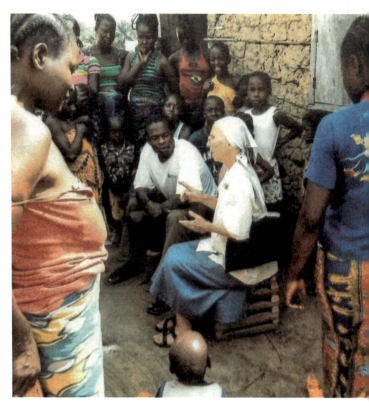

Schwester Johanna: „Nach dem Krieg kehren die Flüchtlinge zurück und bauen ihre Häuser wieder auf. Sie treffen sich in Small Christian Communities, Kleinen Christlichen Gemeinschaften. Der Dortkatechist hört mir aufmerksam zu und übersetzt in die Sprache Manu." (2005)   *Abb. 29*

8. Kapitel

Das Ende des Bürgerkrieges 2003 – ein neuer Anfang

Das Ende einer Scheinmacht

Liberianisches Sprichwort:

*Auch wenn der Brunnen nach der Trockenzeit
kein Wasser mehr gibt, weiß jeder,
dass die Regenzeit bald einsetzen wird.*

Da Charles Taylor seine Macht immer mehr schwinden sah, feuerte er seine Kindersoldaten zu extremen Maßnahmen an: Sie mussten das Blut ihrer Feinde trinken, Glieder abhacken und viele andere schreckliche Dinge tun, um für den Endkampf und den Sieg ganz „high", also wie auf Drogen zu sein. Unter der „Elite" wurden die brutalsten Rebellen von Taylor befördert, die dann die jüngsten Soldaten nach ihrem Gutdünken knechteten. Keiner der jungen Soldaten konnte auch nur eine Schale Reis auf eine „normale" Weise erhalten. Alle

Nahrungsmittel und was die jungen Soldaten sonst noch benötigten, mussten sie selbst erbeuten. Nur die Leibwache des Oberbefehlshabers Taylor war bis zum Schluss mit genug Essen, speziellen Waffen und genug Munition ausgestattet. Doch der Druck auf den Rebellenführer wuchs. Im August 2003 wurde ein internationaler Haftbefehl gegen Taylor wegen seiner Beteiligung an Kriegsverbrechen in Sierra Leone ausgestellt, wo seine Truppen im Kampf um die sogenannten „Blutdiamanten" verwickelt waren.

Schließlich willigte Taylor auf Druck der US-amerikanischen Regierung und der Westafrikanischen Wirtschaftsgemeinschaft ECOWAS ein, zurückzutreten und Liberia zu verlassen. Der nigerianische Präsident Olusegun Obasanjo sicherte ihm hierbei ein sicheres Exil in seinem Land zu. Die Rebellen stellten den bewaffneten Kampf ein, und es wurden 8.000 UN- und ECOWAS-Friedenstruppen stationiert, die unter dem Namen der UNMIL-Friedensmission bis 2018 für den Wiederaufbau in Liberia sorgten.

Nach zwei Jahren im Exil in Nigeria wurde Taylor nach Sierra Leone gebracht, wo der dortige Sondergerichtshof ihn aufgrund seiner Kriegsverbrechen in Sierra Leone verurteilen wollte. Doch die Richter befürchteten, dass Taylor von dort entfliehen könne und verlegten den Prozess aus Sicherheitsgründen an den Internationalen Gerichtshof in Den Haag. Während dieses Prozesses wurde eine Gruppe von ehemaligen Kindersoldaten mit abgehackten Händen dem Gerichtshof im Beisein von Taylor vorgeführt. Sie bezeugten, mit welcher Brutalität der Rebellenführer in seinem Krieg um die Machtherrschaft auf ihre Kosten vorging. Die Konfrontation mit

Abb. 30 Schwester Johanna: „Stolz zeigen diese Kindersoldaten, unter denen auch Mädchen sind, ihre Bibeln, die sie nun anstelle von Waffen in ihren Händen halten dürfen." (2006)

diesen Zeugen war letztendlich für den Urteilsspruch gegen Taylor ausschlaggebend: Am 26. April 2012 wurde Taylor für die Verbrechen gegen die Menschlichkeit und Kriegsverbrechen für schuldig erklärt und das Strafmaß wurde auf lebenslänglich festgesetzt.

Traumatisierte Kindersoldaten ohne Waffen

Liberianisches Sprichwort:

*Ein Tornado kann ein ganzes Dorf zerstören.
Trotzdem locken Sonnenstrahlen wieder
Blumen aus den Trümmern hervor, zur Freude aller.*

Nach der Machtenthebung Charles Taylors war für uns endlich der Zeitpunkt gekommen, mit einem Großteil der Flüchtlinge wieder nach Liberia zurückzukehren. Offiziell war der grausame Krieg zu Ende, doch die 8.000-köpfige Friedenstruppe kontrollierte nun die bewaffneten Kindersoldaten. Es sollte noch ein ganzes Jahr dauern, bis diese vielen jungen Kämpfer ihre Waffen endlich niederlegten. Für die Abgabe einer Waffe wurden 150 US-Dollar bezahlt. Manche der ehemaligen Kämpfer besaßen sogar zwei oder drei Waffen, denn in vielen Fällen waren ganze Familien der Miliz beigetreten, nur um überleben zu können. Mit der Waffe konnte man alles erzwingen. Sonst hatte man nichts mehr vom Leben zu erwarten.

Im Laufe der Zeit begriffen die Menschen, dass alle Versprechungen, die ihnen ihr „Papi" gegeben hatte, falsch waren und niemals Wirklichkeit werden würden. Sie waren entmutigt und enttäuscht von ihrem Anführer und gaben daher freiwillig ihre Waffen an bestimmten Checkpoints ab. Danach stand es jedem frei, eine Schule zu besuchen oder nach Hause in die Großfamilie zurückzukehren.

Es war aber eine sehr schwierige Situation, denn alle hatten Angst vor diesen entwaffneten Kindern und Jugendlichen, am meisten ihre eigenen Familien! Viele von ihnen waren bereits zu alt für einen normalen Schulunterricht. Sie hatten die meiste Zeit ihrer Kindheit als Kämpfer im Krieg verbracht. Außerdem gab es nach so vielen Jahren von Chaos und Gewalt nicht genügend Schulen im Land. Viele der jungen Liberianer hatten sich mit AIDS angesteckt. Sie waren schwer traumatisiert und hatten allerlei körperliche Gebrechen. Durch die Kämpfe hatten viele ein Bein oder eine Hand verloren, was sie zu Krüppeln machte. Andere hatten sich wiederum in den Konsum von Drogen geflüchtet.

„Schwester, ich fühle mich wie nackt ohne Waffe", hörten wir immer wieder. Manche liefen immer noch aufgeregt herum und wussten nicht einmal mehr, wer sie waren. In Monrovia wurde eine psychiatrische Klinik für diese traumatisierten Täter, die gleichzeitig zu Opfern des 15-jährigen Bürgerkrieges geworden waren, eingerichtet. Viele von ihnen hielten es dort nicht aus und liefen wieder davon. Während der Zeit des „Nichtstuns" holte sie ihre Vergangenheit wieder ein, was für die meisten unerträglich war. Wenn man bedenkt, dass Halbwüchsige gezwungen worden waren, den „Feind" zu töten und sogar sein Blut zu trinken, um starke Kämpfer zu werden, dann kann man erahnen, welche psychischen Auswirkungen diese Gräueltaten auf das weitere Leben dieser jungen Menschen hatten.

Um das Ausmaß der Schwierigkeiten beschreiben zu können, denen wir nach dem Krieg in einem komplett zerstörten Land ausgesetzt waren, möchte ich hier noch ein typisches Beispiel anführen:

In Zusammenarbeit mit dem Roten Kreuz, UNHCR und mit NGOs, die auf Traumabewältigung spezialisiert waren, versammelten wir besonders schwierige Fälle von traumatisierten Kindersoldaten in verschiedenen Dörfern jeweils in einem eigenen Haus, um sie dort zu unterrichten und zu beobachten. Dies geschah meistens in der Nähe ihres Heimatdorfes, um sie langsam wieder mit ihren Familien in Kontakt zu bringen.

Ein besonderes Augenmerk legten wir Schwestern hier auf die ehemaligen Soldatinnen! So hörten wir von einem 14-jährigen Mädchen namens Emma, einer ehemaligen Kindersoldatin, die in Totota in einer Gruppe von 15 Soldaten untergekommen war. Die Familie des Mädchens lebte nicht weit weg von Totota, wollte sie aber nicht mehr sehen, weil sie mit ihrer Freundin, die später getötet wurde, davongelaufen war. So kam sie in die Gruppe von Totota, wo sie tagsüber die Zeit mit den Buben verbrachte, was sie ohnedies gewohnt war. Die Nächte über fand sie Unterschlupf bei der Frau eines Lehrers der Dorfschule, deren Kinder bereits außer Haus waren.

In diesem Ort waren auch zwei Polizisten stationiert, die der Tyrannei Taylors vor einigen Jahren entkommen waren. Sie kannten die Jugendlichen und konnten auch mit ihnen gut umgehen.

Abb. 31 Schwester Johanna: „Hier sieht man Burschen, von denen einige Kindersoldaten waren, beim Wäschewaschen. Es war uns auch wichtig, dass Männer Arbeiten verrichteten, die oft als typische Frauenarbeit galten. Und dass sie Hygiene und Sauberkeit lernten." (2006)

Eine Fußballmannschaft aus Kindersoldaten. Schwester Johanna: „Die Leidenschaft der afrikanischen Burschen ist das Fußballspielen. Für die ehemaligen Kindersoldaten ist es wichtig, ein faires Spiel zu lernen. Wie oft habe ich den Satz gehört: Ohne ein Gewehr fühle ich mich nackt! Sie waren voller Aggressionen und mussten lernen, diese friedlich abzubauen." (2006)

Abb. 32

Als ich eines Tages den Dorfkatechisten in Totota besuchte, um den Sonntagsgottesdienst vorzubereiten, hörten wir plötzlich Lärm und entsetzliche Schreie. Ich ahnte sofort, woher der Tumult stammte. Voll Sorge um Emma, die ich eigentlich besuchen wollte, rief ich die beiden Polizisten, die schon unterwegs zur *Rehab-School* – so hieß die neue Schule für die Rehabilitierung von Kindersoldaten – waren. Gemeinsam näherten wir uns vorsichtig der Schule und sahen verstörte Buben schreiend davonlaufen. Auch Emma sah ganz verzweifelt aus, und so nahm ich sie unter meinen Schutz und ging mit ihr ein Stück weg von dem Geschehen.

Einer der Lehrer kam auf mich zu und berichtete: „Ich war gerade am Unterrichten, als einer der Buben hochsprang und mich anschrie: ‚Ich bin General Eunuch. Nieder mit dir! Du hast mir nichts zu sagen!' Plötzlich erschien ein anderer aus der Küche mit einem Messer und schrie den vermeintlichen General Eunuch an: ‚Ich war dein Kommandant – piff, piff –, und ich habe mehr Menschen erschossen als du!' Er fuchtelte gefährlich mit dem Messer herum, so als ob er ein Gewehr in der Hand hätte. Dabei fing er ganz unheimlich zu lachen an, was mir durch Mark und Bein ging, und ich rannte schleunigst davon."

Der Lehrer zitterte am ganzen Körper. Wir wissen nicht, was die beiden mit dem Messer noch hätten anrichten können, wären nicht die beiden bewaffneten Polizisten erschienen. Sie überwältigten die beiden Jugendlichen und führten sie ab.

Ich wandte mich Emma zu und beruhigte sie damit, dass diese beiden Buben nicht mehr in die Gruppe zurückkommen würden. Sie sollte ihr Bestes geben, um ihrer Familie zu beweisen, dass sie in der Schule etwas für ihr weiteres Leben lernen kann. Ich versprach ihr auch, mit ihrer Familie in Verbindung zu bleiben, da wir auch in ihrem Heimatdorf eine Gruppe einer Kleinen Christlichen Gemeinschaft, einer „SCG", starteten.

Es war noch ein langer beschwerlicher Weg für Emma und viele dieser ehemaligen Kindersoldaten, bis sie wieder voll in die Gesellschaft integriert waren. Die Empörung über das Schicksal so vieler unschuldiger Jugendlicher brachte uns Schwestern oft zum Weinen.

EIN FEIND ALS RETTER

Liberianisches Sprichwort:

*Die Süßigkeit der Ananas wird nur verkostet,
wenn die äußere Schale weggeschnitten wird.*

Nach unserer Rückkehr aus dem Exil im Jahr 2004 versuchten wir, in Gbarnga wieder ein neues Vertrauen unter der vom Bürgerkrieg traumatisierten Bevölkerung herzustellen, indem wir die Menschen miteinander in Verbindung brachten. Sie kamen von überall her, von allen Stämmen, und suchten einen Neuanfang in ihrem zerstörten Land.

Während eines Gottesdienstes fiel mir eine junge Frau besonders auf. Ihr linker Arm fehlte, und sie sah sehr verschüchtert und traumatisiert aus. Neben ihr saß ein Mann, der ihr etwas zuflüsterte. Nach der Messfeier ging ich auf dieses Paar zu, begrüßte sie und begann, sie vorsichtig nach ihrer Geschichte zu fragen. Der Mann namens Josef erklärte mir, dass dies seine Frau Mala sei, die im Krieg ihren linken Arm verloren hatte. Sie sei vom Loamah-Stamm, er sei ein Kpelle. Beide Stämme sind sprachverwandt, aber sie waren während des Krieges miteinander verfeindet.

Mala, seine Frau, gab keinen Ton von sich, sondern sah mich nur mit abwesenden Augen an. Bevor sie gingen, bat mich der Mann um ein vertrauliches Gespräch. Wir vereinbarten Ort und Zeit für ein Treffen. Mala wirkte noch sehr jung, auch wenn sie gezeichnet schien von den Dingen, die sie erlebt haben musste. Und so war es auch. Es ist kaum zu fassen, was ich während unseres Gespräches von dem Mann über diese Frau erfuhr.

Mala war zuvor schon verheiratet gewesen und hatte zwei Kinder. Im Jahr 1994, als sich der Zusammenbruch von Gbarnga ereignete, kam neben vielen anderen auch ihr Mann ums Leben. Sie trug ein Baby auf dem Rücken, das andere Kind hielt sie mit ihrer linken Hand fest. Eine Kugel traf das Baby auf ihrem Rücken, was ihr wiederum das Leben rettete. Allerdings wurde das zweite Kind durch eine Kugel ihrer Hand entrissen. Die Rebellen schossen sowohl auf das Kind, das kurz darauf verstarb, als auch auf ihren Arm, der dann später amputiert werden musste. Gemeinsam mit anderen Verwundeten kroch sie blutend durch den Busch.

Diese traurige Geschichte hatte der Mann, ein Dorfkatechist namens Josef, erst zwei Jahre später erfahren, als Mala endlich in der Lage war, über ihr schreckliches Schicksal zu reden. Er hatte Mala bei einem seiner wöchentlichen Besuche im Krankenhaus von Yekepa an der

Grenze zu Guinea kennengelernt, wo er als Spitalsseelsorger tätig war. Eines Tages rief ihn der diensthabende Arzt zu einer Frau, die nicht aufhören konnte zu schreien und zwar in einem unverständlichen Dialekt.

Der Arzt wusste zu berichten, dass Mala überraschenderweise von drei ULIMOs, also feindlichen Rebellen, ins Krankenhaus gebracht worden war. Man hatte dem Arzt erklärt, sie sei offensichtlich die einzige Überlebende, die im Busch gefunden wurde. Alle anderen seien ohnedies bereits tot. Einer der drei ULIMO-Kämpfer bat den Arzt, nicht zu verraten, dass sie mit der Frau hier ins Spital gekommen waren. Später sollte sich herausstellen, dass dieser Rebell den Krieg überlebt hatte und in Gbarnga eine Ausbildung in unserer Missionsstation erhielt. Hier muss ich vorwegnehmen, dass dieser ehemalige Rebell bei der Hochzeit von Mala und Josef anwesend war. Er unterstützte sie auch beim Bau ihres Hauses, wodurch sie einen guten Start in eine bessere Zukunft hatten.

Josef, der Dorfkatechist, hatte während des Krieges seine junge Frau an Typhus verloren. Auch ihr einziges gemeinsames Kind war an dieser Krankheit gestorben. Durch den Schmerz des Verlustes hatte Josef auch großes Mitleid mit Malas Schicksal. Er war auch der Einzige, der sie verstehen konnte, was man an ihren Gesten merkte. Er selbst war ja auch ein Flüchtling und konnte sich daher gut in ihre Lage versetzen. Nach einem langen, heilsamen Prozess des geduldigen Zuhörens und Verstehens fanden die beiden zueinander. Sie heirateten und wurden in der neuen Pfarrgemeinde voll integriert, und der Herr segnete sie mit drei gesunden Kindern.

Unruhestifter im Salala-Flüchtlingscamp

Liberianisches Sprichwort:

*Der Bauer, der seine Reisfelder bestellt, weiß,
dass seine Farm ständige Wachsamkeit benötigt.
Die Reisvögel und andere Geschöpfe
sind eine tägliche Bedrohung für diesen lebenswichtigen Acker.
Auch wenn seine Geduld hart auf die Probe gestellt wird,
gibt der Bauer nicht auf.*

Nach dem Krieg gab es in Liberia unzählige Lager von Binnenflüchtlingen. Das größte befand sich in Salala und war unter dem Namen Lofa-Camp bekannt. Dort waren insgesamt 90.000 Menschen untergebracht. Da unsere Missionsstation in Gbarnga nahezu gänzlich zerstört war, verbrachten auch wir einige Zeit in diesem Camp in einem Haus, das eine Frau mit uns teilte. Auch unser neuer Bischof Lewis Ziegler, dessen Haus in Gbarnga unbewohnbar geworden war, teilte mit einem Team aus Indien und Priestern vom JRS, dem Jesuiten-Flüchtlingsdienst, ein einfaches Haus.

Dort begannen wir mit vereinten Kräften, eine neue Basis für die Zukunft von Liberia vorzubereiten. Wir machten es für 20.000 ehemalige Kindersoldaten möglich, an einem Unterricht in provisorischen Schulen aus Zelten und aus dem Busch zusammengetragenem Holz teilzunehmen. Alle Schulgebäude mussten noch vor Beginn der Regenzeit fertiggestellt werden. Es war ein Provisorium für die nächsten zwei bis drei Jahre. Das Land war so ausgebeutet und zerstört, dass man niemanden in sein Heimatdorf zurückschicken konnte.

Alle Dorfleiter und Katechisten wurden im Camp auf ihre Aufgaben vorbereitet. Zum Glück hatten wir Dorfleiter aus den sechs ethnischen Gruppen im Camp, was die Kommunikation mit den Menschen sehr erleichterte. Alle waren müde von den Kriegswirren, und so trug jeder sein Bestes dazu bei, um eine friedliche Zukunft aufzubauen. Dabei spielte die Stammeszugehörigkeit keine Rolle mehr.

In diesem riesigen Camp in Salala befanden sich auch etwa 900 ehemalige Kämpfer. Niemand wollte mit ihnen leben, sogar Familienangehörige im selben Camp hatten Angst vor ihnen. Diese jungen Leute, die durch die UN registriert waren, waren vollkommen hilflos und verstört. Natürlich verweigerten wir ihnen die Teilnahme am neuen Leben nicht, denn wir hofften, dass es ihnen gelingen würde, durch die Teilnahme am vielfältigen Alltag im Camp neue Impulse zu bekommen und auch eine Ausbildung zu erhalten. Es wurde allen auch eine praktische Tätigkeit und psychologische Hilfe angeboten, damit sie die Vergangenheit langsam verarbeiten konnten. Wir Schwestern kümmerten uns besonders um die ehemaligen Rebellenfrauen und ihre Kinder. Sie begannen, einen schönen Garten anzulegen.

Eines Morgens nach Schulbeginn hörten wir Marschmusik vom anderen Ende des Camps: Eine Horde von Buben marschierte unter lauten Trommel-Klängen durch das Lager und sang dazu patriotische Lieder, was etwas Aufregung verursachte. Uns beunruhigten diese Lieder schon allein wegen ihres politischen Inhalts. Nachdem diese Vorkommnisse nach Monrovia gemeldet worden waren, wurde sofort eine Verstärkung der UN-Truppen nach Salala geschickt.

Die UN-Soldaten fassten die Unruhestifter und machten ihnen klar, dass sie bereit seien, ihnen ihre Unterstützung zuzusagen, jedoch hätten solche Aufmärsche und Kriegsmusik in Liberia keinen Platz mehr. „Ist jemand mit dieser Vereinbarung nicht einverstanden, möge er vortreten," befahl der nigerianische Kommandant der UN-Soldaten. Interessanterweise trat niemand vor. Der Kommandant erklärte nochmals in freundlichem Ton, dass er die Jungen verstehen könne, wenn sie aufbegehrten, aber dies sei der falsche Weg und der würde nicht toleriert werden. Jetzt würde ihre ganze Kraft, die sie früher für den Kampf eingesetzt hatten, für den Wiederaufbau ihres Landes benötigt. Sollte sich jemand diesem Plan widersetzen, würde er von den UN-Truppen nach Monrovia ins Hauptquartier zu einer persönlichen Unterredung mitgenommen werden. Wir alle standen als Zeugen daneben und stimmten zu, dass ein jeder, der sich an Ausschreitungen zum Schaden des Camps beteiligte und damit die Friedensbestrebungen untergraben würde, unseren Beschützern, den UN-Friedenstruppen, übergeben werden müsste.

Dietrich Bonhoeffer:
Lass warm und hell die Kerzen heute flammen,
die du in unsre Dunkelheit gebracht,
führ, wenn es sein kann, wieder uns zusammen.
Wir wissen es, dein Licht scheint in der Nacht.

DIE PFLICHT FÜR KATHOLIKEN,
ANDEREN ZU HELFEN

Nachdem auch die letzten Flüchtlinge nach Gbarnga zurückgekehrt waren, trafen sich Bekannte und Unbekannte am Sonntag beim Gottesdienst in der zerstörten Kirche. Plötzlich brach ein Mann in lautes Weinen aus. Er entschuldigte sich und bat uns, seine Geschichte anzuhören.

„Ich war Pastor einer Methodistengemeinde in Nimba County. Wegen der großen Kämpfe musste ich mit meiner Familie nach Guinea fliehen, wo ich im Nonak-Camp, an der Grenze zu Liberia, gemeinsam mit vielen anderen Flüchtlingen aufgenommen wurde. Das UNHCR versorgte uns nur mit dem Allernötigsten, aber ich bemerkte, dass uns die internationalen katholischen Hilfsorganisationen weiterhin Hilfsmaterialien und nicht nur Nahrungsmittel schickten. Nicht nur unsere katholischen Brüder und Schwestern profitierten von den Hilfstransporten, sondern auch wir, die wir zu einer anderen christlichen Konfession gehören."

Einmal in der Woche versammelte der Katechist William Fokpa die ungefähr 200 Flüchtlinge des kleinen Camps und empfahl allen Nichtkatholiken, zuerst vorzutreten. „Es wurde kein Unterschied gemacht aufgrund von Rang, Religion oder Stammeszugehörigkeit. Er bestand aber darauf, dass die ihm bekannten Katholiken das Ende der Reihe bilden sollten. Darüber war ich sehr erstaunt", erklärte der Pastor und erzählte weiter, dass er unter seinen katholischen Brüdern und Schwestern eine gewisse Missstimmung vernahm. Sie hätten darauf bestanden, als Erstes dranzukommen. Schließlich sei es doch die katholische Kirche, die Unterstützung im Camp anbot.

Doch der Katechist ließ sich nicht beirren: „Für uns Katholiken ist es Pflicht, für andere zu sorgen, denn Gott sorgt ja bereits für uns!"

Der Pastor war von der Haltung des Katechisten tief berührt und sagte: „Ich verdanke die Rettung meiner gesamten Familie den Katholiken. Deshalb bin ich heute hierher gekommen, um mich bei euch zu bedanken. Erlaubt mir, liebe Brüder und Schwestern, für euch alle ein Lied von Dietrich Bonhoeffer zu singen:

Von guten Mächten treu und still umgeben,
behütet und getröstet wunderbar,
so will ich diese Tage mit euch leben
und mit euch gehen in ein neues Jahr.

Noch will das alte unsre Herzen quälen,
noch drückt uns böser Tage schwere Last.
Ach Herr, gib unsern aufgeschreckten Seelen
das Heil, für das du uns geschaffen hast.

Und reichst du uns den schweren Kelch, den bittern
des Leids, gefüllt bis an den höchsten Rand,
so nehmen wir ihn dankbar ohne Zittern
aus deiner guten und geliebten Hand.

Doch willst du uns noch einmal Freude schenken
an dieser Welt und ihrer Sonne Glanz,
dann wolln wir des Vergangenen gedenken,
und dann gehört dir unser Leben ganz.

„Ich habe keine Hände mehr ..."

Liberianisches Sprichwort:

*Auch wenn man einer Schlange den Kopf abhackt,
bewegt sie sich weiter und flößt Furcht ein.
Sie ist aber ungefährlich!*

Ungefähr im Jahr 2004, nach Kriegsende, begegnete ich in Monrovia auf der Randall Street einem Buben, dem beide Hände fehlten. Er grüßte mich mit den Worten: „Hallo Sister, ich kenne dich von *Papis Nest*." So nannten die Kindersoldaten Charles Taylors Hauptquartier neben unserer Missionsstation in Gbarnga.

Beim Anblick seiner Hände erkundigte ich mich besorgt, was mit ihm geschehen war. Also erzählte er: „Ich bin nach Sierra Leone zur Diamantenmine geschickt worden. Wir waren viele und mussten für unseren Papi die Mine bewachen. Eines Tages fand einer von uns in der Nacht kleine Diamanten, und es entstand ein Kampf unter uns. Ich erwischte eines der glänzenden Kügelchen und wollte gemeinsam mit vier anderen Buben flüchten. Fodey Sankoe, der Oberbefehlshaber in Sierra Leone, schickte seine „Helfer" nach uns aus, und sie holten uns an der Grenze zu Guinea ein. Sie hackten unsere Hände ab, in denen wir noch die kleinen Diamanten hielten."

Blutüberströmt, wie verletzte Tiere, krochen die Rebellen über die Grenze und schrien um Hilfe. Da Guinea nicht in den Krieg involviert war, fanden sie Leute in einem Dorf, die ihnen halfen: „Sie sahen, dass wir wehrlos und nahe am Verbluten waren. Zwei meiner Freunde starben in dieser Nacht und wurden von den Dorfbewohnern rasch begraben, ihre Gräber mit viel Buschwerk bedeckt. Für uns drei, die wir die Flucht bisher überlebt hatten, war es sehr gefährlich, entdeckt zu werden. Wir wussten nicht, wo wir uns verstecken sollten, denn die Leute in dem Dorf hatten Angst, uns aufzunehmen. Sollte es bekannt werden, dass sie uns Rebellen aus Charles Taylors Truppe beherbergt und geholfen hatten, dann hätten sie auch große Probleme bekommen. Also blieben wir im Busch und schlichen uns die Grenze entlang bis nach Voinjamah. Dort versuchten wir, von Marktfrauen, die im Grenzgebiet zwischen Liberia und Guinea unterwegs waren, Essen zu erbetteln. Da wir noch nicht gewohnt waren, ohne Hände – nur mit den Stumpen – zu essen, verschlangen wir alles vom Boden."

Auf meine Frage, was er denn jetzt hier in Monrovia so tue, lächelte der Junge, wie nur ein Liberianer lächeln kann und meinte: „Ich habe keine Hände mehr, aber Papi hat mir weder meine Stimme noch meine Freunde genommen. Ich danke Gott dafür! Ich habe hier mit sechs Freunden – zwei von denen wurde „nur" eine Hand abgehackt – eine Musikband gegründet. Wir haben auch Instrumente. Mit meinen zwei Stumpen kann ich sehr gut die Saasaa[22] spielen und dazu singen. Schwester, das klingt sehr gut, ooh ..."

In seiner Begeisterung fing er an zu singen und ahmte dazu im Rhythmus seine Saasaa nach. „Jeden Sonntag gehen wir nach Bushwood Island, um dort auch in der Kirche der Methodisten zu singen. Früher war ich in der katholischen Saint-Christopher-Schule in Kakata, wo Schwester John Josepha uns viele Lieder für Gott beige-

---

22 Afrikanisches Musikinstrument – eine Art Rassel, die der Musiker zum Takt schüttelt.

bracht hat. Ich habe keine Hände mehr, aber ich kann Gott loben und Ihm danken, dass ich noch am Leben bin. Wir besuchen auch das Behindertenheim, um dort zu singen. Dort leben ebenfalls ehemalige Kämpfer, die zu Invaliden geworden sind und nicht mehr gehen können."

Immer wieder betonte er, wie glücklich er doch sei und Gott für sein Leben dankte. Also schlug ich ihm vor, uns einmal in Gbarnga besuchen zu kommen: „Ich hoffe, Du bringst auch Deine Freunde und die Musikinstrumente mit." Aber er sah mich traurig an und antwortete: „In Papis Nest möchte ich nie mehr zurückkehren, *no way, ooh, no way, ooh!*"

Später erfuhr ich, dass es dieser kleinen Musikgruppe von ehemaligen Kindersoldaten einige Zeit danach gelang, in die USA auszureisen. Ellen Johnson Sirleaf, die erste Präsidentin von Liberia nach dem Bürgerkrieg, hatte sich für sie eingesetzt und ermöglichte ihnen, sich in den USA musikalisch weiterzuentwickeln.

Eine Ohrfeige für den Bischof

Liberianisches Sprichwort:

Du kannst dich an einer einzelnen Ameise rächen,
aber unterschätze nicht den Stamm.
Er wird dich in kürzester Zeit die Rache fühlen lassen,
der du lebendig nicht entkommst.

Während nach Beendigung des Krieges 2003 der Prozess der Entmilitarisierung im Gange war und die vielen

Kindersoldaten ihre Waffen abgeben mussten, traf sich das Diözesanteam, um über die Zukunft und Integration der vielen Kindersoldaten zu sprechen.

Einige der Kindersoldaten hatten sich schon bei uns gemeldet und waren auch zu dieser Versammlung eingeladen. Plötzlich stürzte einer der Ex-Rebellen, der als General Ivor bekannt war, zur Tür herein und schrie den Bischof an: „Gib mir Dein Geld! Ich fühle mich wie nackt, nichts ist mir geblieben, kein Gewehr, gar nichts!"

Unser neuer Bischof von Gbarnga, Lewis Zeigler, blickte ihn an und fragte ihn: „Welches Geld? Ihr habt ohnedies alles von uns genommen. Wenn Du etwas Brauchbares hier siehst, kannst Du es gerne nehmen."

Daraufhin versetzte der frustrierte General Ivor dem Bischof eine schallende Ohrfeige. Sofort stürzten sich die anwesenden Burschen, ebenfalls ehemalige Kindersoldaten, auf den Übeltäter: „Dein Kommandant hätte sich das von Dir nicht bieten lassen, er hätte Dich sofort niedergemacht. Diese Leute hier in der Mission wollen uns helfen, damit wir wieder zu Menschen werden können!" Und sie warfen ihn hinaus.

Ivor ging in sich und dachte über das Geschehene nach. Am nächsten Tag schlich er zurück zu seinen Kameraden und bat sie reumütig, ihn wieder in ihrer Gemeinschaft aufzunehmen. Diese wiesen ihn jedoch ab und erklärten ihm, er müsse zuerst den Bischof um Vergebung bitten und um Erlaubnis für seinen Verbleib ersuchen. Ivor war dies natürlich sehr unangenehm. Er hatte schreckliche Angst davor, dem Bischof zu begegnen. So flehte er seine Freunde an, ihn zum Bischof zu begleiten und für ihn einzustehen, ganz wie es die afrikanische Tradition erfordert.

Und so kam es zu einer echten Versöhnung und zu einem Neubeginn, der zum Segen und Wohl vieler Menschen in Gbarnga werden sollte. Dank seiner Geschicklichkeit wurde „General Ivor" sogar zu einem wahren Meister der Tischlerei.

Ehemalige Kindersoldaten bauen an ihrer Zukunft

Liberianisches Sprichwort:

Eine Schnecke sagt nie:
„Ich schaffe es nicht, mein Haus ist zu schwer."
Sie hinterlässt sogar eine Spur, der leicht zu folgen ist.

Nach der Rückkehr in unsere Missionsstation in Gbarnga folgten uns 2005 viele Jugendliche aus dem Camp in Salala und baten uns um Unterstützung. Diese Jugendlichen waren für uns Missionare eine besondere Herausforderung, da wir selbst vor den Trümmern unserer eigenen Existenz standen.

So kam uns die Idee, diese jungen Menschen auszubilden. Im Gegenzug dazu sollten sie dafür die Missionsstation sanieren und wieder aufbauen.

Die katholische Hilfsorganisation Misereor hatte Bischof Zeigler die Entsendung von zwei Experten zugesagt, die vor Ort Lehrer in verschiedenen Qualifikationen ausbilden sollten. Ich selbst wandte mich wieder einmal an meine Diözese in Sankt Pölten und an andere Freun-

Abb. 33 Schwester Johanna: „Die Stufen zum Eingang der neuen Kirche in Sorgoway werden besonders sorgfältig betoniert. Ich führe die Bauaufsicht. Es ist die erste katholische Kirche im Geo-Stamm." (1988)

de in der Heimat, um von ihnen Unterstützung für die Ausbildung und Wiedereingliederung der Kindersoldaten zu erhalten. Die Fastenaktion und auch die katholischen Frauen der Diözese Sankt Pölten halfen uns mit allem Nötigen, wie etwa mit Werkzeugen, Zement und anderen Materialien. So erhielten die ehemaligen Kindersoldatinnen eine Ausbildung in unserer Haushaltungsschule.

Mit Staunen sahen wir zu, was sie unter der kundigen Anleitung von geschulten Lehrern aus Naturmaterialien wie Erde, Holz und Wasser zustande brachten. Die Schüler konnten am Ende der zweijährigen Ausbildung ein eigenes Haus mit dem vorhandenen Material bauen. Sie waren in der Lage, einen Garten oder sogar eine kleine Farm anzulegen. Bei der Holzverarbeitung gab es besonders viele Experten wie Tischler und Zimmerleute. Sie kletterten fröhlich auf Dachstühlen herum. Es war eine Freude, ihnen bei der Arbeit zuzusehen. Es waren auch alle bereit, beim Wiederaufbau der Missionsstation zu helfen, sozusagen als Gegenleistung für ihre Ausbildung. So konnten in den ersten fünf Jahren in der Diözese Gbarnga über 2.000 Jugendliche in sechs Pfarren ausgebildet werden.

In drei Pfarren läuft dieses Projekt noch immer weiter. Es wird von Lehrern organisiert, die für ein kleines Entgelt dieses Ausbildungsprogramm weiterführen. Es entspricht einfach der afrikanischen Mentalität, in Gruppen zu arbeiten und sich gegenseitig zu helfen, zum Beispiel, indem sie gemeinsam eine Farm bewirtschaften.

Zum Glück gelang es auch, dass viele der früheren Kindersoldaten wieder von ihren Dorfgemeinschaften aufgenommen wurden. Einige von ihnen mussten sich jedoch weiterhin alleine durchschlagen, da ihre Familien im Krieg gestorben oder in ein anderes Land gezogen waren. In der Kirche waren sie immer willkommen, denn wir wollten ihnen einen Ort der Aussprache und der Geborgenheit bieten.

Aug um Aug ...
oder die Macht der Vergebung

Liberianisches Sprichwort:

*Sollte dein Feind dich um eine Banane bitten,
verweigere sie ihm nicht.
Der Geist seiner Ahnen wird auch dir gnädig sein.*

Da sich die ehemaligen Kämpfer verpflichtet hatten, die zerstörten Missionsstationen wieder instand zu setzen, ging es in diesen Pfarren sehr rege zu. Es war auch die beste Gelegenheit für die Bevölkerung, die Furcht vor diesen Kindern und Jugendlichen abzubauen. Wir baten die Dorfbewohner, die heimkehrenden Kämpfer nicht zu verurteilen, sondern sie wieder in ihre lokalen Gemeinden zu integrieren.

Auf einer unserer pastoralen Touren durch die Diözese kam ich ins Dorf Gbondoi, wo ehemalige Kindersoldaten gerade mit der Renovierung der Kirche und der Klinik beschäftigt waren. Die große Regenzeit war im Kommen, und alle sehnten sich danach, endlich wieder ein schönes Gotteshaus zu haben. Fünf junge Männer – unter ihnen war auch der berüchtigte General Ivor – winkten uns zu, als wir uns der Baustelle näherten.

Plötzlich rief General Ivor vom Gerüst herunter: „Bitte Schwester, hast du Zeit, ich möchte dich etwas fragen?" Bevor ich ihn begrüßen konnte, fragte er mit lauter Stimme, sodass es alle gut hören konnten: *„Why you Catholics don't pay back?* Warum üben Katholiken keine Rache?" Ich sah ihn überrascht an und musste unweigerlich an den Vorfall vor zwei Jahren denken, als er dem Bischof eine schallende Ohrfeige gegeben hatte. Diese Tat beschäftigte ihn offensichtlich noch immer. Nach einem kurzen Schweigen sagte er: „Du kennst mich und weißt, was ich getan habe. Ich kann es noch immer nicht verstehen, dass Ihr mir das alles verziehen habt."

Daraufhin entwickelte sich zwischen uns ein langes Gespräch, an dem sich auch andere ehemalige Kämpfer beteiligten. Wir setzten uns auf das Fensterbrett der Dorfkirche, die noch eine Baustelle war, und ein jeder konnte anhand seiner eigenen Lebenserfahrung erörtern, was zu Krieg und was zum Frieden führt. Schließlich kamen viele zur Einsicht, dass die Bereitschaft zur Versöhnung die beste Voraussetzung für die Wiedergutmachung alles Geschehenen ist und nur so eine bessere Zukunft beginnen kann.

Präsidentin Ellen Johnson Sirleaf äußerte sich einmal in Monrovia unserem Erzbischof gegenüber, wie dankbar sie der katholischen Kirche sei, dass wir diese gefährliche Kriegsjugend von den Straßen „weggelockt" und somit wieder in die Gesellschaft integriert haben. Niemand hätte jemals zu hoffen gewagt, das dies einmal geschehen könnte. Dieser Prozess wird wohl noch eine ganze Generation lang dauern. Dabei ist viel Geduld, Ausdauer und guter Wille für die Arbeit mit den ehemaligen Kindersoldaten notwendig.

Das Halleluja im Schlagloch

Liberianisches Sprichwort:

*Beklage dich nicht über die dunklen Wolken in der Regenzeit.
Freue dich vielmehr über die Sonnenstrahlen,
die den Morgen ankündigen.*

Unterwegs zu sein während der sechsmonatigen Regenzeit erforderte wahre Abenteuerlust, denn man musste gegen die klimatischen Gegebenheiten ankämpfen. Wir erlebten Tornados, die Bäume entwurzelten und unsere Wege für Tage unpassierbar machten. Denn hier kann niemand mit einer Baumsäge rasch einmal zu Hilfe kommen.

Zu den täglichen Hindernissen während der Regenzeit gehören auch die vielen Schlammlawinen, die die Straßen völlig versperren, oder auch Lastwagen, die auf den holprigen Straßen gerne den „Geist aufgeben", vielleicht auch noch zurückrollen und dann wie ein fauler Elefant tagelang auf der Straße liegenbleiben. Es dauert, bis man endlich Hilfe findet, um diese großen Lastwagen wieder zum Fahren zu bringen.

Doch die Afrikaner können uns diesbezüglich die Tugend der Gelassenheit und der Geduld beibringen sowie auch eine Hilfsbereitschaft, die mich oft beschämt hat, was die folgende Ostergeschichte veranschaulichen soll: In jenem Jahr fiel Ostern erst auf Ende April, und die Regenzeit hatte bereits stark eingesetzt.

Nach der Auferstehungsfeier in der Hauptpfarre des Mano-Stammes in Saniquellie hatten wir vor, auch noch in das zwei Stunden entfernte Karnplay, der Hauptmission des Gio-Stammes, zu reisen, um auch dort mit den Gläubigen das Osterlicht zu entzünden. Wir zwei Schwestern und der Pfarrer verließen um elf Uhr am Abend die Mano-Pfarre und machten uns in unserem alten Jeep auf den Weg durch die Nacht. Es war stockdunkel, und wegen der Regenzeit waren auch kaum Sterne am Himmel zu sehen – andere Lichtquellen, außer Taschenlampen, gibt es im afrikanischen Busch nicht.

Langsam rollten wir durch die Nacht, wie immer in der Hoffnung, dass schon alles gut gehen würde. Zeitdruck und ein voller Terminkalender sind mit den meisten Straßen in den Tropen nicht vereinbar, wie wir alsbald feststellen sollten. Ungefähr eine halbe Stunde vor unserem Ziel blieb das rechte Vorderrad in einem Loch stecken. Wir stiegen aus und kontrollierten die Räder des Autos, das in der Mulde festsaß. Wir versuchten das Auto anzuschieben, um es aus der Mulde zu befreien, aber es gelang uns nicht. Daraufhin stimmten wir freudig das Halleluja dieser Osternacht an. Es kam ganz spontan aus unserer Kehle!

Glücklicherweise hatte Father Michael für solche Situationen immer ein Handy dabei, um irgendwie Kontakt mit der Außenwelt aufnehmen zu können. Er erreichte auch tatsächlich den Katechisten in Karnplay und erklärte ihm unsere Situation: „Wenn Ihr uns hier nicht bald ausbuddelt, dann verschwinden wir vielleicht noch während dieser Nacht in die Unterwelt anstatt von den Toten aufzuerstehen ..."

„Wir kommen, wir kommen", versicherte uns eine eifrige Stimme. Der Katechist, ein ausgezeichneter Gio-Gottesmann, fuhr mit der Vorbereitung für das

Osterfest fort, schickte aber fünf starke junge Männer, mit Schaufeln bewaffnet, zu unserer Hilfe. Es dauerte endlos lange, bis wir endlich die Laternen der sich nahenden Retter ausmachen konnten. Und es dauerte nochmals eine Stunde, bis eine Weiterfahrt möglich war. So erreichten wir endlich nach drei Stunden um drei Uhr morgens unser Ziel, eine Kirche voll mit Gläubigen. Sie hatten gewartet, um mit uns die Auferstehung des Herrn feiern zu können.

Father Michael grüßte alle aus ganzem Herzen und meinte, dass wir eigentlich gar nicht zu spät dran wären, denn genau zu dieser Zeit sei Jesus am Ostermorgen von den Toten auferstanden! Unter allgemeinem Jubel und Trommeln begann die Osterfeier. Sie dauerte noch drei ganze Stunden und wurde vom Katechisten in die Stammessprache übersetzt. Während der Liturgie wurden auch einige Erwachsene und Kinder getauft. Halleluja!

Eine starke Frau für Liberia

Liberianisches Sprichwort:

Riskiere keine gefährliche Jagd im Busch alleine,
denn es ist ratsamer, die Beute mit anderen zu teilen,
als alleine mit der Beute umzukommen.

Große Begeisterung herrschte im ganzen Land, als bei den Wahlen vom 16. Jänner 2006 Ellen Johnson Sirleaf zur Präsidentin von Liberia gewählt wurde. Doch wer

Präsidentin Ellen Johnson Sirleaf wurde 1938 in Monrovia geboren; ihr Großvater mütterlicherseits stammte aus Deutschland. Sie brachte Frieden über Liberia. Von 2006 bis 2018 war sie Präsidentin und damit die erste weibliche Präsidentin, die es in Afrika überhaupt gegeben hat. Für ihren gewaltfreien Kampf für die Sicherheit von Frauen und Frauenrechte wurde ihr 2011 gemeinsam mit der Liberianerin Leymah Gbowee und der Jemenitin Tawakkul Karman der Friedensnobelpreis verliehen. Präsidentin Ellen Johnson Sirleaf ist eine gläubige evangelisch-methodistische Christin. (2011)

Abb. 34

war nur diese Frau, die nach der Herrschaft von zwei brutalen Diktatoren nach dem Ende des 15-jährigen Bürgerkrieges für viele Liberianer zum großen Hoffnungsträger wurde?

Diese starke und ehrgeizige Frau stammte aus einfachen Verhältnissen. Ihr Vater gehörte dem Stamm der Gola an und lebte mit seiner Familie in einem kleinen Dorf am Land. Ellen wurde als Kind von einer strenggläubigen Methodistenfamilie adoptiert, die zur Oberschicht von Liberia gehörte, und wuchs bei ihnen in Monrovia auf. Ihrem christlichen Glauben blieb sie auch später noch, als sie in die Politik ging, treu.

In Monrovia besuchte Ellen anfangs die Mädchenschule unseres Ordens. Danach setzte sie in den 1960er-Jahren ihre Ausbildung in den USA fort, wo sie unter anderem an der Universität Harvard einen Master in Wirtschaftswissenschaften und Öffentlicher Verwaltung absolvierte.

In Liberia war nach ihrer Rückkehr ihre wirtschaftliche Expertise sehr gefragt. Und so führte sie ihre Laufbahn ins Finanzministerium, wo sie während der Regierungszeit von Präsident William Tolbert von 1971 bis 1980 zuerst das Amt der stellvertretenden Finanzministerin bekleidete und von 1979 bis zum Putsch von 1980 Finanzministerin war. Durch diese Tätigkeit bekam sie einen guten Einblick in die desaströse wirtschaftliche Lage von Liberia. Sirleaf warnte Tolbert immer wieder vor den gefährlichen Folgen einer Wirtschaftskrise und auch davor, dass die Unzufriedenheit des Volkes zu großen Protesten im Land führen könnte. Doch der Präsident hörte nicht auf seine kluge Finanzberaterin, und so kam es zum Putsch von Samuel Doe und zu den darauffolgenden Unruhen im Land.

Nach dem Putsch und der Ermordung von Präsident Tolbert ging Sirleaf ins Exil nach Kenia, wo sie als Vizepräsidentin der Citibank für Afrika tätig war. In dieser Funktion beriet sie auch die liberianische Regierung in Fragen der Entwicklungspolitik und hegte dabei die Hoffnung, einen positiven Einfluss auf Doe und dessen politisches Umfeld ausüben zu können. Doch es kam immer wieder zu heftigen Auseinandersetzungen zwischen der starken Frau und dem jungen, ungebildeten Präsidenten, der seinen eigenen Clan stärkte und seine Macht durch eine brutale Gewaltherrschaft im ganzen Land ausweitete.

Sirleaf war stets um das Wohl der liberianischen Bevölkerung besorgt. Mit ihrer mutigen Kritik an der Korruption des Regimes wurde sie dem Diktator ein Dorn im Auge. Einerseits brauchte er die erfahrene Finanzexpertin dringend, doch er fürchtete ihren Einfluss auf die Bevölkerung, da sie durch ihre vielen öffentlichen Auftritte immer bekannter wurde. Nachdem Sirleaf den Diktator in einer Rede als „Idiot" bezeichnet hatte, steckte er sie aus Rache ins Gefängnis. Dort litt sie unter vielen Schikanen. Sie wurde gefoltert, um gefügig gemacht zu werden und den Wünschen des Despoten zu gehorchen. Doch sie ließ sich niemals einschüchtern, wenn es um das Schicksal ihres Volkes ging. Nach ihrer Befreiung im Jahr 1986 ging sie wieder ins Exil in die USA.

Während des liberianischen Bürgerkrieges unterstützte sie gemeinsam mit einer Exilgruppe von Liberianern in New Jersey zuerst die Rebellion von Charles Taylor in der Hoffnung, mit ihm gemeinsam das untergehende Land retten zu können. Doch schon bald erkannte sie, dass das brutale Vorgehen des neuen Machthabers mit dem Einsatz von Kindersoldaten nicht der richtige Weg ist und distanzierte sich wieder von Taylor. 1997 kandidierte sie bei den Präsidentschaftswahlen gegen Taylor, allerdings erfolglos. Um Taylors Rache zu entkommen, mussten Sirleafs Freunde sie mehrmals ins Exil bringen.

Aber Sirleaf gab nicht auf: Nach Ende des Bürgerkrieges kandidierte sie im Jahr 2006 abermals bei den Präsidentschaftswahlen und erlangte als erste Frau in Afrika durch eine demokratische Wahl das Amt eines Staatsoberhauptes.

Sirleaf machte sich große Sorgen um die Zukunft ihres Landes und ihres Volkes. Mit Beharrlichkeit unternahm sie alles, was zur Befreiung Liberias beitragen konnte. Das Leiden der Frauen ging ihr besonders nahe, da sie selbst noch die Wunden ihrer erlittenen Misshandlungen trug.

Es war nicht verwunderlich, dass ihr Wahlsieg 2006 der großen Wahlbeteiligung von Frauen zuzuschreiben war. Man hatte in Afrika noch nie eine höhere Wahlbeteiligung von Frauen erlebt als bei dieser Präsidentenwahl in Liberia. Und all die Mühe hatte sich gelohnt, denn Ellen Johnson Sirleaf wurde zur ersten Präsidentin eines afrikanischen Staates gewählt. Sie sollte dieses Amt bis 2018 innehaben.

Im Jahr 1998 trafen wir einander zufällig am Flughafen von Monrovia auf dem Weg nach Abidjan. „Es wird 25 Jahre dauern, bis Liberia wieder in Ordnung sein wird", flüsterte mir Ellen Johnson Sirleaf zu, als ich sie freudig begrüßte. Dann verschwand sie gemein-

Schwester Johanna: „Die jungen Männer, die zuvor ein Leben als Kindersoldaten führten, waren ‚starke' Männer und brauchten etwas zum Anpacken. Hier helfen mir ehemalige Kindersoldaten beim Wiederaufbau einer zerstörten Schule. Die Ziegel dafür wurden in der Sonne gebrannt." (2006)

Abb. 35

sam mit ihren Begleiterinnen und eilte zum Flugzeug. Sie musste sich wieder einmal vor ihrem Widersacher Charles Taylor in Sicherheit bringen.

Was auch immer ihre Befürworter oder Gegner über sie zu sagen haben, man kann es dieser tapferen Frau nicht absprechen, dass sie ihr Land aus einer vollkommen aussichtslosen Lage mit neuer Hoffnung in die Zukunft geführt hat. Für ihr mutiges Engagement, die geteilte Nation nach dem langen Bürgerkrieg wieder zu einen und die zerstrittenen Bevölkerungsgruppen miteinander zu versöhnen, erhielt sie im Jahre 2011 den Friedensnobelpreis. Selbst ehemals verfeindete Stämme wagen es nun wieder, sich gegenseitig den typischen Gruß „How do yah?" zuzurufen und mit dem traditionellen Händedruck die alte Freundschaft zu bekräftigen.

Liberias Frauen und Mütter

Liberianisches Sprichwort:

Die wahre Gestalt der Raupe wird
erst im Schmetterling sichtbar.

Frauen haben in Liberia immer eine wichtige Rolle gespielt. Viele von ihnen, darunter auch die Präsidentin Ellen Johnson Sirleaf, haben unsere Mädchenschule in Monrovia besucht, die unsere F.M.M.-Missionarinnen 1936 eröffnet hatten. Es war die erste katholische Mädchenschule in Liberia. Durch den qualitätsvollen

Father Garrys Schule Saint Dominic. Schwester Johanna: „Father Garry Jenkins hat grundsätzlich alle in seiner Schule aufgenommen, egal woher sie kamen. In Afrika lieben es die Kinder, Schulbildung zu erhalten. Es gibt nichts Größeres, als in die Schule gehen zu dürfen. Für die ehemaligen Kindersoldaten war es wie eine Erlösung, in der Schule etwas lernen zu können, das ihnen eine Zukunft ermöglicht. In seiner Schule Saint Dominic in Bomi Hills integrierte er ehemalige Soldaten und Nicht-Kämpfer im selben Klassenzimmer." (2006)

Abb. 36

Unterricht unserer Schwestern und Lehrer konnte der Status der afrikanischen Frauen verbessert werden. Auch während des Bürgerkrieges versuchten wir, die Schule offenzuhalten, um die Mädchen vor der „Straße" zu bewahren, was uns gelang, allerdings mit einigen Unterbrechungen. Bis heute spielt die Schule in Liberia eine große Rolle.

All jene Frauen und Mütter, die den grausamen Krieg irgendwie überstanden hatten – manche allerdings mit tiefen Wunden an ihrem Körper und in ihrem Herzen –, hatten die Hoffnung auf eine bessere Zukunft nie verloren. Oft hörten wir von ihnen den Satz: „God's time will come!"

Als sich nach der Entwaffnung der Kindersoldaten die Frage nach der Wahl des neuen Staatspräsidenten stellte, ließen sich die Frauen nicht einschüchtern. Während der Vorbereitungen zur Neuwahl im Herbst 2005 sah man im ganzen Land Frauen und Mütter in Gruppen, in den Kirchen, auf öffentlichen Plätzen, in den kleinen Moscheen, vereint, betend, oft flehend und weinend. Dabei handelte es sich um Mütter ehemaliger Kindersoldaten, Mütter, die sich um Waisenkinder des Bürgerkrieges kümmerten und Witwen ohne Familienangehörige. Es waren verantwortungsbewusste Frauen und Mütter mit großer Tapferkeit und Glaubensstärke.

Sie alle waren betende Frauen und Mütter, denen es gelungen war, durch ihre Teilnahme an den Wahlen von 2005 einen für alle überraschenden Wahlsieg zu erzielen: Ellen Johnson Sirleaf, die erste Frau an der Spitze eines afrikanischen Staates, wurde am 16. Jänner 2006 in ihr Amt als Staatsoberhaupt von Liberia eingeführt. Sie bekleidete dieses Amt insgesamt zwölf Jahre lang bis zum 22. Jänner 2018. Von der liberianischen Bevölkerung wurde die Landesmutter oft „*Old Ma*" genannt, was in Liberia eine durchaus respektvolle Bezeichnung ist. Dieser Titel spricht für Weisheit – Frauen mit großer Verantwortung im fortgeschrittenen Alter werden oft als „*Old Ma*" und Männer als „*Old Pa*" angesprochen. Auch uns Ordensleuten wurde diese Ehre oftmals zuteil.

Old Ma Johnson gelang es aufgrund ihrer moralischen Integrität, die zerstrittenen Stämme des Landes wieder zu einem friedlichen, hoffnungsvollen liberianischen Volk zu vereinen. Ihre große Erfahrung in der internationalen Finanzwelt ermöglichte es ihr auch, die am Boden liegende Wirtschaft Liberias wieder anzukurbeln und die Staatsschulden abzubauen.

9. Kapitel

Typhus und Ebola

DIE NÄCHSTE HEIMSUCHUNG: DER TYPHUS

Nach den Jahren unseres Flüchtlingsdaseins und der Rückkehr aus dem Exil erwartete uns ein neues, apokalyptisches Ungeheuer: der Typhus. Diese Krankheit wurde durch die Wasserverseuchung während des Bürgerkriegs ausgelöst und breitete sich vom Nimba County, im Norden Liberias, über die gesamte Region aus. Die Toten wurden in Flüsse und offene Wasserlöcher geworfen, um die Leichen vor Verstümmelung und Schändung durch den Feind zu bewahren. So nahm die Verseuchung des Wassers und damit verbunden die Verbreitung von Typhus und anderer Krankheiten, wie Lassafieber und Cholera, stetig zu.

Unsere F.M.M.-Klinik in Sanniquellie, der Hauptstadt Nimbas, war der einzige Ort, wo man im Labor die Erreger dieser gefährlichen Krankheiten feststellen konnte. Das staatliche Krankenhaus konnte keine Patienten aufnehmen, da die versprochene finanzielle Unterstützung durch die Regierung und internationale Hilfsorganisationen ausgeblieben war. Der Arzt teilte uns mit, dass er nicht einmal Aspirin gegen Schmerzen vorrätig habe, und so mussten alle Erkrankten zu den Schwestern in die F.M.M.-Klinik geschickt werden.

Es war eine Ausnahmesituation, denn es brach gleichzeitig auch die große Regenzeit über uns herein. Alle Straßen waren verschlammt und unpassierbar. Es gab ja in diesem Teil Liberias keine Asphaltstraßen. Obwohl unsere Schwestern in Monrovia Medikamente gegen Typhus und andere Erkrankungen vorrätig hatten, war ein Transport nach Sanniquellie nicht möglich. Doch wir gaben nicht auf und flehten die UN-Truppen an, uns doch auf dem Luftweg zu versorgen und die lebensnotwendigen Medikamente zu uns zu bringen.

Das Land war komplett heruntergekommen, und die Situation war sehr ernst. Auch wir vier Schwestern hatten uns bereits mit Typhus angesteckt. Es war uns klar, dass der Medikamentennachschub keine Verzögerung mehr duldete. Und so kam es tatsächlich, dass wir regelmäßig Medikamente per Hubschrauber erhielten, zumindest so lange die Straße unpassierbar war. Ein Mitglied der UN-Friedenstruppe meinte: „Jetzt sehen wir wenigstens, wie wichtig unser Einsatz im Inneren des Landes tatsächlich ist. Hier können wir Leben retten. Sonst würde ja unsere Präsenz in Liberia gar keinen Sinn machen, wenn die Menschen ohne die lebensrettenden Medikamente sterben müssten!" Unsere Schwestern in Monrovia sorgten für ausreichend Nachschub durch die WHO, die Weltgesundheitsorganisation.

Langsam wagten sich auch andere Hilfsorganisationen und NGOs ins Land, mit einem besonderen Augenmerk auf Brunnenprojekte, die für sauberes Wasser sorgen sollten. Bis heute wird in Liberia das Trinkwasser abgekocht oder gefiltert, speziell dort, wo noch keine gebohrten Brunnen existieren, denn die Angst vor einem neuerlichen Typhusausbruch ist nach wie vor groß.

Typhus zehrt langsam an der Gesundheit. Jemand meinte: „Ich ziehe Malaria vor, denn da sterbe ich wenigstens schneller! Typhus ist schrecklich, immer diese Bauchschmerzen!"

Gott sei Dank hat sich die Situation mittlerweile stark gebessert, aber wenn das Virus einmal im Körper eines Menschen steckt, ist es sehr schwer zu bekämpfen. Trotz allem antworten Liberianer auf die Frage nach ihrem Gesundheitszustand mit den Worten: „Ich danke Gott für mein Leben!"

DIE ANGST VOR DER EBOLA

Liberianisches Sprichwort:

*In der großen Regenzeit
werden auch die Vögel nass.*

Im Jahr 1995 wurden die ersten Ebola-Fälle in Gborkay, im südlichen Teil der Elfenbeinküste, gemeldet. Es war die Zeit der großen Flüchtlingsströme aus Liberia, und auch ich war mit unseren Flüchtlingen aus Gbarnga zu diesem Zeitpunkt im Norden der Elfenbeinküste. Fachärzte wurden eingeflogen – in der Hoffnung, mit deren Hilfe die Ausbreitung dieser gefährlichen Seuche verhindern zu können. Alle Flüchtlingslager standen unter strenger Kontrolle der WHO und UNHCR. Den Flüchtlingen aus Liberia war es untersagt, die Flüchtlingscamps zu verlassen wegen der großen Ansteckungsgefahr. Es war die erste „Ebola-Panik", die wir damals durchzustehen hatten. Und tatsächlich, nach drei Monaten schien dieser Ausbruch in der Elfenbeinküste unter Kontrolle zu sein. Man hörte von keinen Todesfällen mehr und keiner weiteren Verbreitung der Krankheit.

Die Wurzeln des Ebola-Virus sind im Dschungel der Demokratischen Republik Kongo zu finden, wo Wissenschaftler im Jahr 1976 das Virus zum ersten Mal entdeckt haben. Dieses Virus, das durch einen außergewöhnlich langen Wurm verbreitet wird, wurde nach dem kongolesischen Fluss Ebola benannt. Bis zum heutigen Tag ist die Demokratische Republik Kongo jenes Gebiet Afrikas, das immer wieder von diesem tödlichen Virus heimgesucht wird. Die typischen Krankheitsmerkmale sind hohes Fieber, Blutungen – meist aus der Nase – sowie eine hohe Ansteckungsgefahr, die einen raschen Tod herbeiführen.

Laut Gesundheitsstatistiken soll 1986 der erste Ebolafall in Liberia, an der Grenze im Nordwesten zu Guinea, aufgetreten sein. Die dortigen Bewohner übergaben in ihrer Panik und Ratlosigkeit den Patienten einem Medizinmann. Niemand hat den Kranken jemals wieder gesehen oder von ihm jemals wieder gehört. Auch vom Medizinmann hat man danach nichts mehr gehört. Womöglich sind beide kurz danach gestorben.

Im Jahr 2014 kam es zuerst in Guinea und einen Monat später in Liberia und in Sierra Leone zu einem weiteren Ausbruch von Ebola. Das Virus verbreitete sich in diesem Jahr in einem nicht geahnten Ausmaß.

Abb. 37   Die Auferweckung des Lazarus (Mafa)

Aufgrund des rasch eintretenden Todes wurde Ebola als die afrikanische Pest bezeichnet, ähnlich der mittelalterlichen Pestepidemie. Die Furcht vor dieser Krankheit kann man mit der vor Lepra oder vor dem biblischen Aussatz vergleichen. Der große Unterschied in der heutigen Zeit ist wohl, dass Lepra mittlerweile heilbar ist, während gegen Ebola noch kein wirksames Medikament bekannt ist. Ebola ist heute eine der gefährlichsten Krankheiten weltweit. Die durch ein Virus ausgelöste und hoch ansteckende Krankheit verursacht hohes Fieber und innere Blutungen, die einen raschen Tod zur Folge haben.

Ein Notruf von Missio Österreich

Liberianisches Sprichwort:

Beklage dich nicht über das viele Ungeziefer!
Erfreue dich lieber am Vogelgesang und am Zirpen der Grillen!

Im Mai 2014 verkündete Radio Liberia den Ausbruch einer gefährlichen Krankheit im Nachbarland Guinea. Es wurde berichtet, dass die Organisation „Ärzte ohne Grenzen" sofort zum Einsatz kam, denn man vermutete das Schlimmste. Als die Menschen jedoch aufgefordert wurden, wegen der hohen Ansteckungsgefahr die Kranken von den Gesunden zu trennen und zu isolieren, beschuldigten die Dorfbewohner die Ärzte, keinen

Respekt vor der afrikanischen Kultur zu haben, da man niemals eine Person von der Großfamilie isolieren würde. Die Proteste waren derart massiv, dass „Ärzte ohne Grenzen" das Dorf verlassen musste!

Bis der Präsident von Guinea einschreiten konnte, war es bereits zu spät. Ebola hatte schon ein so großes Ausmaß erreicht, dass man auch in Liberia sehr hellhörig wurde. Noch im selben Monat Mai wurden bereits im Nofa County an der Grenze zu Guinea einige Fälle bekannt. Die Erkrankten starben jedoch, noch bevor Ebola offiziell diagnostiziert werden konnte. Aber die Panik wurde in Liberia immer größer, und man erkannte endlich, wie gefährlich die Situation für das ganze Land war.

Die ersten Ebola-Fälle wurden im Juni 2014 ins Krankenhaus der Barmherzigen Brüder in Monrovia eingeliefert, wo sie von den Ordensbrüdern und -schwestern aufopferungsvoll gepflegt wurden. Sie steckten sich durch die Pflege der Patienten gegenseitig an und verstarben innerhalb einer Woche. Als das gesamte afrikanische Ärzteteam des katholischen Krankenhauses, vier Barmherzige Brüder und drei afrikanische Krankenschwestern sowie auch ein spanischer Priester, der Ebola erlagen, gab es keine Zweifel mehr. Die Barmherzigen Brüder und die Krankenschwestern hatten sich durch ihre Pflege bei den ersten Ebola-Patienten angesteckt. Keines der herkömmlichen Medikamente gegen Tropenkrankheiten hatte Erfolg. Es gab nur eine einzige Möglichkeit, sich vor einer weiteren Ansteckung zu schützen: die völlige Isolierung auf einer Quarantänestation sowie auch eine spezielle Schutzausrüstung für das Pflegepersonal. Es fehlten jedoch für die wichtigsten hygienischen Bedürfnisse die erforderlichen Mittel. Langsam wurde der Außenwelt bewusst, dass in Liberia und auch bald in Sierra Leone ein völliger Notstand herrschen würde.

Nur sehr langsam erreichten uns die Materialien für Quarantänecamps, Schutzkleidung und hygienische Hilfsmittel. Ausländische Ärzte kamen nach Monrovia und reisten unverrichteter Dinge wieder ab. Die lokalen Radios berichteten täglich über entsprechende Vorsichtsmaßnahmen, wohin sich die Patienten im Krankheitsfall wenden sollten. Das Pflegepersonal erkannte man an der Ganzkörperschutzkleidung. Doch es gab von allen Schutzvorrichtungen viel zu wenig!

So manch einer in Liberia meinte: „Ich hätte lieber AIDS, denn dagegen gibt es schon Medikamente! Auch der Krieg war mir lieber, denn da konnten wir zumindest in den Busch laufen und uns verstecken. Jetzt wissen wir nicht, ob Ebola uns auch im Busch erreicht! Ich habe Angst, Gemüse aus meinem Garten zu essen, vielleicht ist das Virus ja auch im Gemüse."

Liberia und Sierra Leone waren nach den langen Kriegsjahren ohnedies bereits stark geschwächt. Die Furcht vor Ebola hinderte sie daran, gewohnte Nahrungsmittel, wie etwa Maniok, zu essen.

In dieser schrecklichen Situation war der Anruf von Elisabeth Rittsteuer von Missio Österreich bei Bischof Borwah in Gbarnga eine wirkliche Gebetserhörung. Der Bischof überbrachte mir die Botschaft, dass Missio die einzige österreichische Missionsschwester und die Menschen in Liberia nicht vergessen hatte. Auch meine beiden Mitschwestern, zwei junge Afrikanerinnen, äußersten sich erfreut: „Johanna, Du kannst Dich glücklich schätzen, so viele Freunde in Deiner Heimat zu haben, die immer zur Stelle sind, wenn die Not am größten ist. Während des Krieges haben wir auch diese Hilfsbereitschaft der Österreicher erlebt!"

Ich gebe dieses Lob gerne an meine Heimat weiter. Schwester Rebekka aus Ghana meinte, dass ihre Mutter sogar Angst hätte, sie anzurufen, da sie eine Ansteckung über das Telefon befürchtete. Aber auch aus Österreich hörte ich Ähnliches. Doch die Briefe erreichten uns wegen der Schließung der Grenzen ohnedies nicht mehr.

Später erfuhr ich vom SOS-Hilfeaufruf von Missio in der Zeitschrift „allewelt". Ich bin Missio sehr dankbar, dass wir durch diese Spendenaktion eine enorme und auch lebensrettende Hilfe erfahren durften. Missio war eine der ersten Hilfsorganisationen, die auf diese Notsituation in Liberia positiv und rasch reagierte. Obwohl wir F.M.M.-Schwestern immer in feuchtwarmen Gebieten tätig waren, wo die Ebolafälle rasant zunahmen, war es uns möglich, rasche Schutzmaßnahmen zu ergreifen und Schutzvorrichtungen, vor allem hygienische Hilfsmittel, Desinfektionsflaschen, Wasserbehälter und Trockennahrung, zu den Brennpunkten zu schicken. Unsere Katechisten und Dorfleiter, die auf Kosten von Missio einen Schnellkurs in Präventionsmaßnahmen absolvieren mussten, waren bestens gerüstet, um die Menschen über die Gefahren aufzuklären. Einzig und allein die Angst vor dem plötzlichen Fiebertod machte die Menschen gefügig, und sie waren bereit, allen Anforderungen dieser Gesundheitsexperten nachzukommen.

Dieses Leben in Isolation war jenseits der normalen kulturellen Tradition Liberias und abseits jeglicher gewohnter Verhaltensmuster! Jeder Kontakt mit den Nachbarn und anderen Mitmenschen musste vermieden werden – „Wir lebten und kommunizierten auf Entfernung", wie jemand treffend diese außergewöhnliche Situation beschrieb.

Während der nächsten vier bis fünf Monate gab es auch keine Möglichkeit, das Land zu verlassen. Um dieses „Gettogefühl" des Eingesperrtseins zu überwinden, gab es für uns und alle, die die Hoffnung noch nicht aufgegeben hatten, viel zu tun. Der Hunger wurde zu einem echten Problem. Die Reispäckchen mit getrocknetem Gemüse und Vitaminen sowie Sardinendosen wurden von unseren Schwestern in Monrovia in großer Anzahl beschafft und zu uns ins Landesinnere befördert. Wochenlang war dies die Hauptnahrung aller Betroffenen. Man legte die Nahrungsmittel zum Eingang der Quarantänezelte, wo bereits Erkrankte und solche, von denen man eine Ansteckung vermutete, untergebracht wurden. Pfleger in Schutzbekleidung untersuchten täglich die Patienten. Auch all jene, die nicht zur Missionsstation kommen konnten, erhielten ihre Trockenration vor das Haus gelegt.

Aus dem im Nordosten gelegenen Lofa County verbreitete sich die Nachricht, dass von der dort ansässigen muslimischen Bevölkerung innerhalb einer Woche zehn Familien völlig ausgerottet worden waren. Es gab nur einige wenige Kinder, die überlebt hatten, weil sie sich aus Angst im Busch versteckt hatten. Der Grund für dieses Massensterben war das Festhalten an einem archaischen Brauch, der verlangt, dass die ganze Familie des Verstorbenen bei der Waschung des Toten und den anderen Vorbereitungen bis zur Grablegung dabei sein muss. Wenn dieser Brauch missachtet wird, muss man mit dem Fluch des Familiengeistes rechnen.

Der Imam, ein guter Freund des katholischen Pfarrers in Voinjamah, der Hauptstadt des Lofa County, besuchte in seiner Not den Priester und erklärte verzweifelt: „Allah ist unzufrieden mit uns. Wir werden alle aussterben." Er war hilflos wie ein Kind. Der katholische Pfarrer widersprach ihm und beteuerte, dass wir als Christen dasselbe sagen könnten, denn auch die meisten Christen seien keine Heiligen. Also beschlossen sie, in Zukunft besser auf die Stimme Gottes zu hören. Der Imam erkannte auch, dass Gott uns in dieser schrecklichen Situation durch die vielen Lebensretter und Ärzte zu Hilfe kommt. Wir alle lernten daraus, dass wir manchmal in Afrika ein Tabu brechen müssen, wenn es ums Überleben geht!

Es war ein heilsamer Dialog zwischen den beiden Gottesmännern, denn danach änderte sich die Lage, und die Bevölkerung akzeptierte auf einmal die Unterstützung von „Ärzte ohne Grenzen". Die hochprofessionellen ausländischen Ärzte bewiesen den Menschen, dass sie durch ihre ärztliche Hilfe Leben fördern und retten können. So wuchs allmählich das Verständnis für ein richtiges Verhalten in Zeiten der Ebola-Epidemie.

Oh God, where are you?

Liberianisches Sprichwort:

*Die Hibiskusstaude verliert schnell die Blüten,
aber die Wurzeln überdauern die lange Regenzeit.*

„Oh Gott, wo bist Du?" Es war ein Aufschrei vieler im Lande, die sich von Gott im Stich gelassen fühlten, als die lebensbedrohende Situation allen allmählich bewusst wurde.

In Afrika sucht man immer in solch einer verzweifelten Situation Hilfe im religiösen Umfeld und wendet sich entweder an einen Medizinmann oder auch an seine Kirche. Doch der Besuch bei einem Medizinmann blieb in diesem Fall erfolglos und die Menschen starben trotzdem rasch an Ebola.

Die drei katholischen Bischöfe von Liberia ermutigten hingegen die Gläubigen, sich täglich in der Kirche zum Gebet zu treffen, um sich moralisch und spirituell zu unterstützen, auch wenn der vorgeschriebene physische Abstand unter den Menschen absolut eingehalten werden sollte.

Die Bischöfe riefen die Monate September, Oktober und November 2014 in Gemeinschaft mit den anderen christlichen Kirchen zur Gebets- und Bußzeit aus. Die Bischöfe waren selbst täglich in ihren Gemeinden anwesend, um den Gläubigen in dieser schwierigen Situation ihre Unterstützung zu zeigen. Diese Bußzeit, die aus der vollkommenen Machtlosigkeit gegenüber dieser menschlichen Tragödie resultierte, hatte – wie man später erkennen konnte – auch einen positiven Effekt. Jeder Überlebende wurde sich über den Wert und die Kostbarkeit seines Lebens in einem vollkommen neuen Ausmaß bewusst. Das Einstehen füreinander und die Abhängigkeit voneinander waren zwar wegen der hohen Ansteckungsgefahr physisch begrenzt, aber die geistige Verbindung untereinander wuchs und trieb uns alle auch zur Verantwortung füreinander an.

Diese Gesinnung zeigte sich besonders am heroischen Einsatz vieler Menschen, die ihr Leben täglich für das der anderen riskierten. Wir beteten täglich für jene, die uns verlassen hatten oder unter Quarantäne standen. Ein öffentlicher Abschied geschweige denn ein religiöses Begräbnis von einem an Ebola Verstorbenen war nicht möglich. Die Beerdigung musste rasch und außerhalb des Dorfes stattfinden, und zwar von eigens dafür beauftragten, mit spezieller Schutzausrüstung gekleideten Personen. Die überlebenden Familienangehörigen eines an Ebola Verstorbenen mussten anschließend drei Wochen in Quarantäne verbringen.

So tragisch und traurig diese Zeit für uns war, so wurde doch jeder einzelne Tag in diesen Monaten bewusst und voll Dankbarkeit gelebt. Die Fürsorge für die Betroffenen wurde zur Selbstverständlichkeit. Es freute mich, dass ich immer wieder den bunten Missio-Rosenkranz, den ich viele Jahre davor verteilt hatte, in den Händen unserer Katholiken wiederentdeckte. Die eucharistische Anbetung und das tägliche Rosenkranzgebet waren unsere größten Waffen in dieser schweren Zeit. Viele gingen dadurch im Glauben gestärkt und voll Hoffnung aus dieser Prüfung hervor.

Zwei Jahre nach dem Ausbruch der bisher größten Ebola-Epidemie in den drei westafrikanischen Staaten Liberia, Guinea und Sierra Leone, erklärte die Weltgesundheitsorganisation WHO Liberia als letztes der drei betroffenen Länder für ebolafrei. Daraufhin feierten alle Diözesen gemeinsam einen Dankgottesdienst für die Rettung des Landes vor dieser „afrikanischen Pest". Vertreter aller 20 liberianischen Stämme sowie auch der Imam der muslimischen Gemeinde im Norden, wo viele ihr Überleben der internationalen Organisation „Ärzte ohne Grenzen" verdankten, nahmen an diesem Dankgottesdienst teil. Es war eine Jubelfeier, obwohl bis 2018 als Präventionsmaßnahme jegliche körperliche Berührung beim Friedensgruß untersagt war. Das Bemühen um die Wiedervereinigung aller Stämme Liberias war bei diesem Gottesdienst besonders spürbar. Man kann sagen, dass Ebola das liberianische Volk letztendlich geeint, stärker und selbstbewusster gemacht hat. Und auch die Kirche, sowohl die lokale als auch die Weltkirche, hat in dieser Notsituation ihren Beitrag dazu geleistet.

Offiziellen Schätzungen zufolge waren mehr als 11.300 Menschen dem Ebola-Virus zum Opfer gefallen. Zusätzlich kam noch der Umstand hinzu, dass viele Leprakranke der Aussätzigenkolonie aus Angst und Panik vor Ebola in den Busch geflohen waren. Das verschlechterte ihren Gesundheitszustand und erhöhte auch bei ihnen die Ansteckungsgefahr. Nach ihrer Rückkehr aus dem Busch gab es zahlreiche neue Ebola-Fälle unter den Leprakranken. Auch die Tuberkulose, die während und nach dem Bürgerkrieg unter der Bevölkerung weit verbreitet war, war noch lange nicht überwunden in Liberia.

Als Folge der Ebola-Epidemie blieben viele Waisen zurück, nicht nur Kinder, sondern vor allem auch alte Menschen. Da die afrikanische Gastfreundschaft keinen zurückweist, gab es keine großen Schwierigkeiten, vor allem weibliche Überlebende bei Familien und Freunden unterzubringen. Es wurde ihnen auch Unterstützung für den Schulbesuch, zumindest für ein Jahr, gewährt. Die Zukunft der Buben war da schon etwas problematischer, denn man hatte Beweise, dass das Ebolavirus hauptsächlich durch das männliche Geschlecht

Abb. 38 Das Ende von Ebola 2016. Schwester Johanna: „Voll Dankbarkeit kommen wir im Dorf Ballaylaya im Bong County zum ersten Mal nach der schrecklichen Ebola zum Gottesdienst zusammen. Die Kirche ist noch nicht fertiggebaut. Wir danken Gott, dass ‚nur' fünf Erwachsene gestorben sind. Kein einziges Kind ist unter den Opfern, alle Kinder sind noch lebend unter uns." (2016)

übertragen werden konnte. Bis zum Jahr 2017 gab es immer wieder vereinzelte Ebolafälle, meistens unter den Männern oder – wenn durch Geschlechtsverkehr übertragen – auch unter den Frauen. In einem Fall verstarb die Frau, während der Mann überlebte. Laut Prognosen kann man erst nach 25 Jahren ohne Auftreten von neuerlichen Ebolaerkrankungen sicher sein, dass diese Seuche ausgerottet ist.

Manchen der älteren Burschen konnten wir helfen, einen kleinen Marktstand zu betreiben. Für die kleineren Buben fanden wir immer wieder Frauen, die ihre eigenen Kinder im Krieg verloren hatten und diese Waisen trotz des erhöhten Risikos bei sich aufnahmen. Auch in fast allen Missionsstationen hatte man sich bereit erklärt, Buben aufzunehmen. Sie halfen dem Pfarrpersonal, besuchten den Schulunterricht und erhielten, wo immer möglich, eine entsprechende Berufsausbildung.

Ein großer Segen für alle Ebola-Waisen sowie für die Nachkommen der früheren Kindersoldaten und Waisenkinder aus den muslimischen Gemeinden ist seither auch die große Unterstützung durch die internationale Hilfsorganisation Mary's Meals, die dafür sorgt, dass diese Kinder täglich in den Schulen eine warme Mahlzeit erhalten.

Diese Wohltaten vieler gutgesinnter Menschen sind wie ein Balsam auf den vielen Wunden, die nun in Liberia langsam zu heilen beginnen.

„Ebola-Heilige" in Liberia

Liberianisches Sprichwort:

Auch in der Trockenzeit blühen Rosen im Garten.

An dieser Stelle möchte ich noch zwei konkrete Beispiele von heroischen Glaubenszeugen während der Ebola-Epidemie von 2014 erwähnen:

Matthew, ein junger Angestellter im öffentlichen Gesundheitsdienst, war täglich in Monrovia unterwegs, um verdächtige Fälle zu identifizieren. Als er eines Abends nach Hause kam, berichtete er seiner Frau, dass ihn nun auch das Fieber gepackt hatte. Sie brachte vor Entsetzen kein Wort über ihre Lippen, aber Matthew gab ihr in völliger Ruhe folgende Anweisung: „Sag den Kindern, Papa muss heute früh zu Bett gehen, weil er sehr müde ist. Ich kann mich heute nicht mehr mit ihnen befassen und schlafe im Nebenzimmer. Bitte stell mir morgen früh, solange ich noch in der Lage bin etwas zu essen, etwas Nahrung vor die Türe. Sollte das bereitgestellte Essen zwei Tage nicht angerührt werden, dann ist es an der Zeit, die Ebola-Ambulanz zu rufen. Die wissen dann, was zu tun ist. Du selbst verlass sofort mit den Kindern das Haus und geh zu Deinen Eltern. Du und die Kinder, ihr müsst überleben. Sorge Dich nicht um mich, im Himmel werden wir uns wiedersehen!"

Da das Essen, das sie ihm vor die Türe gestellt hatte, bis zum nächsten Abend unberührt geblieben war, wusste sie, was geschehen war. Durch seine selbstlose Hingabe rettete er seiner Familie das Leben. Diese Geschichte hat mir die Mutter der Frau selbst erzählt.

Das zweite Beispiel handelt von Esther, der Mutter von Charles Ghono, des jungen Priesters aus der Diözese Gbarnga. Mit ihr, ihrem kranken Mann, Charles und seinen Geschwistern hatte ich mehrere Jahre gemeinsam in Danané verbracht. Sie lebte nach dem Krieg mit ihrer jüngsten Tochter und zwei Enkelkindern in Sanniquellie, der Hauptstadt von Nimba County, ganz in der Nähe unserer F.M.M.-Schwestern. Esthers Sohn Charles war zu diesem Zeitpunkt bereits als junger Priester in einer anderen Pfarre tätig. Während der Ebola-Epidemie bekam sie Besuch von zwei Neffen, den Söhnen ihrer kurz davor verstorbenen Schwester. Wegen der hohen Ansteckungsgefahr wagte sie es nicht zu reisen, obwohl man ihr versicherte, dass ihre Schwester nicht an dieser gefürchteten Epidemie, sondern an einer anderen Krankheit gestorben war.

Esther hieß die beiden Neffen willkommen, die ihr über die letzten Tage ihrer Mutter berichteten. Nach zwei Tagen stellte sich heraus, dass einer der beiden Buben an hohem Fieber litt. Am darauffolgenden Tag erkrankte auch sein Bruder. Esther rief Schwester Annama, die Krankenschwester unserer Klinik, an und fragte sie, was sie nun tun solle. Schwester Annama verständigte sofort die Ebola-Truppe des Krankenhauses, die die beiden Buben abholte. Einer von ihnen verstarb bereits in der Ambulanz, der andere am nächsten Tag.

Da es zu dieser Zeit noch nicht überall Quarantänecamps gab, wurden die Verdachtsfälle gemeinsam mit allen, die im selben Haus wohnten, eingesperrt. In diesem Fall übernahm Pater Sebastian, ein irischer Missionar, und Annama, die Krankenschwester, die weitere Beobachtung und Betreuung von Esther, ihrer Tochter und den beiden Enkelkindern. Father Charles wurde gleich vom Bischof verständigt, um für seine Familie zu beten, ein Besuch war ihm jedoch strengstens untersagt! „Sei stark und halte dich aufrecht", ermutigte ihn der Bischof, „damit wenigstens ein Ghono-Sohn überlebt." Weder unser Bischof noch wir erwarteten ein Wunder, denn menschlich betrachtet wäre ein Überleben der Mutter nicht möglich gewesen. Aber in unserem Kleinglauben wurden wir eines Besseren belehrt!

Pater Sebastian rief Esther an, um ihr mitzuteilen, dass er sie nicht vergessen habe und mit ihr weiterhin in Verbindung bleiben würde. Sie aber erwiderte, dass ihr Guthaben im Mobiltelefon nahezu aufgebraucht sei. Er solle lieber für sie und die Kinder beten. Sie hätte noch einige wenige Vorräte an Süßkartoffeln und Pfeffer übrig. „Vielleicht leben wir ohnedies nicht mehr lange, so Gott will. Wir nehmen alles an, was noch kommt." Alle gingen davon aus, dass dies wohl das letzte Lebenszeichen von Esther sein würde.

Täglich wechselten sich Pater Sebastian und Schwester Annama ab, um Vorräte in einem Plastiksack vor Esthers Haustür zu legen, so wie es in früheren Zeiten mit den Leprakranken gehandhabt worden war. Erstaunlicherweise verschwand auch während der nächsten beiden Wochen täglich das vorbereitete Essen, was ein gutes Zeichen war. Zu Beginn der dritten Woche fragte der Missionar: „Esther, lebst du noch?" Prompt kam die Antwort zurück: „Ja, es geht uns gut."

Zögernd wagten sich nun auch die Frauen der Pfarre mit Hilfsgütern zu dem Haus. Nach den drei vorgeschriebenen Wochen der Inkubationsphase, öffnete die Ebola-Truppe des Krankenhauses die Tür und fand die Familie Ghono frisch und munter vor. Es war ein Wunder! Alle hatten überlebt und sie leben bis heute! Das Wiedersehen mit Esther war für alle ein wunderschönes Geschenk, das nur Gott uns zu geben vermag.

10. Kapitel

Die Weltkirche ist lebendig!

Ein Rosenkranz geht um die Welt

Papst Franziskus:

*Fangt mit dem Gebet an und
versetzt Österreich in eine missionarische Aufbruchstimmung!*

Im Juni 1995 schaffte ich es endlich einmal wieder, auf Heimaturlaub nach Österreich zu kommen. Einer meiner ersten Besuche in meiner Heimat galt der Missio-Zentrale in der Seilerstätte in Wien. Es war gerade die Zeit, als Missio die Aktion „Lebendiger Rosenkranz" gestartet hatte. Dieser in fünf Farben gestaltete Rosenkranz aus Holz schrieb damals Geschichte.[23]

---

23 Die verschiedenen Farben der fünf Rosenkranz-Gesätzchen des Lebendigen Rosenkranzes symbolisieren die fünf Kontinente, in denen Missio durch die Präsenz der Kirche missionarisch wirkt und für die speziell gebetet werden soll.

Der damalige Missio-Nationaldirektor, Pater Leo Maasburg, wollte mit dieser Aktion das ursprüngliche Charisma der Päpstlichen Missionswerke wiederbeleben. Pauline Jaricot, die Gründerin der Päpstlichen Missionswerke, hatte bereits 1826 diesen speziellen Rosenkranz in Frankreich eingeführt und dadurch sehr viele Menschen zum Gebet und zur Spende für die Ausbreitung der katholischen Kirche auf allen Kontinenten animiert. Mehrere Male durfte auch ich erfahren, wie wir in der Mission, besonders während der schweren Zeit des Bürgerkrieges, mit der Weltkirche durch das Rosenkranzgebet verbunden waren: Mit der bunten Gebetsschnur in der Hand, gab uns dieses mächtige Gebet Kraft zum Durchhalten.

Dank an Missio Österreich für diese wichtige Initiative!

Bei meinem Besuch in der Missio-Zentrale überreichte mir Elisabeth Rittsteuer 200 Stück dieser Kostbarkeiten, die ich in den Flüchtlingslagern verteilen sollte. Es war mir zu diesem Zeitpunkt allerdings noch nicht klar, wie viele Länder diese Rosenkränze durch mich und die vielen Flüchtlinge bereisen und dadurch Menschen berühren würden.

Mit einer ehemaligen Schulfreundin unternahm ich vor meiner Rückkehr nach Afrika eine Wallfahrt zur Lourdesgrotte in Weinburg bei Obergrafendorf. Mit dem Rosenkranzgebet empfahl ich unserer lieben Gottesmutter den gesamten Friedensprozess in Liberia an.

Vor meinem Rückflug erlebte ich am Flughafen Wien-Schwechat einen bemerkenswerten Zwischenfall. Ich hatte die 200 Rosenkränze aufgeteilt und teils in meinem Handgepäck, teils in meinem restlichen Reisegepäck untergebracht. Wegen eines Bombenalarms am Flughafen wurde alles genauestens durchsucht. Beim Öffnen meiner Handtasche kamen immer mehr bunte Rosenkränze zum Vorschein. Lächelnd fragte mich der Beamte, ob ich denn Kindergärtnerin sei, weil ich so viel Spielzeug in der Tasche hatte. Darauf antwortete ich schlagfertig: „Von Berufs wegen bin ich sehr wohl Kindergärtnerin, aber diese Rosenkränze sind für Afrika bestimmt, denn Afrikaner beten sehr gerne den Rosenkranz!" „Ach so", meinte der Mann verlegen, und ich hörte noch einen anderen Beamten ihm zuflüstern: „Des is jo a Missionsschwester ..." Diese kleine Episode hat damals beim Check-In für etwas Aufruhr gesorgt. Ich hoffe, dass es für einige der mitreisenden Passagiere eine gute Anregung zum Rosenkranzgebet war. Man weiß ja nie!

Während des Rückfluges von Österreich kamen mir Erinnerungen an den Rosenkranz-Sühnekreuzzug nach dem Zweiten Weltkrieg in den Sinn. Damals ging es um Frieden in Europa und die Befreiung Österreichs von den Besatzungsmächten. Ich war damals in der katholischen Jugend sehr engagiert und beteiligte mich auch an der Unterschriftensammlung, durch die man dem Rosenkranz-Kreuzzug beitreten konnte. Wir setzten uns auch dafür ein, dass der 8. Dezember, der Tag der Unbefleckten Empfängnis, nach dem Krieg wieder als gesetzlicher Feiertag in Österreich eingeführt wurde.

Bei meiner Ankunft in Abidjan suchte ich einen Sicherheitsbeamten, denn ich fürchtete, dass nach der Überprüfung meiner Gepäckstücke nicht mehr viele Rosenkränze für Liberia übrigbleiben würden, weil Rosenkränze in Afrika so beliebt sind. So geschah es, dass sich ein sehr freundlicher Sicherheitsbeamter erkundigte, ob ich Hilfe benötigte. Ich muss hier betonen, dass uns Ordensschwestern in der Elfenbeinküste immer großer Respekt gezeigt wurde, jedenfalls zur damaligen Zeit vor 25 Jahren.

Als ich mich mit meinem „Rosenkranz-Problem" an ihn wandte, zog er plötzlich einen kleinen Rosenkranz mit zehn Perlen und einer wundertätigen Medaille aus seiner Tasche und meinte: „Sehen Sie, Schwester, ich bin auch Katholik, und meine Frau ist die Präsidentin der Legion Mariens in der Sankt Anne Pfarre in Abidjan." Ich war sehr beeindruckt, denn hier trugen die Leute den Rosenkranz bei sich, während daheim in Österreich viele diese kostbare Gebetskette gar nicht mehr kennen.

Mithilfe dieses freundlichen Mannes konnte ich alle Flughafenkontrollen rasch passieren, ohne Zeit zu verlieren. Zum Glück kam mir noch ein Blitzgedanke: Ich zog einen dieser bunten Kostbarkeiten aus der Tasche, überreichte ihn meinem neuen katholischen Freund und bat ihn, diesen Rosenkranz seiner Frau für die Legion Mariens zu geben, damit sie für den Friedensprozess in Liberia und die baldige Rückkehr der Flüchtlinge beten möge. Er freute sich sehr über diese Geste und meinte: „Es ist sehr traurig, dass dieser Krieg uns alle so sehr betrifft." Er bedankte sich bei mir noch für den Einsatz aller Missionare und das Gute, das sie für die Flüchtlinge tun, denn dies löse auch in der Elfenbeinküste viele Spannungen und Probleme.

Unmittelbar nach meiner Rückkehr in die Exildiözese Danané begannen wir, die Bedeutung dieser kostbaren Rosenkränze den Katechisten und den Leitern der Flüchtlingsseelsorge zu erklären und ihren Gebrauch in die Pastoralarbeit einzubringen. Diese bunte Gebetsschnur kam gut an: Sie war Ansporn zu einem neuen Aufschwung im Gebet.

Die afrikanischen Frauen fanden sehr bald heraus, wie sie ähnliche Gebetsschnüre aus verschiedenen Materialien knüpfen konnten. Die größeren Buben stellten dazu kleine Kreuze aus Holzstücken her. Es begann ein echter Rosenkranz-Boom. Der Missio-Rosenkranz war nun im ersten Land seiner Reise angelangt, in der Elfenbeinküste. Das zweite und dritte Land dieser Reise sollten nach der dritten Flucht im Jahr 2002 Ghana und Nigeria werden.

2004 kehrte unser Missio-Rosenkranz mit uns endlich wieder zurück in unsere liberianische Heimat, um dort Frieden und Freiheit zu bringen und immer bei uns zu verbleiben. Mein eigener Rosenkranz, ein Geschenk der Missio an mich, könnte viel von unseren Abenteuern in Westafrika erzählen! Am Ende seiner Reise wurde er mit David Zaye, einem Katechisten aus Gbarnga, nach Rom geschickt. Dort wurde der Rosenkranz zu seinem besonderen Begleiter während seines Studiums am Institut *Mater Ecclesia* in Grotta Ferrata bei Rom. Bei meinem Besuch in Rom sagte er zu mir: „Wenn ich Schwierigkeiten mit den Gebeten auf Italienisch habe, dann bete ich mit diesem Rosenkranz gerne das Vaterunser und Ave Maria in meiner Muttersprache:

Das Vaterunser in der Stammessprache der Mano:

Ko dale eleia, i tomessia ejo, ibo la
izi do la eju, si isomo ke avola pa
kele inu. e ke no kle puna ze,
mei ko no elea pa nuo wola pa.
ko ka mia ne ilia no kianala. E ke nokili.

Abb. 39   „Our Lady of Africa". Schwester Johanna: „Solche Bilder von Maria und Jesus, wie dieses aus Uganda, sind für die Inkulturation des christlichen Glaubens sehr wichtig. Dieses Bild trägt den Namen: Unsere Liebe Frau von Afrika."

Die erste Afrika-Synode von 1994

1994 fand in Rom die erste Bischofssynode für Afrika statt. Dieses Ereignis fiel zusammen mit dem großen Exodus der Diözese Gbarnga. Wegen der Unruhen in Liberia konnte weder unser Bischof Sekey noch Erzbischof Michael Francis an der Synode in Rom teilnehmen. Doch mithilfe unserer Provinzoberin in Ghana war es möglich, das Synoden-Dokument „Ecclesia in Africa" auf Englisch zu bekommen. Sie schickte uns zwei Kopien des Dokuments ins Flüchtlingslager nach Danané. Viele afrikanische Bischöfe hatten mitgewirkt an der Entstehung dieses postsynodalen Schreibens, das von Papst Johannes Paul II. unterzeichnet wurde. Dieses wichtige Schreiben hatte tiefgreifende Folgen für unser Leben in der Zeit unseres Flüchtlingsdaseins in Danané, wo wir mit unserem Bischof Sekey eine „Exilsdiözese" aufbauten.

So inspirierte uns zum Beispiel der Punkt 79 des Kapitels „Eine versöhnte Gemeinschaft" zu einem tatkräftigen Engagement in der liberianischen Gesellschaft: „Die Herausforderung des Dialogs ist im Grunde genommen die Herausforderung der Umwandlung der Beziehungen zwischen den Menschen, zwischen den Nationen und zwischen den Völkern im religiösen, politischen, wirtschaftlichen, sozialen und kulturellen Leben. Es ist die Herausforderung der Liebe Christi zu allen Menschen, einer Liebe, die der Jünger in seinem Leben wiedergeben soll: „Daran werden alle erkennen, dass ihr meine Jünger seid: wenn ihr einander liebt' (Johannes 13,35)."

Wir diskutierten darüber, wie wir die wichtigsten Punkte dieses Dokumentes in die Realität eines Flüchtlingsdaseins umsetzen könnten. Dabei entdeckten wir drei Schwerpunkte, die wir mit unserer pastoralen Praxis zu vereinigen suchten:

1. Das Bild der Kirche als Familie half uns gerade in einer Zeit, in der die natürliche afrikanische Großfamilie aufgrund des Krieges zerstört wurde.

2. Evangelisierung und Inkulturation: In einer fremden Umgebung galt für uns der Schwerpunkt, den Dialog mit den anderen Stämmen und dem fremden Volk zu pflegen, um durch die kulturellen und religiösen Gemeinsamkeiten als afrikanisches „Volk Gottes" besser Zeugnis geben zu können.

3. Gerechtigkeit und Frieden: Im Exil konnten wir den Frieden, den wir in der liberianischen Heimat aufgrund der Unruhen und des Krieges nicht mehr erfahren konnten, neu überdenken. Aus dem Glauben heraus konnten wir in der Situation als Flüchtlinge aus den unterschiedlichsten Stämmen auf die Versöhnung hinarbeiten. Es war eine gute Vorbereitung für ein friedliches Zusammenleben in Liberia nach dem Krieg.

Der Punkt III des Kapitels „Die Nation aufbauen" gab uns diesbezüglich noch einen wichtigen Anstoß: „Im politischen Bereich stößt der schwierige Prozess des Aufbaus nationaler Einheiten auf dem afrikanischen Kontinent auf besondere Hindernisse, da es sich beim Großteil der Staaten um relativ junge politische Gebilde handelt. Tiefgreifende Unterschiede in Einklang zu bringen, alte ethnisch bedingte Feindschaften zu überwinden und sich in eine Weltordnung zu integrieren erfordert große Geschicklichkeit in der Kunst des Regierens. Darum hat die Synodenversammlung ein inständiges Gebet an den Herrn gerichtet, dass in Afrika heiligmäßige Politiker – Männer und Frauen – erstehen mögen; dass es heilige Staatsoberhäupter geben möge, die das eigene Volk bis zum Äußersten lieben und lieber dienen wollen, als sich zu bedienen."

Es ist bemerkenswert, dass nichts von all dem, was das liberianische Volk in den letzten 40 Jahren an unglaublichen Herausforderungen durchzustehen hatte, die Gottesbeziehung und Glaubenstreue der kleinen christlichen Herde schwächen konnte. Die katholische Kirche hat in der Zeit nicht an Glaubwürdigkeit eingebüßt, ganz im Gegenteil: Die durch den Krieg ausgelöste ständige „Völkerwanderung" ins Exil, aber auch im Land selbst, förderte letztendlich die Ausbreitung der Kirche. Heute sind etwa 85,6 Prozent der Liberianer Christen. Die meisten von ihnen gehören den protestantischen Freikirchen an, während die Katholiken mit rund 200.000 Gläubigen immer noch eine kleine Minderheit darstellen. Aber der Samen, den die Missionskirche vor 100 Jahren in Liberia gesät hat, wächst weiter. Obwohl der Priestermangel und somit auch der Mangel an der Spendung von Sakramenten bis heute noch immer sehr groß ist, hat die katholische Kirche überall im Land Wurzeln geschlagen.

Das verdankt Liberia der Missionskirche, deren Sendung und Ziel der Aufbau einer starken Lokalkirche ist. Wir sind keine Entwicklungshelfer, die ein soziales Projekt in Afrika ausführen, oder auch Geschäftsleute, die kaum Interesse am Wohlergehen der einheimischen

Bevölkerung zeigen. Wir Missionare sind „Gottesmenschen", wie uns die Menschen im Land gerne nannten: *„Sister, you are a Godwoman"*, durfte ich mir von sogenannten Heiden sagen lassen. „Schwester, du bist eine Gottesfrau!" Kein Satz kann besser die Identität unseres Sendungsberufes verdeutlichen!

Liberianer sind Menschen des Gebetes. Diese Bezogenheit auf Gott wurde während der Kriegsjahre oft hart auf die Probe gestellt. Die Kirche versuchte, anhand des Evangeliums die Barmherzigkeit Gottes in Kriegszeiten herauszustreichen, indem sie immer wieder von Versöhnung sprach anstelle von Rache und Gewalt. Jeder, der unsere Situation kannte, musste später zugeben, dass der Friede in Liberia nur durch einen starken Glauben und das zähe Durchhalten mithilfe der Kirche entstehen konnte.

DAS GEWISSEN UNSERES VOLKES

Liberianisches Sprichwort:

Die Weisheit der Alten ist kostbarer
als der ganze Sternenhimmel.

Erzbischof Michael Francis bewies seit Beginn des Bürgerkrieges seinen Mut, mit dem er den Kampf mit Charles Taylor aufnahm, wenn es um die Kirche und sein Volk ging. Furchtlos konfrontierte er seinen Gegenspieler, der ihn für seine niederen Interessen einzunehmen versuchte. Dem Erzbischof war bewusst, dass er an vierter Stelle von Charles Taylors Todesliste der unerwünschten Personen stand. Das hinderte ihn jedoch nicht, unaufhörlich gegen den Strom des Bösen, welcher das Land zu überschwemmen drohte, mithilfe der Kirche zu schwimmen.

Ihm war es hauptsächlich zu verdanken, dass Charles Taylor im August 2003 freiwillig und ohne blutige Zusammenstöße das Land verließ. Bald darauf, im Jahr 2004, verbreitete sich rasch die traurige Nachricht, dass Erzbischof Michael Francis durch einen schweren Schlaganfall an den Rollstuhl gebunden war. Sein Leiden und Schweigen sollte noch neun lange Jahre dauern.

Als im Jänner 2006 Ellen Johnson Sirleaf ihr Amt als neue Präsidentin Liberias antrat, ersuchte sie alle Anwesenden um eine Schweigeminute mit den Worten: „Bevor ich meine Eröffnungsrede als neue Präsidentin der Republik Liberia beginne, ersuche ich alle Anwesenden, eine Schweigeminute einzuhalten für den katholischen Erzbischof Michael Francis Kpakbala, der sehr schwer erkrankt ist und nicht mit uns sein kann. Er war das Gewissen unseres Volkes in den Jahren unserer traurigen Vergangenheit!"

Der Erzbischof starb am Pfingstsonntag 2013. Ein Gottesmann, den der Heilige Geist für Liberias Friedensprozess mit besonderen Gaben ausgestattet hatte, verließ diese Welt am Hochfest des Heiligen Geistes. Das ganze Land war über die traurige Nachricht tief betroffen, denn allen war bewusst, was das Land und die Kirche ihm zu verdanken hatten. Sein unbeugsamer Wille und Mut hatte auch uns immer wieder beflügelt und ermutigt zum Weitermachen.

Seine Beerdigung war ein Triumphzug durch die Straßen von Monrovia. Die Menschen kamen aus allen Teilen Liberias, um ihm das letzte Geleit zu geben. Von allen Dächern und wo immer man Platz fand, verfolgte man schweigend die Prozession für einen Toten, der sehr stark unter uns lebte. Er wird als Sieger über das Böse in die Geschichte Liberias eingehen.

Seltsamerweise vernahmen wir keine der bei afrikanischen Totenfeiern üblichen Wehklagen und das Geheule von Frauen. Man hörte jedoch viele Menschen sagen: *„Thank you, Bishop Francis, thank you!"* Es herrschte eine unbeschreibliche Atmosphäre, und man spürte einen Frieden, den nur ein Friedensstifter selbst noch im Tod verbreiten kann.

Dank für die grosszügige Unterstützung aus Österreich

Spruch von Schwester Johanna:

Ohne Aufforderung, ihren Schöpfer zu loben,
zwitschern die Vögel zur Ehre Gottes.
Sie rufen einander zu und bereichern
ihren Chor mit neuen Stimmen.

Es ist mir ein Anliegen, noch einmal die vielen Freunde und katholischen Hilfsorganisationen zu erwähnen, die mich und unsere Mission in Liberia von Anfang an unterstützt haben und immer ein wichtiger Teil unserer

Mission waren. Ohne sie und ihre treue Unterstützung hätten wir in dem Chaos des Bürgerkrieges den Mut verloren. Aber durch diese Verbindung zu meiner Heimat habe ich immer gespürt, dass ich in Liberia nicht alleine für das Reich Gottes kämpfe.

Allen voran möchte ich Missio Österreich danken, die von Anfang an unser Hauptbindeglied zwischen der Heimat und der Mission in Liberia war. Nicht nur die materiellen Spenden waren für uns wichtig, sondern vor allem auch die moralische und geistige Unterstützung von Missio, zum Beispiel durch die Aktion „Lebendiger Rosenkranz" oder auch die Zusendung der Missio-Zeitschrift „allewelt", die für uns immer ein Highlight darstellte. Unter den drei Mitschwestern war ich auch die Einzige, die von Missio jedes Jahr eine Weihnachtsgabe erhielt, über die ich mich sehr gefreut und sie gerne mit den anderen Schwestern zu Weihnachten geteilt habe.

Auch MIVA-Österreich hat uns nicht vergessen und uns dreimal ein Auto für unsere missionarische Tätigkeit zur Verfügung gestellt. Besonders treu hat uns die Fastenaktion der Diözese Sankt Pölten während des Bürgerkrieges unterstützt, vor allem auch danach beim Wiederaufbau der Missionsstationen und der Integration der Kindersoldaten, die bei diesem Aufbau mitgewirkt haben. Die Kindersoldaten konnten dadurch einen echten Beruf erlernen.

Auch die KFB, die Katholische Frauenbewegung Österreichs, half uns tatkräftig bei der Ausbildung von Katechistinnen und Dorfleiterinnen. In den diversen Flüchtlingscamps konnten wir diese Aus- und Weiterbildung von Frauen fortsetzen. Es war interessant zu beobachten, dass sich für die Gestaltung der sonntäglichen Wortgottesdienste immer mehr Frauen als Männer zur Verfügung stellten, besonders im ländlichen Bereich. Das hatte auch zur Folge, dass sich Frauen oft viel intensiver in ihren Familien und in den Dörfern darum bemühten, das verkündete Wort in die Praxis umzusetzen.

Hierzu möchte ich auch einige Frauen und Mütter in meiner Heimat erwähnen, die seit den 1970er-Jahren unsere Mission in Liberia durch ihr Gebet und ihre großzügigen Spenden unterstützt haben. Sie waren es, die uns durch ihren langjährigen Beistand in Liberia halfen, den guten Geist unter diesen leidgeprüften Frauen und Müttern hochzuhalten. Sehr oft ermöglichten sie uns durch ihre Unterstützung, kranken oder verzweifelten Frauen und Mädchen das Leben zu retten.

Mit vielen Frauen aus Österreich stehe ich bis heute in Verbindung, wie unter anderem mit Frau Dr. Edith Mock und Gabriele Huber, die mit ihrem Freundeskreis jahrzehntelang unsere Schule für die Kinder von Leprakranken großzügig unterstützt haben.

Aber auch viele Männer aus Österreich haben unsere Mission von Anfang an mitgetragen, wie unter anderem Herr Karl Rottenschlager, der Gründer der Emmaus-Gemeinschaft in Österreich, der fünfzehn Jahre als Sozialarbeiter in Stein an der Donau in der größten Strafvollzugsanstalt von Österreich für Schwerverbrecher tätig war. Dank seiner Erfahrung mit Straftätern haben wir bei ihm ein offenes Herz gefunden für unsere Arbeit der Wiedereingliederung von Kindersoldaten in die liberianische Gesellschaft.

Auch die internationale Hilfsorganisation Mary's Meals, mit der ich in den letzten Jahren, vor allem

Schwester Johanna ist vielen kirchlichen Hilfswerken in Österreich dankbar, die ihre Arbeit durch die Jahrzehnte unterstützt haben. Besonders dankbar ist sie der Emmausgemeinschaft Sankt Pölten und freut sich, den Gründer Karl Rattenschlager in der Nationaldirektion von Missio Österreich zu treffen. (2019)

Abb. 40

während der Ebola-Epidemie, in enger Verbindung stand, ermöglicht weiterhin die tägliche Ausspeisung der vielen Ebola-Waisen und auch der Kinder von Kindersoldaten in den diversen Schulen des Landes. Dank der erwähnten Hilfsorganisationen und Personen kann die Missionsarbeit in Liberia auch heute noch fortgesetzt werden, vor allem dort, wo die Not am größten ist.

Heute, nach 43 Jahren in der Mission, kann ich mit Genugtuung sagen: Wir Missionare haben unsere Pflicht getan und mithilfe der Heimatkirche den guten Samen der Evangelisierung in Liberia gesät. Die Missionare und Missionarinnen haben durch ihr Wirken viel grundgelegt, sodass nun einheimische Berufungen wachsen können. Mittlerweile ist die Kirche in Liberia zu einem Baum mit tiefen Wurzeln herangewachsen, und die jungen Priester sind gut vorbereitet auf die vielen Herausforderungen. Während des Bürgerkrieges haben die Menschen viel gelitten. Die katholische Kirche hat sie mitgetragen, bis der Hass und die Gewalt endlich wieder überwunden waren. Jetzt sind die jungen Liberianer die neuen Leader, die das Land in eine bessere Zukunft führen müssen. Mit ihrem guten Beispiel können sie Frieden stiften und auch die Politik positiv beeinflussen. Die junge Kirche in Liberia ist auch bereit, weiterhin ihren Beitrag zum Frieden zu leisten und an der gemeinsamen Zukunft des Landes weiterzubauen.

Schwester Johanna: „Frau Gabriele Huber, links, hat mir als Kind im Alter von 12 Jahren von ihrer Schule in Döbling aus einen Brief nach Liberia geschickt. Damals hatte Missio Österreich meine Geschichte vom Kookapurra, der für Tapi lacht, im MissioKinderjahrbuch veröffentlicht. Dort wurden die Kinder eingeladen, mir zu schreiben, und das hat Gabi damals gemacht. Seither sind wir immer in Verbindung und als Erwachsene hat Frau Huber viele Veranstaltungen organisiert, um mir zu helfen. Frau Paula Heber, rechts, hat mir geholfen, über die Diözese Sankt Pölten die Geldüberweisungen zu organisieren." (2019)

Abb. 41

Anhang 1

Liberia 1978 in der Beschreibung von Schwester Johanna

Aus der Allewelt 1978

Liberia ist eines der kleinsten und unbekanntesten Länder Afrikas. Es ist ungefähr so groß wie Österreich, hat ebenso neun Bundesländer und ist ebenso eine Republik – übrigens die erste schwarze Republik in Afrika! Liberia wurde im Jahre 1847 von zurückgewanderten Negersklaven aus Amerika zusammen mit eingeborenen Volksstämmen gegründet. Es gibt 26 verschiedene Stammessprachen, aber die Hauptsprache ist Englisch.

Die heutige Konstitution ist seit über 127 Jahren gültig, der heute lebenden Generation sind kriegerische Konflikte im eigenen Land unbekannt. Die Bevölkerungszahl beträgt etwas mehr als 1,5 Millionen, 50 % der Einwohner sind unter 19 Jahren alt. Liberia ist ein junges Land. Drei Viertel der Bevölkerung lebt auf dem Land.

Weit über die Hälfte der Bevölkerung (rund 67 %) bekennt sich zu den alten Stammesreligionen, rund 18 %

zum Islam, besonders bei den Stämmen des Nordens. Unter den vielen christlichen Gemeinschaften gibt es etwa 40.000 Katholiken.

Liberia ist ein tropisches Land. Hinter den Mangrovensümpfen der Küstengebiete erhebt sich eine wellige Hochebene, die von uralten, dichten Wäldern bedeckt ist.

Liberia ist ein sehr hügeliges Land mit dichten Buschwäldern und sumpfigen Wiesen. Die Erde ist ganz rötlich-braun und schlammig. Es gibt nur eine kleine Teilstreckeneisenbahn zur Beförderung der Eisenminenwerksarbeiter, ganz wenige asphaltierte Straßen, und in den Dörfern sitzt man noch bei der Öllampe. Außer dem Wechsel von Trocken- und Regenzeit gibt es keinen Jahreszeitenwechsel. Die Wälder sind immergrün, und die Pflanzen und Blumen kann man das ganze Jahr hindurch pflücken. Wenn in Österreich Winter ist, haben wir (von Oktober bis April) eine große Hitzeperiode. In der Sommerzeit regnet es hier täglich in Strömen.

Das Hauptnahrungsmittel ist der Reis, der vor der großen Regenzeit gepflanzt wird. „Cassava", auch „Maniok" genannt, ist ein kartoffelartiges Gemüse, das sehr viel gegessen wird. Es gibt noch verschiedene Gemüsearten, die mit sehr viel Pfeffer zubereitet werden. Die Leute züchten an Tieren nur Hühner und Ziegen. Es gibt keine Milch, kein Schweinefleisch, außer der Vater jagt einmal ein Wildschwein oder einen Alligator im Busch. Rindfleisch muss man teuer kaufen, da auch die Rinder eingeführt werden müssen. Das Klima, das in der Trockenzeit viel zu heiß und in der Regenzeit zu nass ist, macht Rinderzucht unmöglich. Es gibt aber sehr gute Früchte wie Bananen, Ananas, Kokosnüsse,

Limonen, Grapefruits, Orangen und Mangos. Liberia ist das Paradies der herrlichsten Vögel und Schmetterlinge.

Alle Kinder lernen Englisch in der Schule. Die englische Umgangssprache der Leute klingt sehr lustig, denn sie hängen an jedes Wort die Silbe „io" an. So zum Beispiel: *„I am comio; do you have a ballio; come quickio; the boy is crazioi; I am finio (finish) ..."*

Die Leute und Kinder sind sehr lebhaft. Sie sprechen sehr viel und klatschen während des Sprechens oftmals in die Hände. Alles ist bei ihnen Rhythmus und Bewegung. Mädchen tanzen jede freie Minute in der Schule, und die Buben sind begeisterte Fußballspieler.

Unsere Schule hat fast 1.000 Kinder, die geteilt morgens und nachmittags kommen, da es noch so wenige Schulen gibt und viele Kinder noch immer nicht die Möglichkeit haben, eine Schule zu besuchen. Wenn wir malen, bekommt jedes Kind nur einen Malstift, da diese nicht ausreichen für so viele – und die Eltern kein Geld haben, Malstifte zu kaufen.

Der ganze Reichtum der Kinder sind ein Bleistift und ein Heft, das sie auf dem Kopf zur Schule tragen. Dieses Heft müssen sie sich meist selber verdienen durch das Verkaufen von Erdnüssen, selbst gemachten Kokosbusserln, Früchten usw., die sie während der Pause an Lehrer oder Kinder billig verkaufen. Die Kinder sind sehr lerneifrig, wenn auch unruhig, und manchmal läuft ihnen der Schweiß von der Stirn, so heiß ist es; aber sie wollen lernen. Am Nachmittag gehen viele auf die Farm, um Holz und Gemüse zu suchen. Manchmal müssen sie noch der Mutter helfen, Gemüse oder Früchte auf dem Markt zu verkaufen, damit die Familie Kleider kaufen kann. Obwohl die Kinder viel zu Hause

Das Letzte Abendmahl (Mafa) Abb. 42

helfen müssen, sind sie immer fröhlich, freundlich, sehr humorvoll und können über jede Kleinigkeit herzlich lachen. Manchmal schlafen sie vor Übermüdung ein, besonders am Nachmittag, wenn es sehr heiß ist. Wenn sie dann aufwachen, lachen alle und rufen in allen Tönen: „Oh ..." Meistens kommen sie mit leerem Magen zur Schule, und wenn sie keine zwei Cents haben, sich ein paar Kokosbusserln, Erdnüsse oder ein Zuckerrohr zu kaufen, dann haben sie nichts bis zum Mittagsreis, den sie dann meistens aus dem Topf mit den Fingern auf dem Boden vor dem Haus sitzend verschlingen.

In den unteren Klassen habe ich heuer eine große Menge Kinder. Viel mehr, als angemeldet waren. Die Kinder, die nicht auf meiner Liste waren, schickte ich nach Hause. Am nächsten Tag saßen sie wieder brav auf ihren Plätzen. Ich schickte sie wieder nach Hause. Das dauerte eine Woche, bis mir nichts anderes übrig blieb, als sie aufzunehmen. So kommt es, dass wir in manchen Klassen 70 bis 80 Kinder haben! Was soll man machen!

Von den zirka 1.000 Kindern unserer Schule sind nur ungefähr 80 katholisch. Durch unsere Schule kommen die meisten erst mit dem Leben Gottes in Berührung. Viele glauben noch an böse Zauberer und Geister. Es kommt auch immer noch vor, dass Kinder entführt werden als Opfergabe für einheimische Götter. Das Herz der Kinder wird herausgenommen und geopfert. Manche Kinder sagten uns zu Weihnachten, sie getrauten sich nicht zur Christmette zu kommen, da Männer herumgingen, um Kinderopfer zu suchen. Unsere Religion kann wirklich Befreiung und Erlösung für diese

Menschen sein. Das wird einem erst bewusst, wenn man die ständige Angst und Furcht der Eingeborenen erlebt.

Meine ersten Weihnachten im Busch: Um 12 Uhr Mitternacht wurde die Geburt des Herrn mit englischen und eingeborenen Weihnachtsgesängen, afrikanischer Trommel, Tamburin und Gitarre festlich gefeiert. Die Krippe wird von allen stark bevölkert, denn diese Leute wissen es noch zu schätzen, wenn ein Kind zur Welt kommt. Daher lieben sie auch dieses Fest sehr. Für die Christen ist die Geburt Jesu der einzige Grund zum Feiern. Sie kennen den Geschenke- und Tätigkeitsrummel nicht. Man umarmt sich und wünscht sich in der Kirche ganz spontan *„a happy feast"*. Das große „Festmahl" besteht aus Reis mit Huhn und Pfeffersuppe. In den Dörfern werden Tänze zur Trommelmusik aufgeführt. Den Christbaumbrauch kennt man nicht, es gibt ja auch keine Tannen, und wir wollen keinen Brauch einführen, der ihnen nichts sagen würde. Vielmehr singen wir mit ihnen zur Trommel und bewundern ihre Tänze. Das einzige Geschenk, das man sich gibt als Zeichen der Freude und des Lebens, ist ein Huhn, auch für uns, das den ganzen Tag um unser Haus herumgackert und dann am nächsten Tag den Weg alles Irdischen geht.

Ein großes Mädchen kam mit dem kleinen Bruder am Arm, um mir die Hand zu reichen. (Man reicht sich hier die Hand zum Gruß und schnalzt dabei mit dem Mittelfinger!) Ich wollte auch dem kleinen Bruder die Hand reichen, da fing er plötzlich ein furchtbares Geschrei an – alle anderen Kinder starteten ein lautes Gelächter. Ich versuchte, dem Kleinen zuzureden. Plötzlich strich er mir über meine weiße Hand und zupfte an meiner Haut. Als ich ihm immer noch zuredete, fing er auf einmal ein echt befreiendes Lachen an, dass ihm die Tränen herunterrollten. Mittlerweile sind wir die besten Freunde geworden, und er begrüßt mich immer ohne Tränen. Er weiß nun, dass ich, trotz meiner weißen Hautfarbe, ein richtiger Mensch bin.

Nicht weit von Gbarnga entfernt ist eine Aussätzigen-Station. Wenn der Vater oder die Mutter erkrankt, dann zieht die ganze Familie dort in dieses Dorf. Sie können dieses Dorf nicht wieder verlassen, denn sie werden im Heimatdorf nicht mehr aufgenommen.

In Liberia gibt es noch mehr als 7.000 Leprakranke, die in zwölf Stationen betreut werden. Zwei Hospitäler sind kirchliche Einrichtungen, alle anderen staatlich.

Die hygienische Betreuung ist trostlos. Wir möchten diesen Armen zu Weihnachten eine Freude machen und für sie folgendes Notwendige besorgen: Seife, Handtücher, Betttücher, leichte Decken für die Nacht und notwendige Kleidungsstücke. Für die Kinder, deren Eltern lepros sind, möchten wir wenigstens vier Klassen Volksschulunterricht arrangieren.

Ich möchte alles daransetzen, dass so viele Kinder wie möglich eine menschenwürdige Ausbildung und Ernährung erhalten, um ihre vom Schöpfer gegebenen Kräfte entfalten zu können; dann erst können wir ihnen von der Liebe Gottes erzählen und sind glaubwürdig. Wie viele gute, herrliche Anlagen habe ich nicht schon entdeckt in diesen Kindern: die große Begeisterung für gemeinsames Tun, der große Freundschaftssinn und das Einstehen für den anderen. Die Spontaneität und Natürlichkeit im Erleben. Der Sinn für Humor und die Kontaktfreudigkeit. Natürlich treibt sie das „heiße"

Klima manchmal zu unüberlegten Kämpfen und Handlungen, aber sie sind versöhnungsfähig.

Heute während des Unterrichts sah ich Fami, einen Jungen, halb schlafend. Ich fragte ihn, ob ihm etwas fehle. „Ich habe Hunger", antwortete er. „Hast du heute Morgen nichts gegessen?" – „Nein, meine Mutter hatte keinen Reis im Haus", war die Antwort. Während ich überlegte, was zu tun sei, stand ein anderer Junge, Tati, auf, holte aus seiner Hosentasche zwei winzige Mandarinen hervor und gab eine davon Fami mit dem Hinweis: „Nimm das, ich habe zwei davon." Gierig verschlang Fami die Frucht und lächelte mir zu: *„Sister, I am alright now!"* Wir alle klatschten in die Hände, um diese gute Tat hervorzuheben.

In einem Buschdorf haben wir eine sogenannte „Buschschule", das heißt eine selbstgebaute Lehmhütte, in die es hineinregnet. Die Kinder haben nicht genug Sitzgelegenheiten, und manche knien auf dem Boden und schreiben auf der Bank. Es sind keine Schulbücher hier, und ich möchte wenigstens jedem der 80 Kinder einen Bleistift und ein Schulheft schenken; aus welchen Mitteln? Manchmal werde ich traurig, wenn ich die schwitzenden Kinder hier zusammengepfercht vor mir habe, gierig ihren einzigen Buntstift an sich drückend (sie müssen ihn nachher zurückgeben) und malend mit einem Buntstift. Wenn ich an die Kinder meiner österreichischen Heimat denke, die fast alles Schulmaterial umsonst bekommen!! Bitte, wollt ihr mir helfen, dass ich diesen Kindern besser helfen kann, die genauso intelligent sind, hätten sie nur die nötigen Lernmittel ...

Abb. 43　Der Kookaburra gehört zur Familie der Eisvögel, er wird bis zu 48 Zentimeter lang. Der Kookaburra wird auch „Laughing Jack" oder „Lachender Hans" genannt, weil er Geräusche von sich gibt, die wie lautes Lachen klingen.

Anhang 2

Eine Geschichte in der allewelt 1978

1978 hat Schwester Johanna Datzreiter eine Kindergeschichte „Der Kookaburra lacht für Tapi" für das Missio-Magazin „allewelt" geschrieben. Damals, vor mehr als 40 Jahren, war die Welt noch anders. Wir bringen die Geschichte, ebenso wie die Vorstellung von Schwester Johanna, unverändert, auch wenn es eine kleine Reise in die Vergangenheit ist. So gewinnt man einen Eindruck, wie damals Werbung für die Mission gemacht wurde.

Pater Karl Wallner

DER KOOKABURRA LACHT FÜR TAPI

Auf dem untersten Zweig des Schattenbaumes sitzt ein bunter Vogel und streckt den Hals. Ein letztes Sonnenfunkeln bricht durch die Blätter. Es lässt die Federn des Vogels aufleuchten wie grünes Metall. Rostrot schimmert die Brust, blau der Kopf. Der Vogel äugt zu den drei Kindern hinunter, die ganz still an den Stamm gelehnt sitzen. Schlafen sie? Ein schwarz-weiß gefleckter Hund liegt neben ihnen, den Kopf auf den Pfoten. Der Vogel trippelt hin und her. Er spürt, dass er vor den Kindern und dem Hund keine Angst haben muss. Er spreizt die Flügel, öffnet den Schnabel und lässt seinen Ruf in die Abendstille schallen. Es klingt wie Lachen, ein glucksendes, lustiges Gelächter.

Der Bub unter dem Baum hebt den Kopf und horcht.

„Der Kookaburra lacht", flüstert das Mädchen.

„Das bedeutet Glück!" – „Aber nicht für uns", sagt der Bub. „Für die ganze übrige Welt. Nicht für uns."

„Vielleicht haben wir morgen Glück!", meint das Mädchen. Sie drückt den jüngsten Bruder an sich, der schlaftrunken seufzt. Der schwarz-weiße Hund bewegt unruhig die Schnauze.

Der bunte Vogel streicht vom Ast. Wie ein Pfeil so schnell fliegt er über den Buschwald gegen Westen zu.

Das Mädchen schaut ihm nach. „Er fliegt nicht ins Dorf hinein", sagt sie. „Er fliegt der sinkenden Sonne nach."

„In diese Richtung werden wir morgen früh wandern", sagt der Bub. Der Bub ist zehn Jahre alt, der älteste der drei Geschwister. Er heißt Tapi. Seine Schwester, neun Jahre alt, heißt Teisia. Sie ist einen Kopf kleiner als Tapi, aber doch schon groß genug, um den kleinen Mui im Tragtuch zu schleppen. Mui, der jüngste Bruder, ist zwei Jahre alt. Er versteht noch nicht, was für ein Unglück über die Familie gekommen ist.

Zwei Tage zuvor haben die drei Kinder ihre Eltern zur Aussätzigen-Station begleitet. Die Station liegt einen Tagesmarsch vom Dorf entfernt und wird von zwei Krankenschwestern betreut. In vielen kleinen Hütten sind die Leprakranken untergebracht. Auch kranke Kinder leben hier. Alle Patienten bekommen von den Schwestern Medizin. Die Wunden werden verbunden, die eiternden, blutenden Stellen gewaschen. Diejenigen Kranken, deren

Hände und Füße noch nicht verstümmelt sind, arbeiten. Sie pflanzen Reis und Gemüse, tragen Wasser, hacken Holz. Sie helfen den anderen, deren Krankheit schon weiter fortgeschritten ist.

Es gibt Patienten, die keine Ohren und Nasen mehr haben, nur blutende Löcher. Manchen sind die Finger abgefallen. Manche sind erblindet. Manche haben keine Arme und Beine mehr, der Körper ist von Beulen und Krusten übersät und löst sich auf.

„Entsetzlich", flüstert die Mutter, als sie solch eine Kranke sieht. „Kinder, schaut nicht hin, es ist entsetzlich!"

Die Krankenschwester hat die Mutter freundlich an der Hand genommen. „Ihr beide, du und dein Mann, werdet bestimmt gesund! Lepra ist heilbar, wenn man rechtzeitig Medizin bekommt!"

Dann hat die Krankenschwester die Kinder untersucht, ganz genau, jede Stelle des Körpers. Nirgends war ein weißer Fleck zu entdecken. „Die Kinder sind gesund", hat sie gesagt. „Sie können in ihr Dorf zurückgehen!"

„Ohne euch?", hat Teisia gerufen. „Ganz allein?"

Der Vater hat Tapi fest in die Augen geschaut. „Tapi, du bist mein großer Bub. Dir kann ich Teisia und den kleinen Mui schon anvertrauen! Hör mir zu: Wenn ihr hier bei uns bleibt, würdet ihr euch vielleicht anstecken und auch krank werden. Es ist besser, ihr geht in unser Dorf zurück. Der Häuptling wird bestimmen, wer für euch sorgt und euch zu essen gibt. Ich selber habe vielen Nachbarn geholfen, wenn es nötig war. Nun werden sie euch helfen, und wenn wir wieder gesund sind und heimkehren, werden wir allen, die euch betreut haben, nach Kräften vergelten!"

Die Mutter hat tapfer genickt. „Wenn ich die Hütten hier anschaue, wie arm und trostlos, und der Gestank,

309

Abb. 44   Jesus heilt zehn Lepra.kranke (Mafa)

und die elenden Kranken – ich bin froh, dass ihr nicht hierbleiben müsst. Besucht uns ab und zu, aber kommt nur bis an den Zaun der Station."

Teisia hat den ganzen langen Rückweg geweint. Der kleine Mui in ihrem Tragtuch ist bald eingeschlafen, sein kleiner Kopf wackelt bei jedem Schritt, den Teisia macht. Tapi denkt nach, wie er seine Schwester trösten kann. Er beginnt, Märchen zu erzählen.

Der Vater ist der beste Märchenerzähler im Dorf, und Tapi hat die Begabung geerbt. Er erzählt der schluchzenden Schwester vom Wassergeist und der tapferen Königin, und vom Vater, der seine beiden Söhne in die Welt hinausgeschickt hat, damit sie den Wert der Freundschaft lernen. Und er erzählt die Geschichte vom Sternmädchen und ihrem Korb ...

Die ganze Zeit ist ihr schwarz-weißer Hund neben ihnen hergelaufen. Er ist ein guter Freund, der nie von ihrer Seite weicht. Manchmal jagt er kleine Tiere im Busch, und wenn Mui schmutzig ist, schleckt er ihn mit seiner Zunge rein. Schwarzweiß ist der Erste gewesen, der das neue Unglück geahnt oder gespürt hat. Er hat die feuchte Nase in die Luft gesteckt und hat leise geheult. Das war am Dorfrand, und eben hat Tapi gesagt: „Trag Mui gleich in die Hütte, ich will gehen und unserem Häuptling alles berichten."

Die Kinder bleiben stehen. „Was hast du, Schwarzweiß, warum heulst du?"

Der Hund setzt zögernd Pfote vor Pfote. Jetzt merken es auch die Kinder. Es liegt Brandgeruch in der Luft. Kurze Zeit später stehen sie vor ihrer niedergebrannten Hütte. Die Hütte, in der sie mit Vater und Mutter gewohnt haben, ist nur mehr ein Haufen heißer Asche.

Eine Frau kommt aus der Nachbarhütte und starrt die Kinder entsetzt an.

„Was macht denn ihr noch im Dorf?" „Wir sind zurückgekommen!", sagt Tapi.

„Die Krankenschwester hat uns untersucht. Wir sind gesund. Deshalb hat sie uns ins Dorf zurückgeschickt." – „Gesund?", fragt die Frau misstrauisch. „Wer kann denn das so genau sagen? Noch nie ist jemand aus dem Lepradorf zurückgekommen. Geht wieder dorthin, Kinder, ihr gehört zu euren Eltern. Hier im Dorf kann euch niemand behalten. Versteht ihr nicht – eure Hütte ist niedergebrannt worden, damit sich die Krankheit nicht ausbreitet, der Häuptling selbst hat es befohlen. Ihr könnt nicht hierbleiben!"

Die Kinder gehen zum Häuptling. Sie kauern sich vor seiner Hütte nieder und ahmen das Geräusch des Anklopfens nach. „Baba!" Der Häuptling tritt heraus. Auch er erschrickt, als er die Kinder sieht.

Tapi richtet aus, was ihm der Vater aufgetragen hat: „Er wird allen nach Kräften vergelten, wenn er wieder gesund ist ..."

„Liebes Kind", beginnt der Häuptling. Er kratzt sich den Kopf, räuspert sich und fängt von Neuem an. „Über deine Familie ist großes Unglück gekommen, und allen im Dorf tut es schrecklich leid. Aber du bist ein großer verständiger Bub, mit dir kann ich reden wie mit einem Mann: Die Krankheit, die deine Eltern befallen hat, ist unheilbar. Noch nie ist jemand aus dem Lepradorf zurückgekehrt. Die Leute im Dorf haben Angst, dass ihr sie ansteckt. Deshalb dürft ihr nicht hierbleiben."

„Wir sind gesund", erklärt Tapi. „Und die Krankenschwester sagt, dass auch die Eltern gesundwerden, weil sie rechtzeitig Medizin bekommen."

Der Häuptling schüttelt den Kopf. „Das habe ich noch nie gehört. Ich kann es nicht glauben."

„Schick doch einen Boten zu der Krankenschwester, damit sie es ihm erklärt, wenn du uns nicht glaubst", fleht Tapi. Der Häuptling schüttelt den Kopf. „Die Angst vor der Krankheit ist viel zu groß. Niemand wird es wagen, euch in seine Hütte aufzunehmen!"

„Und wenn wir jemanden finden, der uns aufnimmt?", flüstert Teisia. „Dann habe ich nichts dagegen, dass ihr bleibt", sagt der Häuptling endlich.

Die Kinder wandern von Hütte zu Hütte. Sie bitten um Aufnahme, erzählen ihre Geschichte, beteuern, dass sie gesund sind. Sie finden keinen Glauben. Verlegene Gesichter sehen ihnen entgegen, ängstlich weichen die Mütter zurück, jagen ihre Kinder in die Hütte, damit sie ja nicht in die Nähe von Tapi und Teisia kommen.

„Es tut mir ja so leid", sagen die meisten. „Aber ich habe Angst, dass ihr meine Kinder ansteckt."

„Geht zurück zu euren Eltern", sagt eine alte Frau. „Ihr seid gefährlich für das Dorf. Besser, zwei Kinder leben im Lepradorf, als alle Gesunden werden angesteckt."

„Aber ..."

„Kein Aber", ruft die alte Frau. „Marsch, fort mit euch!"

Tapi und Teisia laufen aus dem Dorf. Sie hören nicht mehr, wie die alte Frau hinter ihnen hermurmelt: „Die Armen! Die armen Kinder! Aber was soll man denn machen! Mir bricht das Herz, dass ich sie fortjagen muss, aber es geschieht um der anderen, der gesunden Kinder willen."

Die Kinder sitzen unter dem Schattenbaum. Mui schläft in Teisias Schoß. Es ist Nacht geworden, und die Sterne funkeln am Himmel. Teisia denkt an den Kookaburra. Vielleicht bringt er uns doch Glück, denkt sie. Der Vater hat immer gesagt: Wer den Kookaburra lachen hört, hat Glück!

In der Dunkelheit bewegt sich etwas. Schritte schleichen heran. Tapi horcht in die Finsternis. Der Hund schlägt an.

„Wer ist da?", fragt Tapi. „Ich bin's", antwortet eine leise Stimme. „Die Frau des Häuptlings. Hier lege ich euch ein paar Matten und eine Decke her. Und einen Korb mit Bananen. Mehr kann ich für euch nicht tun. Geht rechtzeitig fort, in aller Früh, wenn die Sonne aufgeht. Ich fürchte, sie jagen sonst die Hunde auf euch, wenn sie euch noch hier finden."

„Wir gehen nach Westen, wenn die Sonne aufgeht", sagt Tapi. „Der Kookaburra hat uns den Weg gezeigt. Danke für Essen und Matten. Du meinst es gut mit uns, auch wenn du nicht glaubst, dass wir gesund sind."

„Lebt wohl", sagt die Frau. Ihre Schritte verklingen in der Nacht.

Als das Dorf am nächsten Morgen erwacht, ist der Platz unterm Schattenbaum leer. Die Kinder marschieren durch den Busch. Sie folgen einem schmalen, kaum wahrnehmbaren Pfad. Teisia erinnert sich, dass die Mutter von einem alten Onkel erzählt hat, der im nächsten Dorf wohnt. Sie hofft, den alten Mann zu finden. Tapi freut sich, dass die kleine Schwester wieder zuversichtlich ist. Die Kinder haben die Bananen gegessen und auch Mui mit kleinen Stücken gefüttert.

Der schwarz-weiße Hund hat eine Schlange totgebissen und also auch sein Frühstück gefunden. Als die Sonne hoch über ihren Köpfen steht, bellt Schwarzweiß. Er wedelt mit dem Schwanz. Von Weitem antwortet vielstimmiges Gebell.

Das Nachbardorf liegt bald vor ihnen. Es ist viel größer als ihr Heimatdorf. Eine breite saubere Straße führt hindurch. Auf dem Platz in der Mitte steht ein riesiger Schatten baum. Unter ihm sitzen die Männer und Frauen und halten ihren Wochenmarkt.

Die Kinder tauchen im fröhlichen Menschengewimmel unter. Tapi fragt nach dem alten Onkel. Su heißt er. Kennt jemand den alten Su?

„Der ist schon lange tot", antwortet eine Frau. Enttäuscht schauen die Kinder einander an. „Was tun wir jetzt?", fragt Teisia.

„Nur nicht den Mut verlieren", sagt Tapi. „Wir suchen uns einen schattigen Platz zum Ausruhen und Nachdenken."

Hinter einer großen Hütte mit breitem, vorspringendem Dach kauern sich die Kinder nieder. Tapi breitet die Matten aus, und Teisia hebt den kleinen Mui aus dem Tragtuch.

„Ach, bist du schwer", seufzt sie. „Hier, setz dich nieder. Da ist noch ein Stück Banane für dich, das letzte!"

Tapi blickt zum Dach hinauf. „Das ist eine komische Hütte", sagt er. „Sie hat große Löcher in der Wand. Viereckige Löcher."

„Es sind Kinder in der Hütte", sagt Teisia plötzlich. „Sehr, sehr viele Kinder. Sie singen."

Tapi springt auf und schleicht zu dem großen Loch in der Wand. Er stellt sich auf die Zehenspitzen und schaut in die Hütte hinein. Was er sieht, findet er sehr merkwürdig.

Da sitzen viele Kinder auf hölzernen Bänken. Sie haben ein weißes Blatt auf ihren Knien liegen. Darauf stehen schwarze Zeichen.

„Was siehst du?", flüstert Teisia. „Sag mir doch, was du siehst." „Ich glaube, das ist eine Schule!", sagt Tapi leise.

Die Kinder in der Hütte fangen zu singen an. Sie singen in einer Sprache, die Tapi und Teisia kaum verstehen. Es ist Englisch. Die Kinder singen: „Kookaburra sits in the old gum tree. Merry, merry king of the bush is he. Laugh, Kookaburra, laugh, Kookaburra, gay your life must be."

„Das ist ein schönes Lied", sagt Teisia. „Ich habe nur ein Wort verstanden: Kookaburra. Sie singen vom Kookaburra."

„Tapi, ist das nicht ein gutes Zeichen für uns?"

„Es ist ein gutes Zeichen", sagt Tapi, denn er ist glücklich, dass Teisia zum ersten Mal seit drei Tagen wieder lächelt.

Kaum ist das Lied verklungen, erschallt das Scharren und Trampeln vieler Füße. Die Kinder laufen aus der Hütte ins Freie. Sie schreien und lachen. Tapi und Teisia drücken sich an die Wand und halten den kleinen Mui fest. Schwarzweiß wedelt fröhlich und bellt. Die Kinder beachten die vier gar nicht. Sie umringen einen Buben, der in einem Korb viele Säckchen mit Erdnüssen trägt.

Der Bub verkauft die Erdnüsse. Für jedes Säckchen bekommt er zwei Cent. Als der Korb leer ist bis auf ein Säckchen, schlendert der Bub in den Schatten. Gar nicht weit weg von Tapi und Teisia hockt er sich nieder, lehnt den Rücken an die Hüttenwand und gähnt. Dann bemerkt er die Kinder.

„Hallo", sagt er und lacht. „Euch kenne ich ja gar nicht!"

„Wir kommen aus dem Nachbardorf", sagt Tapi.

„Wollt ihr euch für die Schule anmelden?", fragt der Bub.

„Vielleicht", sagt Tapi.

„Sie wird euch nicht mehr nehmen", sagt der Bub. „Sie ist schon ganz verzweifelt, weil für die vielen Kinder kein Platz mehr ist. Mich wollte sie auch nicht nehmen, weil ich nicht auf ihrer Liste gestanden bin."

„Wer – sie?", fragt Tapi.

„Die Schwester Johanna", antwortet der Bub. „Die Schwester, die hier Schule hält. Sie hat eine weiße Haut und kommt von ganz weit her, von einem Land, das Austria heißt."

„Aber jetzt hat sie dich doch genommen?", fragt Tapi.

Der Bub lacht. „Das war so. Sechsmal hintereinander hat sie mich erwischt, wie ich mich in die Schule eingeschlichen habe. Halt, wer bist du? Jamse heißt du? Du stehst aber nicht auf meiner Liste! – Ich will aber lernen, Sister. Bitte, bitte. – Aber es sind schon fünfzig Kinder da, wir ersticken in dem kleinen Raum, wo sollen wir dich denn hinsetzen? – Im letzten Winkel, bitte, da ist noch Platz, ich mache mich klein wie eine Mücke. – Nein, Jamse, das geht nicht mehr, leider, leider. – Sister, wenn du mich nicht nimmst, bist du schuld, wenn ich dumm bleibe, und ich will doch so gerne lernen. – Beim siebten Mal hat sie mich genommen!"

„Das hast du gut gemacht, Jamse", sagt Tapi. Jamse gefällt ihm.

„Ist das dein Hund?", fragt Jamse.

„Ja. Er heißt Schwarzweiß. Und das ist Teisia, meine Schwester, und das ist Mui, unser Jüngster. Ich heiße Tapi."

„Hallo, Tapi. Hallo, Teisia. Hallo, Mui. Hallo, Schwarzweiß" , sagt Jamse. „Habt ihr Lust auf Erdnüsse? Hier habe ich noch ein paar."

„Wir haben aber kein Geld", sagt Tapi.

„Das macht nichts", sagt Jamse. „Diese hier wollte ich sowieso nicht verkaufen. Die sind für mich. Ich teile sie gerne mit euch. – Wohnt ihr hier im Dorf?"

„Wir wollten einen alten Onkel besuchen, aber der lebt nicht mehr. Wohin wir jetzt gehen, wissen wir noch nicht. Unsere Eltern können nicht für uns sorgen. Sie sind krank", sagt Tapi.

Jamse schaut die Kinder mitleidig an. „Wo werdet ihr essen?" Tapi zuckt die Schultern. „Ich bin kräftig. Ich werde arbeiten. Irgendwo auf einer Pflanzung werden sie mich vielleicht brauchen. Ich werde arbeiten, damit ich für meine Geschwister Essen verdiene."

„Kannst du fischen?", fragt Jamse.

„Ja", sagt Tapi. „Ich bin ein geschickter Fischer."

„Ich weiß einen guten Tümpel", sagt Jamse. „Wenn du noch zwei Stunden wartest – wir haben nämlich noch Rechnen und Zeichnen -, dann nehme ich euch mit. Wir machen ein Holzkohlenfeuer vor unserer Hütte und braten die Fische, ja?"

„Werden deine Eltern uns nicht fortjagen?", fragt Teisia.

„Ich habe keine Eltern mehr", sagt Jamse. „Ich wohne bei meinem Großvater. Er ist ein guter Mann. Er jagt keinen fort. – Ich schlafe in seiner Hütte, aber für mein Essen und für mein Schulgeld sorge ich selbst. Ich verkaufe Erdnüsse und Palmnüsse, mache Palmbesen aus getrockneten Palmblättern und verkaufe sie auf dem Markt, und wenn die Schwester Johanna es erlaubt, mache ich unsere Schule sauber. Dafür bekomme ich auch Geld."

„Ich würde auch gern einmal in einer Schule sein", sagt Tapi.

„Kommt mit, ich schwindle euch hinein", sagt Jamse. „Nur euer Hund muss draußen bleiben."

Die Verlockung ist zu groß. Die Kinder streicheln Schwarzweiß und zeigen ihm den Platz, wo er auf sie warten soll. Dann schlüpfen sie hinter Jamse in die Hütte hinein. Jamse legt den Finger auf die Lippen. „Sie sind neu", flüstert er den anderen Kindern zu. „Sie wollen nur einmal unsere Schule kennenlernen."

Tapi und Teisia drücken sich ängstlich in den hintersten Winkel. Der kleine Mui schläft in Teisias Tragtuch. Viele Mädchen tragen die kleinen Geschwister mit sich herum.

Vorne, vor einer schwarzen Tafel, steht eine hellhäutige Frau und schreibt weiße Zeichen. Sie schaut gar nicht auf, als die Kinder hereinkommen.

„Gutgegangen", flüstert Jamse. Die Kinder quetschen sich in den viel zu engen Raum. Sie sind die Enge gewohnt, sie stoßen und drängen sich fröhlich.

„Wer hat den Spitzer?", schreit einer. Im Nu ist eine wilde Rauferei im Gange. Schwester Johanna dreht sich um und klatscht in die Hände.

„Ruhe, Kinder! Jamse, David, Doa! Ich weiß ja, dass es schrecklich ist, weil wir nur einen Spitzer haben, aber mit Raufen und Prügeln kommen wir auch nicht weiter. Doa, sammle die abgebrochenen Bleistifte ein und spitze sie, und wir üben unterdessen ein wenig rechnen."

Tapi und Teisia ducken sich hinter die anderen Kinder. Es gefällt ihnen in der Schule. Mui wacht auf und gähnt laut, aber das stört niemanden. Nach der Rechenstunde teilt Schwester Johanna Zeichenblätter aus. Jedes Kind erhält einen Buntstift.

Schwester Johanna erzählt, wie der liebe Gott die Welt erschaffen hat, die Sonne und den Mond und die Sterne, das Wasser und das Land, alle Blumen und Bäume und Tiere. Er hat auch die Menschen geschaffen. Er liebt die Menschen. Sie sind alle seine Kinder, gleich, ob sie arm oder reich, krank oder gesund, dick oder dünn, dumm oder gescheit sind. Er hat sie alle lieb.

Schwester Johanna hätte gern, dass die Kinder die Geschichte von der Erschaffung der Welt auf ihr Blatt

Papier zeichnen: Früchte, Tiere, Sonne und Mond, alles, was sie sich gemerkt haben ...

Jamse hat einen grünen Buntstift bekommen. Voll Bewunderung sieht Tapi zu, wie Jamse zeichnet: einen grünen Mond, eine grüne Sonne, ein grünes Meer, ein grünes Stachelschwein. Dann stößt er das Mädchen neben ihm (Doa heißt sie) mit dem Ellbogen an. Die Kinder tauschen die Buntstifte. Jamse hat jetzt einen roten Stift und zeichnet rote Fische in das grüne Meer, einen roten Elefanten und eine rote Hütte.

„Magst du auch einmal?", flüstert er. Tapi spürt, wie seine Finger vor Aufregung zittern. Er hat noch nie einen Bleistift in der Hand gehalten. Er nimmt Jamses Zeichenblatt und beginnt, ganz langsam einen Schattenbaum zu zeichnen. Das ist der dicke Stamm, das sind die Äste – erkennt man sie? Jamse nickt ermutigend.

Tapi zeichnet einen Vogel.

„Was ist das?", fragt Jamse.

„Ein Kookaburra", antwortet Tapi. „Gestern haben wir ihn lachen gehört."

„Wir brauchen noch einen blauen und einen grünen Buntstift für deinen Kookaburra", sagt Jamse und boxt seinen Vordermann in den Rücken. Wieder werden Bleistifte getauscht.

„Lass mich auch einmal", bittet Teisia mit leuchtenden Augen. Eben will sie den Buntstift fassen, da erstarrt sie. Ihre Augen sind auf den Eingang gerichtet. Dort steht Schwarzweiß, dem das Warten zu lang geworden ist. Mit fröhlichem Wedeln späht er nach seinen Gefährten aus. Jetzt hat er Tapi und Teisia entdeckt. Er bellt laut und versucht, sich zwischen den Kindern durchzuquetschen.

Die Schüler lachen. „Ein schwarz-weißer Besuch?", fragt Schwester Johanna. „Ja, wen suchst du denn?" Sie lässt ihre Augen über die Kinderschar schweifen. „Wem gehört denn der Hund?"

Tapi steht auf. „Uns", sagt er. „Dich kenn' ich ja gar nicht", sagt die Schwester erstaunt. „Wer bist du?"

Tapi holt tief Atem. Es klingt wie ein Seufzer. Dann beginnt er zu erzählen. Seine ganze Geschichte. Wie sie aus der Leprastation fortgeschickt worden sind, weil sie gesund sind. Wie der Vater ihm die Sorge für seine Geschwister übertragen hat. Wie sie aus ihrem Heimatdorf fortgeschickt worden sind, weil niemand geglaubt hat, dass sie gesund sind. Wie sie dem Kookaburra nachgezogen sind. Wie sie die Schulkinder das Lied singen gehört haben. Wie sie gehofft haben, dass es Glück für sie bedeutet. „Aber", fügt Tapi schüchtern hinzu, „wir stehen nicht auf deiner Liste!"

In der Schule ist es mucksmäuschenstill geworden. Nur Schwarzweiß winselt, weil er nicht zu Tapi durchdringen kann. Schwester Johanna streichelt den Kopf des Hundes.

„Nicht winseln", murmelt sie. „Wir finden eine Lösung. Wir müssen eine Lösung finden."

Da jubeln die Kinder auf. Schwester Johanna wird eine Lösung finden! Sie wird sich etwas ausdenken, womit man Tapi, Teisia und Mui helfen kann.

„Schlafen könnten sie bei uns", sagt Jamse.

„Oder bei uns", ruft David.

„Tapi kann in unserer Pflanzung mithelfen, damit er das Schulgeld verdient ..."

Viele Vorschläge, manche verwendbar, manche nicht. Schwester Johanna denkt aber weiter: Wer wird das

Geld für Hefte und Schulbücher bezahlen, für Kleider und Mittagsreis?

„Kinder, es muss einfach gehen", sagt sie tröstend. Und denkt im Stillen: Tapi, Teisia und Mui sind nicht die Einzigen, die Hilfe brauchen. Lieber Gott, lass uns eine Möglichkeit finden, allen Kindern zu helfen, deren Eltern im Lepradorf sind!

Liebe Kinder!

Wie Ihr aus dieser Geschichte erfahren habt, sind unsere Kinder in unserer armseligen Buschschule hier sehr hilfsbereit. Sie können auch echte Lauser sein – aber wenn jemand in Not gerät, teilen sie ihre letzte Handvoll Reis mit ihm. Aber sie sind ja selber so arm – sie können Tapi, Teisia und dem kleinen Mui nur eine winzige Überbrückungshilfe bieten. Mehr geht über ihre Kräfte, denn viele von ihnen müssen hart arbeiten, um Geld für Essen und Schule aufzubringen.

Könnt Ihr uns helfen? Ihr müsst wahrhaftig nicht Euren letzten Reis mit Tapi teilen, aber könnt Ihr ihm und seinen Geschwistern zuliebe ab und zu auf eine Tafel Schokolade, auf ein Kino, auf ein Eis verzichten?

Wenn Ihr Euch zusammentut, könnt Ihr wirklich tatkräftig helfen – nicht nur Tapi und seinen Geschwistern, sondern auch vielen anderen Kindern, deren Eltern krank sind und für die Kinder nicht sorgen können.

Wisst Ihr, dass ich mich manchmal fast geniere, den Kindern hier vom allgütigen, liebenden Gott zu erzählen? Wie können sie glauben, dass der unsichtbare Vatergott im Himmel sie liebt, wenn sie nicht erfahren, dass die – sichtbaren! – Menschenbrüder sich um ihre Not kümmern?

Versteht Ihr, wie ich das meine? Erst müssen sie selber am eigenen Leib, im eigenen Herzen erfahren und spüren, wozu christliche Liebe fähig ist, dann erst trau ich mich, ihnen vom Christentum zu erzählen!

Wer hungrig ist, traurig, krank und verlassen, ohne Dach überm Kopf, ohne Freund, der ihm sagt: Kopf hoch, ich helfe dir, gemeinsam werden wir es schaffen! – Ja, was meint Ihr: Wird sich der für die Frohe Botschaft interessieren?

Darum: Helft bitte alle mit, Tapi und seinen Leidensgefährten das Lebensnotwendige zu sichern: Dazu gehört nicht nur Geld für Essen, Kleider und Schule, sondern auch das Gefühl der Zuversicht, des Vertrauens: „Es gibt jemanden, der mich mag, der sich um mich kümmert."

Wir wollen diese Hilfsaktion „Aktion Kookaburra" nennen, denn dieser lustige, bunte Vogel mit seinem lachenden Ruf gilt hier bei uns in Liberia als Glückszeichen. Ich habe das Kookaburra-Lied, das wir hier in unserer Schule singen, für Euch aufgezeichnet. Es ist ein Kanon. Versucht doch, ihn zu singen. Und wenn Ihr ihn singt, denkt an die afrikanischen Kinder hier, die über Eure Hilfe sehr glücklich wären!

Herzliche Grüße
Eure Sister Johanna Datzreiter
Catholic-Mission c/o Lamco-Yekepa-Nimba
Liberia

Abb. 45   Der Missionsauftrag – die Sendung der Jünger (Mafa)

Anhang 3

Der Lebenslauf von Schwester Johanna Datzreiter

02.04.1938 geboren in Frankenfels, Niederösterreich, als ältestes von neun Kindern

1959–1963 Ausbildung zur Kindergärtnerin in Wien-Döbling

08.09.1956 Eintritt in das Missionskloster in Eichgraben im Wienerwald

Seit 1958 Ordensschwester der Kongregation der Franziskanerinnen Missionarinnen Mariens, eine Missionskongregation von 78 Nationalitäten, vertreten in 81 Ländern der Welt

1966–1974 erster Einsatz in einer ökumenisch orientierten Pfarre in Bochum in Deutschland

08.12.1974 Abreise nach Rom für die Missionsaussendung

06.01.1975 Ankunft in Liberia

1975–1981 in Yekepa im nordöstlichen Nimba County; Lehrerin in der Armenschule

1981	in Kenena, Sierra Leone; Ausbildung zur Katechistin mit Fokus auf afrikanischer Pastoral
1982–1989	in Yekepa und Sanniquellie, Nimba County; Beginn der Ausbildung von Katechisten und Dorfleitern
1989–1990	Eröffnung des ersten Pastoralzentrums Liberias in Gbarnga, Hauptstadt des Bong County
1990–1992	Beginn des Bürgerkrieges und erste Flucht zur Elfenbeinküste; Versorgung der ersten Flüchtlinge in Danané
1991	Rückkehr nach Gbarnga in Liberia
1992	zweite Flucht zur Elfenbeinküste ins Flüchtlingscamp von Danané
1993	Rückkehr nach Gbarnga; Fortsetzung der pastoralen und sozialen Tätigkeit
1994–1998	dritte Flucht zur Elfenbeinküste; Pastoralarbeit unter den Flüchtlingen
1998–2000	Rückkehr nach Monrovia; Betreuung der Binnenflüchtlinge von Liberia
2000–2002	Rückkehr nach Gbarnga; Betreuung der Binnenflüchtlinge
2002–2004	vierte Flucht – über Guinea (Nzerekore) und die Elfenbeinküste (Abidjan) nach Ghana, ins Flüchtlingsdorf Buduburam bei Accra

Abschied im Juni 2017. Schwester Johanna: „Die kleine katholische Gemeinde von Benequellie im Bong County zeigt stolz das Kreuz, das ihre neue Kirche schmücken soll. Dieses Kreuz ist ein Zeichen der Dankbarkeit an Gott dafür, dass alle – bis auf 6 Personen – die tödliche Ebola-Epidemie überlebt haben. In der Mitte des Kreuzes habe ich mein Missionskreuz anbringen lassen, das mir 1975 bei meiner Missionssendung im Petersdom von Papst Paul VI. übergeben wurde. Ich habe dieses Kreuz in all den Jahren nicht verloren. Jetzt habe ich es in Liberia gelassen, damit Jesus weiterwirkt." (2017)

Abb. 46

2004	Rückkehr nach Monrovia nach Ende des Krieges; Betreuung der ehemaligen Kindersoldaten
2006–2009	Rückkehr nach Gbarnga; Integration der ehemaligen Kindersoldaten und Wiederaufbau unserer Missionsstationen
2009–2013	in Sanniquellie im Nimba County; Eingliederung von Flüchtlingen und ehemaligen Kindersoldaten in die Dorfgemeinschaften. Beginn der Typhusepidemie
2014–2017	in Gbarnga, Bong County; Weiterbildung von Katechisten.
	Ausbruch von Ebola. Ein Zeugnis von Tapferkeit des liberianischen Volkes
2017	nach Österreich zurückgekehrt im September 2017

Anhang 4

Chronologie der politischen Ereignisse

Präsident William Tolbert
1971–1980   getötet im blutigen Militärputsch 1980

Präsident Samuel Doe
1980–1990   getötet am 09.09.1990

Rebellenführer Charles Taylor
1990–1996   1. Bürgerkrieg

Präsident Charles Taylor
1996–2003   2. Bürgerkrieg ab 1997 mit 33.000 Kindersoldaten

2004   Exil in Ghana

Ende 2004   Entwaffnung der Kindersoldaten durch UN-Truppen (8.000 Mann)

Präsidentin Ellen Johnson Sirleaf
2006–2018   erste Frau Afrikas wird zur Präsidentin der Republik Liberia

Präsident George Weah
2018–   neuer Präsident der Republik Liberia

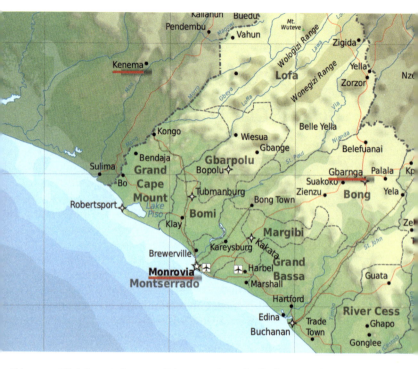

Abb. 47 **Die Lebensstationen von Schwester Johanna in Liberia von 1975 bis 2017**

„*Yekepa* war meine erste Missionsstation, wo ich von 1975 bis 1981 in einer Armenschule unterrichtete. Nach *Kenena* in Sierra Leone wurde ich 1981 geschickt, um als Katechistin ausgebildet zu werden.

In *Sanniquellie* und *Yekepa* wirkte ich anschließend in der Ausbildung von Katechisten und Dorfleitern von 1982 bis 1989.

Von 2009 bis 2013 war ich abermals in *Sanniquellie*. Nach dem Krieg versuchten wir, die Kindersoldaten in die Dorfgemeinschaften einzugliedern. 2013 brach eine Typhusepidemie aus.

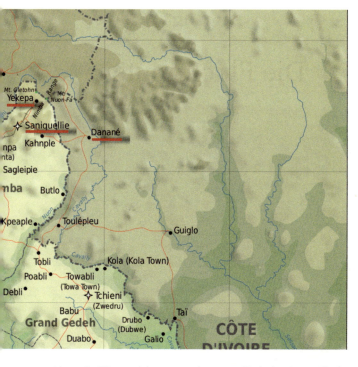

Monrovia: Hier war ich 1975 angekommen. Nach der vierten Flucht kehrte ich 2004 nach *Monrovia* zurück und betreute ehemalige Kindersoldaten.

In *Gbarnga* wirkte ich von 1989 bis 1990 im ersten Pastoralzentrum Liberias, dann begann der Bürgerkrieg und ich musste fliehen. Insgesamt musste ich viermal zwischen 1990 bis 2004 fliehen. Auch nach dem Krieg, von 2006 bis 2009, war ich in *Gbarnga:* Wir bemühten uns, die Kindersoldaten zu integrieren und bauten die Missionsstationen wieder auf. *Gbarnga* wurde auch zu meiner letzten Wirkungsstätte in Liberia von 2014 bis 2017. Hier kümmerte ich mich zuletzt um die Weiterbildung von Katechisten. In *Gbarnga* erlebte ich dann auch noch den Ausbruch der Ebola – und überlebte."

Anhang 5

Die Fluchtrouten

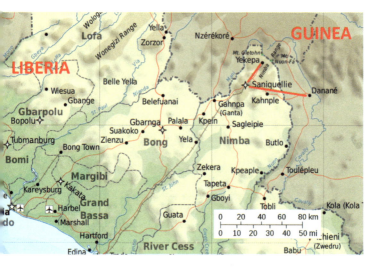

Abb. 48 **1. Flucht:** Yekepa – Saniquellie – Danané in Guinea

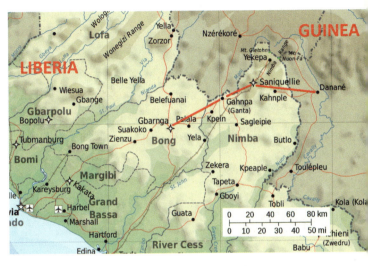

2. Flucht: Gbarnga – Ganta – Saniquellie – Danané in Guinea   *Abb. 49*

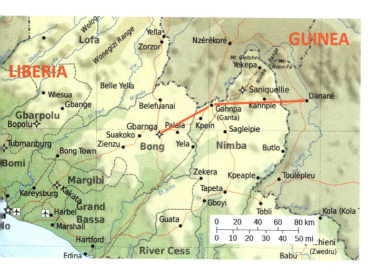

Abb. 50   **3. Flucht:** Gbarnga – Ganta – Danané in Guinea